全本全注全译丛书

中华经典名著

郭浩瑜◎译注

笠翁对韵 上

中华书局

目录

上册

下册

前言

　　《笠翁对韵》是一部教人对仗和用韵的书,相传为清代文学家李渔所著,因作者别号为笠翁,故名"笠翁对韵"。这本书和清代车万育所著《声律启蒙》齐名,都是学习汉语诗词格律技巧的极佳启蒙读物。

　　李渔,初名仙侣,字谪凡,后改名渔,字笠鸿,号笠翁,又号觉世稗官、随庵主人、新亭樵客、湖上笠翁等。他出生于明神宗万历三十九年(1611),死于清圣祖康熙十九年(1680)。祖籍浙江兰溪,但从小跟随父亲生活在江苏如皋,直到十九岁父亲去世后,才回到家乡兰溪。李渔年轻时也曾参加科举应试,后来清兵南侵,就绝意仕途,过了一段隐逸山林的生活。入清后,为生活所迫,他移居杭州,后又搬至金陵,卖文为生。晚年再回到杭州,在贫困中去世。李渔是明末清初著名的戏曲理论家、戏曲作家、小说作家。他一生著述甚多,除《笠翁对韵》外,还有《闲情偶寄》《笠翁十种曲》《李笠翁曲话》《李笠翁一家言》等。

　　《笠翁对韵》以"平水韵"平声三十韵为目编写而成。"平水韵"本自《广韵》的206韵,刘渊、王文郁等人先将其合为107韵,又减为106韵,沿用下来,成为后人科举考试用的官韵。因为刘、王二人都是平水人,故称"平水韵"。"平水韵"包括上平、下平各十五韵,上声二十九韵,去声三十韵,入声十七韵。每个韵部包含若干字,古人选取每个韵部的第一个字作为这个韵部的代表字,便于称谓,如一东、二冬等。在平声三十韵里,有的是宽韵,字数比较多,比如上平的一东、四支、七虞、十一真,下平的一先、七阳、八庚、十一尤等;有的是窄韵,包含字数比较少,比如上平的五微、十二文、十五删,下平的九青、十蒸、十三覃、十四盐等;还有的韵字数更少,谓之险韵,如上平的三江、九佳,下平的三肴、十五咸等。所以《笠翁对韵》每个韵部的段落有二至四段不等,就是因为韵部有的是宽韵,字多,有的是窄韵、险韵,字少。如果按照《声律启蒙》的做法,每一个韵部都是三段,那么就不免宽韵里的不少常用字未被编入,窄韵、险韵里的生僻字又不得不编入进来。如此则《笠翁对韵》的做法就更为科学。当然,与《声律启蒙》相比,《笠翁对韵》也存在较多出韵、错韵的现象。

《笠翁对韵》全书分为上、下两卷,各卷有十五韵部。上卷包括一东、二冬、三江、四支、五微、六鱼、七虞、八齐、九佳、十灰、十一真、十二文、十三元、十四寒、十五删,下卷包括一先、二萧、三肴、四豪、五歌、六麻、七阳、八庚、九青、十蒸、十一尤、十二侵、十三覃、十四盐、十五咸。这三十韵部的字是古代写诗的人必须熟悉的,因为古代格律诗一般押平声韵,且其韵脚的字必须出自同一韵部,用错了就算出韵、错韵。记熟《笠翁对韵》每个平声韵部里的韵脚字,作诗才可以信手拈来而不致出错。如《笠翁对韵》上平"一东"其一的内容是"天对地,雨对风。大陆对长空。山花对海树,赤日对苍穹。雷隐隐,雾朦朦。日下对天中。风高秋月白,雨霁晚霞红。牛女二星河左右,参商两曜斗西东。十月塞边,飒飒寒霜惊戍旅;三冬江上,漫漫朔雪冷渔翁"。这里的韵脚字依次是"风""空""穹""朦""中""红""东""翁",都属于平水韵上平"一东"韵部的字。熟读这一段,就能记住这八个"一东"韵部的韵脚字了。与《声律启蒙》相比,《笠翁对韵》所用到的韵脚字更多一些,其中上平一东、四支、五微、六鱼、八齐、九佳、十一真、十二文,下平一先、三肴、四豪、五歌、六麻、七阳、八庚、十一尤、十二侵、十五咸等所用的韵脚字皆比《声律启蒙》多。

　　《笠翁对韵》的对仗句式有长有短，包括单字对、双字对、三字对、五字对、七字对、十一字对，句式灵活，错落有致，读来朗朗上口。还是以上平"一东"为例，其中"天对地""雨对风"是单字对，"大陆对长空""山花对海树""赤日对苍穹""日下对天中"都是双字对，"雷隐隐，雾朦朦"是三字对，"风高秋月白，雨霁晚霞红"是五字对，"牛女二星河左右，参商两曜斗西东"是七字对，"十月塞边，飒飒寒霜惊戍旅；三冬江上，漫漫朔雪冷渔翁"是十一字对。《笠翁对韵》每一段的内容皆按同样的句式顺序排列，由简到繁，由易到难，便于学习和记诵。难怪《笠翁对韵》能与《声律启蒙》《训蒙骈句》一起并称"吟诗作对三基"，是最经典的诗词启蒙教材之一。

　　古代的诗文讲究化用典故，《笠翁对韵》的用典亦极为丰富，其对仗内容可谓包罗万象，花鸟虫鱼、天文地理、诗词歌赋、寓言神话、历史人物、经史子集、器皿建筑、言语行为、情绪情态等，无不囊括其中。且其意义常常褒贬相对、虚实相应，含义隽永。其中又不乏关乎是与非、正与邪、忠与奸、美与丑之辨的微言大义，这些正是传统国学里最为重视的内容。比如下卷"十三覃"其一中的"萧王待士心惟赤，卢相欺君面独蓝"。这里运用了两个典故。"萧王"指东汉光武帝刘秀，"卢相"指唐代宰相卢杞，二人一贤王一佞臣，作者以二人的职位"王""相"相对；"待士""欺君"两个动词结构，一是待下，一是奉上，一诚一欺，完全相反；"心惟赤""面独蓝"，一从内心的角度表现萧王的赤诚，与"待士"相应，一从面貌上揭示卢杞的丑态，与"欺君"相应，其谓语中心词为表颜色的"赤""蓝"，对得十分巧妙。有了《笠翁对韵》这样经典的对联学习范本，后人学习对联与诗歌的创作方法、积累传统文化知识等，都能有据可循、受益无穷。故而在琅嬛阁藏本的序言里，刊刻者米东居士对此书评价极高，"捧而读之，其采择也奇而法，其搜罗也简而该；其选言宏富，则曹子建八斗才也；其错采鲜明，则江文通五色笔也。班香宋艳，悉入薰陶；水佩风裳，都归裁剪。或正对，或反对，工力悉敌；或就对，或借对，虚实兼到。揆之诗苑类格、上官仪六对之法，无不吻合。洵初学之津梁，而骚坛之嚆矢也"。

米东居士在琅环阁藏本《笠翁对韵》的序言中提到，此书始刊于道光二十九年（1849），琅环阁藏本则刊刻于光绪十八年（1892）。现在看来，在诸版本中，后者是目前较为精良的版本。故而本书以清光绪十八年（1892）琅环阁藏本为底本，参校浙江古籍出版社1991年所出《李渔全集》第十八卷。同时，本书还参考了最近几年出版的一些版本，包括李鸣注《笠翁对韵》（中华书局2014年版），刘青文主编"国学诵·中华传统文化经典读本"《笠翁对韵》（北京教育出版社2015年版），尹文胜编注《笠翁对韵》（中国少年儿童出版社2017年版）等。

今本各版之间存在较多异文，本书在校勘的基础上，从用典、语义、平仄、语法、修辞等角度作出简单的分析，选取更为合理的说法。例如上卷"十五删"其一有"林对坞，岭对湾"，"湾"今本多作"峦"，琅环阁藏本作"湾"。"峦"属于"十四寒"韵，而"湾"属于"十五删"，此处以用"湾"为宜。凡此种种，本书都会作简单的核校，从而作出取舍。一些用字用词，现代已经习惯了的，就从俗不从古。比如"买山赀"和"买山资"，琅环阁藏本作"赀"，今本皆作"资"，二者已经通用很久，故本书亦从"资"。

琅环阁藏本原有简短的注释，问题较多，且用古文写成，不便于今日的读者理解。故而本书去掉了旧注，对《笠翁对韵》进行了新的注释和翻译。注释包括解释词义、解说典故、说明平仄、分析语法四个方面，对于一些生僻难认或今人容易读错的字还配有注音。

本书对字词的释义大多采用罗竹风主编的《汉语大词典》（上海辞书出版社1986年版）和王力《古汉语字典》（中华书局2000年版）中的解释，同时也会结合语言的历史和语境、语用等因素，以及诗文本身的修辞特色来进行解释。

《笠翁对韵》中的典故和来历，如果不详细说明，普通读者可能无法欣赏到语句之内所蕴含的深刻意境和悠远旨意，自然也就无法了解古代对联对仗的特殊美感和思想性之所在。对于这些典故的解释，现今的注本也都详略有差，解说上也多有抵牾。本书在释义和解说时尽量考证出处，核实原文，一一甄别，查漏纠谬。本书一般都会对典故出处进行引用，并在引文之后作概括说明或简单解释。对于作者用典时的讹误，本书也会有简短的说明，比如下卷"一先"其一"郭泰泛舟，折角半垂梅子雨；山涛骑马，接䍦倒着杏花天"。下联的典故出自《世说新语·任诞》，说的是山简的故事，而作者张冠李戴，安到了山涛身上。大约"山简"和"郭泰"在平仄上失对，故而改作"山涛"。类似这样的情况，本书都会作出说明，以方便读者更好地了解和学习。

古代诗文的对仗非常讲究平仄，读起来抑扬顿挫、节奏和谐，富于韵律之美。平是指平声，仄是指上、去、入三声。平、上、去、入就是古代的四声。但古之四声非今之四声，古代的平仄不完全等同于今天的平仄。一些今天读作平声的字，古代可能读作仄声；反之亦然。因此，本书对声调上与今天平仄不同的字进行了标注，主要是依据《广韵》的反切予以说明；凡是平仄上失对、失替之处，本书也都一一指出，并附有简单的说明。如此皆有助于读者了解古代的平仄情况和对联的格律要求。

古人在诗文对仗上也要求上下联的结构必须相同，即名词对名词、动词对动词、主谓结构和主谓结构相对等等。《笠翁对韵》的对联绝大多数都是对仗工整的。本书在考虑古人的文法特点、对联的艺术性质和修辞特色的同时，用现代比较简洁、科学的方法分析了对联的语法结构。既不苛求古人，也不放过那些明显存在舛误的地方。凡书中对仗明显不工稳之处，本书会一一加以解析。因为本书不以深入研究为目的，故而在语法术语的使用、分析语言的表述上，尽量追求明白浅易，不作过分复杂的专业解说。比如分析合成词的结构时，不采用"语素"这一概念，仍用名词、动词这类较为通俗的术语；一些句子由复句构成，层次复杂，本书亦多拆分为几个小结构观察其对仗情况。从我们对《笠翁对韵》的语法分析结果来看,古人对语法的了解虽然不如现代的研究者那么系统和准确,但是他们在对仗上却充分体现出敏锐的语感。对古代的对联进行语法分析,有诸多困难,本书只是一个初步的尝试,其中经过了反复的斟酌与考量,成功与否,有待读者评判。

本书的翻译以直译为主。少量句子因为韵文在表达上的特殊性,或者是修辞、用典的原因,若用直译会显得晦涩难懂或语义不顺,则采用意译的方法。因为本书所翻译的对象是韵文,故而译文也在追求语义显豁的同时,尽量做到句式齐整,以体现本书的特色。

《笠翁对韵》诞生于清代,当时所采用的汉字还是繁体字;方今出于推广和普及古籍的需要,采用了简化字版本。因为部分简化字涉及多个来源,就需要作出一些必要的解释。比如今天的"干"对应古代的"干"(干戈)、"幹"(幹枝)、"乾"(乾湿)等多个字形,其意义、用法、语音皆有差别,也关系到读者对于对联在语义、语音方面的理解。因此本书凡遇到类似的情况,亦会作出简单的解释。

本书在撰写和出版过程中得到了中华书局胡香玉老师的帮助,她对本书的每个条目都进行了仔细审阅和校订,在此衷心感谢她所付出的心血。同时也非常感谢家人、朋友的关爱和包容,没有他们的支持,这本书不可能这么顺利地完成。本书完成时正值恩师蒋绍愚先生八十大寿,先生之风,山高水长,谨以此书表达对恩师诚挚的感谢和祝福之情。

因为才力有限,时间仓促,本书肯定还存在不少疏漏,敬请各位读者方家批评指正。

郭浩瑜

2019年3月18日于广州

上卷

一 东

【题解】

"东"是"平水韵"中上平声的第一韵部。

北宋时官修的《广韵》本有206韵,平水人刘渊根据唐代人写诗的实际用韵情况,将206韵合并成107韵;后来平水人王文郁又缩减为106韵,这106韵就被称为"平水韵",也叫"诗韵"。每个韵部包含若干字,作为格律诗用韵的韵脚字。

《笠翁对韵》所用的韵即"平水韵"中的平声部分,其中上卷的"一东""二冬""三江""四支""五微""六鱼""七虞""八齐""九佳""十灰""十一真""十二文""十三元""十四寒""十五删"十五个韵部属上平声,下卷的"一先""二萧""三肴""四豪""五歌""六麻""七阳""八庚""九青""十蒸""十一尤""十二侵""十三覃""十四盐""十五咸"十五个韵部属下平声。

在宋本《广韵》中,"东"位于上平声第一韵部,是"一东"的代表字,也叫"韵目",作"德红切",平声,东韵。

《笠翁对韵》中用的东韵字有风、空、穹、中、红、东、翁、公、宫、朦(曚/蒙)、篷、弓、踪、嵩、鸿、熊、烘共17个。《声律启蒙》所用的东韵字有风、空、虫、弓、东、宫、红、翁、同、童、穷、铜、通、融、虹等15个。其中两书所共用的是风、空、东、宫、弓、红、翁等7个字,而《声律启蒙》中的虫、同、童、穷、铜、通、融、虹等8个字是《笠翁对韵》没有用到的,《笠翁对韵》中的穹、中、公、朦(曚/矇)、篷、踪、嵩、鸿、熊、烘等,则是《声律启蒙》所未用到的。另外,《笠翁对韵》中所用到的"踪"属于平水韵中的上平"二冬"。

其一

天对地,雨对风①。

大陆对长空②。

山花对海树,赤日对苍穹③。

雷隐隐,雾朦朦④。

日下对天中⑤。

风高秋月白,雨霁晚霞红⑥。

牛女二星河左右,参商两曜斗西东⑦。

十月塞边,飒飒寒霜惊戍旅;三冬江上,漫漫朔雪冷渔翁⑧。

【注释】

①天对地,雨对风:"天""地"经常作为相对的词语并提,"天圆地方""天神地祇""呼天抢地"等等。"风""雨"都是跟气候有关的名词,皆是自然景象,二词在汉语里经常并提,"风雨同舟""暴风骤雨""和风细雨"等等。从格律上看,"天"与"地"、"雨"与"风"平仄相对。平仄是格律诗(即近体诗)最重要的格律因素。写诗时通过声调的平仄变化可以达到一种音律上高低间杂、缓急交替的节奏美。古代汉语有平、上、去、入四声:平即平声,上、去、

入则是仄声。现代汉语里有阴平、阳平、上声、去声：阴平、阳平是平声，上声、去声就是仄声。古代的入声已经转化到平、上、去三声中去了。这就是说，现代汉语里读为阴平、阳平的字，有些本应该是属于仄声的，这是我们今人读古诗的时候要留心的。此句中"天"为平声，"地"是仄声，"雨"是仄声，"风"是平声，故可称之平仄相对。语法上，"天"和"地"、"风"和"雨"皆为事物名称，亦并相类。古代严格的对仗讲究主要有：平仄相对，即平仄相反；语法结构相同，如名称语对名称语（名词对名词），状态语对状态语（如形容词对形容词，副词对副词等），动作语对动作语（动词对动词），数目语对数目语（数词对数词），短语和句子的结构也必须相同或相类等等。

②大陆对长空：平仄上，"大陆"为仄仄，"长空"为平平，平仄相对。语法上，二者皆为定中结构。

③山花对海树，赤日对苍穹（qióng）：赤日，指红日。苍穹，指深青色的天空。平仄上，"山花"为平平，"海树"为仄仄；"赤日"是仄仄，"苍穹"是平平。语法上，四个词语都是定中结构。

④雷隐隐，雾蒙蒙（méng）：隐隐，象声词，形容雷声，如《后汉书·天文志上》"须臾有声，隐隐如雷"；蒙蒙，形容模糊不清。平仄上，"雷隐隐"是平仄仄，"雾蒙蒙"是仄平平。语法上，二者皆是主谓结构，一饰其听觉效果，一形其视觉效果，对仗工整。

⑤日下对天中：平仄上，"日下"是仄仄，"天中"是平平。语法上，"日下"和"天中"都为方位短语，指空间领域。

⑥风高秋月白，雨霁（jì）晚霞红：上联化自宋欧阳修《沧浪亭》"风高月白最宜夜，一片莹净铺琼田"，下联化用了唐刘禹锡《秋晚新晴夜月如练有怀乐天》的"雨歇晚霞明，风调夜景清"。秋月白，出自唐崔道融《江夕》"江心秋月白，起柂信潮行"和唐白居易《琵琶行》"东船西舫悄无言，唯见江心秋月白"。霁，指雨雪停止，天放

晴。平仄上,"风高秋月白"是平平平仄仄,"雨霁晚霞红"是仄仄仄平平。白,《广韵》"傍陌切",入声。语法上,"风高"与"秋月白","雨霁"与"晚霞红",两个结构都是因果关系:因为风高,使得云雾散去,秋月愈加清晰洁白;因为雨已停歇,刚经过清洗之后的天空变得更加清澈,晚霞也愈显嫣红。

⑦牛女二星河左右,参(shēn)商两曜(yào)斗(dǒu)西东:牛女,指的是牛郎星与织女星,如唐元稹《新秋》诗中有"殷勤寄牛女,河汉正相望"。河,银河,亦作"河汉""天河"。民间传说中,织女是天帝的孙女,她偷偷下凡到人间,嫁给牛郎为妻,并为他生儿育女。天帝震怒,将织女抓回天宫。牛郎带着孩子在后面追赶,王母娘娘用金钗在两人之间划出一条银河,将二人分开。喜鹊有感于二人的爱情,用身体搭建成一座鹊桥,让二人相会。天帝无奈,允许二人每年七月初七日可以相会一次。参商,指的是参星和商星,参星在西,商星在东,二星彼此不相见。出自《左传·昭公元年》:"昔高辛氏有二子,伯曰阏伯,季曰实沈,居于旷林,不相能也,日寻干戈,以相征讨。后帝不臧,迁阏伯于商丘,主辰。商人是因,故辰为商星。迁实沈于大夏,主参,唐人是因,以服事夏、商。"这是一个神话传说,高辛氏有两个儿子,大的叫阏伯,小的叫实沈,两个人关系不和睦,老是互相征讨。天帝就把大儿子迁到了商丘,主祀辰星,就是商星;小儿子迁到了大夏,主祀参星。后用于比喻兄弟不睦;也用来比喻亲友分隔两地,不得相见,如唐杜甫《赠卫八处士》有"人生不相见,动如参与商"的名句。曜,泛指日月星辰,此与"星"相对,"两曜"当亦特指两星,与"二星"对文互训。斗,指北斗星。平仄上,上联是平仄仄平平仄仄,下联是平平仄仄仄平平,其中"牛""参"皆为平声,"二""两"皆是仄声。古诗对仗,每句的第一字或第三字(还有七言的第五字)平仄或可从宽,古有"一三五不论,二四六分明"的口诀,这样

作诗,不至于被平仄拘束得过于死板。此第一、三字平仄相同,不失对。语法上,上下联皆由名词性词语连缀而成,表示牛郎、织女位于银河之左右、参商二星身处北斗之西东的含义,结构上对仗非常工稳。

⑧十月塞边,飒飒(sà)寒霜惊戍(shù)旅;三冬江上,漫漫朔雪冷渔翁:十月,夏历的十月是冬季的第一月,天气寒冷,边塞尤其如此。飒飒,象声词,一般形容风的声音,如《楚辞·九歌·山鬼》有"风飒飒兮木萧萧,思公子兮徒离忧",此处当为形容冬季寒霜挂于树枝被风吹动所发出的声音。惊,心理动词的使动用法。戍旅,指守卫边境的将士。三冬,冬季三月,就是冬季的意思。漫漫,形容遍布广大的样子。朔,北方,古人常用"朔漠"指北方的沙漠,"朔气"指北方的寒气,"朔雪"则指北方极寒的大雪。冷,形容词的使动用法。平仄上,上联是仄仄仄平,仄仄平平平仄仄;下联是平平平仄,平平仄仄仄平平。十,《广韵》"是执切",入声。漫,《康熙字典》云"《集韵》《韵会》《韵补》并谟官切,音瞒,水大貌",故而此处读平声,可与"飒飒"相对。语法上,上下联皆为状中结构,"十月塞边""三冬江上"属于状语,表处所;中心语"飒飒寒霜惊戍旅""漫漫朔雪冷渔翁"是主谓结构:主语"飒飒寒霜""漫漫朔雪"是定中结构;谓语部分"惊戍旅""冷渔翁"都是动宾结构;"惊""冷"本不带宾语,但因为已经用于使动,故而带上了"戍旅""渔翁"两个宾语,使戍旅惊,使渔翁冷。此联结构上对仗十分工整。

【译文】

天和地相对,雨和风相对。

广阔的陆地和高远的天空相对。

山花和海树相对,红日和苍天相对。

雷声隐隐,雾气迷蒙。

日照之下与天空之中相对。

风高云散,秋月更显明亮;雨过天晴,晚霞更觉红艳。

牛郎星和织女星位居银河一左一右,两两相望;参星和商星处在北斗星之一西一东,两不相见。

夏历十月的边塞,风吹寒霜飒飒作响,使得戍守边疆的将士们都惊觉起来;寒冬腊月的江边,北方大雪漫漫无边,让垂竿钓鱼的老翁也感到寒冷不已。

其二

江对汉,绿对红^①。

雨伯对雷公^②。

烟楼对雪洞,月殿对天宫^③。

云叆叇,日曈曚^④。

蜡屐对渔篷^⑤。

过天星似箭,吐魄月如弓^⑥。

驿旅客逢梅子雨,池亭人挹藕花风^⑦。

茅店村前,皓月坠林鸡唱韵;板桥路上,青霜锁道马行踪^⑧。

【注释】

① 江对汉,绿对红:古代"江"指长江,"汉"指汉水,皆为水名;"绿""红"皆是颜色词,古代诗词中二者经常相对,如"绿肥红瘦"等。平仄上,"江""红"皆为平声,"汉""绿"皆为仄声。语法上,两组四个词语都是名词。

② 雨伯对雷公:"雨伯"指司雨之神,亦名"雨师"。"雷公"指神话中管打雷的神,汉王充《论衡·雷虚》对此神的形态进行了描写,

"又图一人,若力士之容,谓之雷公,使之左手引连鼓,右手推(椎)之,若击之状"。"雨伯/雨师""雷公"等皆是古代掌管气象的神,古人常常并提,《楚辞·远游》"左雨师使径侍兮,右雷公以为卫"。平仄上,"雨伯"是仄仄,"雷公"是平平。伯,《广韵》"博陌切",入声。语法上,两个词语都是定中结构。

③烟楼对雪洞,月殿对天宫:烟楼,指耸立于烟云中的高楼,如唐李峤《奉和幸韦嗣立山庄侍宴应制》"石磴平黄陆,烟楼半紫虚"。雪洞,被雪封住的山洞,也用来比喻华美洁净的居室。月殿,指月宫,为嫦娥所居。天宫,指天帝、神仙们所居住的宫殿。平仄上,"烟楼""雪洞"是平平和仄仄,"月殿""天宫"是仄仄和平平。语法上,"烟楼""雪洞""月殿""天宫"皆为定中结构。

④云叆叇(ài dài),日曈曚(tóng méng):叆叇,形容云盛之貌,如晋潘尼《逸民吟》"朝云叆叇,行露未晞"。曈曚,今本或作"曈朦""曈曚",琅环阁藏本作"曈昽",音近义同,是同一词语的不同写法,皆表示初日渐明之貌。"叆叇""曈曚"皆为联绵词,一般由两个字连缀成义,这两个字不能拆开单独表达相关的意义,比如"蝙蝠""唏嘘""踌躇""囫囵"等等。平仄上,"云叆叇"是平仄仄,"日曈曚"是仄平平。语法上,"云叆叇""日曈曚"都是主谓结构,"叆叇""曈曚"陈述"云""日"的状态。

⑤蜡屐(jī)对渔篷:蜡屐,本为用蜡涂抹于木屐之上,典故出自南朝宋刘义庆《世说新语·雅量》:"或有诣阮(阮孚),见自吹火蜡屐,因叹曰:'未知一生当着几量屐(不知道一生中能穿多少木屐)!'神色闲畅。"后也以"蜡屐"指悠闲无为的生活,如宋辛弃疾《玉蝴蝶·杜仲高书来戒酒》"生涯蜡屐,功名破甑,交友抟沙"。此处"蜡屐"的意思当为涂了蜡的木屐,方可与"渔篷"相对。渔篷,渔船上遮风挡雨的篷盖,一般是用竹篾、苇席、布等做成,元任昱《中吕·红绣鞋》有"新亭馆相迎相送,古云山宜淡宜浓,画船归

去有渔篷"的句子。平仄上,"蜡屐""渔篷"是仄仄和平平。屐,在《广韵》中为"奇逆切",入声。语法上,"蜡屐""渔篷"都是定中结构。

⑥过天星似箭,吐魄(pò)月如弓:过天星,指流星、陨星,《三宝太监西洋记》说"只因他一日走地府一遍,一夜走天堂一遍,脚似流星,故此叫做个过天星",足见"过天星"的含义。吐魄月,指初生的月亮;魄,古同"霸",月始生或将灭时的微光,后来泛指月光,唐卢仝《月蚀》"初露半个璧,渐吐满轮魄"。流星陨落很快,故而说"似箭";"吐魄月"则才生,故而说"如弓"。平仄上,"过天星似箭"是仄平平仄仄,"吐魄月如弓"是仄仄仄平平。语法上,上下联都是主谓结构。此一对仗无论平仄、结构、语义都非常工整。

⑦驿(yì)旅客逢梅子雨,池亭人挹(yì)藕花风:驿,旧时供传递公文的人中途休息、换马之所,此指旅店。梅子雨,又称"梅雨",指初夏时期在江南地区持续较长的阴雨天气,因时值梅子成熟,所以又称"黄梅雨""黄梅天",唐韩偓《赠湖南李思齐处士》有"三春日日黄梅雨,孤客年年青草湖"的句子。挹,舀、酌取。藕花风,指微风吹过,带着阵阵荷花的馨香。明李晔《草阁诗集》有《送曹逢吉》诗,其中有"清晨送客过桥东,一路行人在画中。纱帽微沾梅子雨,葛衣轻受藕花风"的句子,恰用"梅子雨"对"藕花风"。藕花风自然是不能"挹"得起来的,此处当是把藕花风当作醇香的美酒来酌取和受用了。平仄上,上联为仄仄仄平平仄仄,下联为平平平仄仄平平,完全相对。语法上,上下联都是状中结构,"驿旅""池亭"为状语,中心语"客逢梅子雨""人挹藕花风"皆为主谓结构。

⑧茅店村前,皓(hào)月坠林鸡唱韵;板桥路上,青霜锁道马行踪:这一联当是化用了唐温庭筠《商山早行》中的"鸡声茅店月,人迹板桥霜"。茅店,指用茅草盖成的旅舍。皓月,即明月。坠林,

指月亮西沉、落入林中,清李黻瑛《梦登华山书所见》有"皓月坠林峦,涵空水荇影"的句子,与此意境类似,清龚自珍《己亥杂诗》也有"一川星斗烂无数,长天一月坠林梢"的诗句。鸡唱,犹言鸡鸣、鸡啼。韵,指和谐的声音。板桥,木板架设的桥。青霜,指青白色的霜。锁道,指青霜满路,不利于行走。这里"韵""踪"对得很好,"韵"是声音,入于耳然后消失于空气之中,"踪"是马在青霜上踏出的足迹,霜化而后不见。"鸡唱韵"是指皓月西沉之后,晨鸡鸣叫之声此起彼伏,一鸡鸣而众鸡皆随之,似有互相唱答的韵律;"马行踪"是指早行之马,踏过满是青霜的道路,留下行走的痕迹。平仄上,上联是平仄平平,仄仄仄平平仄仄;下联是仄平仄仄,平平仄仄仄平平。语法上,"茅店村前""板桥路上"皆为方位短语充当地点状语;"皓月坠林鸡唱韵""青霜锁道马行踪"皆由两个主谓结构组成。从结构上说,此句对仗亦相当工稳。

【译文】

长江与汉水相对,绿与红相对。

雨神与雷神相对。

烟雾缭绕之高楼与大雪封路之山洞相对,嫦娥之居所与天神之宫殿相对。

浓云密布,初日渐明。

涂了蜡的木屐和渔船上的雨篷相对。

过天的流星如箭一般飞过,初生的月亮像弓一样弯曲。

驿站中的旅客恰逢绵绵黄梅雨,池亭里的酒客品评淡淡荷花香。

茅店村前,一轮明月徐徐坠入林间,司晨的公鸡开始唱和彼此的声律;板桥路上,冷冷青霜满满铺于道路,早行的马儿留下它们行走的痕迹。

其三

山对海,华对嵩①。

四岳对三公^②。

宫花对禁柳,塞雁对江鸿^③。

清暑殿,广寒宫^④。

拾翠对题红^⑤。

庄周谈幻蝶,吕望兆飞熊^⑥。

北牖当风停夏扇,南檐曝日省冬烘^⑦。

鹤舞楼头,玉笛弄残仙子月;凤翔台上,紫箫吹断美人风^⑧。

【注释】

①山对海,华对嵩(sōng):华、嵩,中国有"五岳"之说,分别是东岳泰山,南岳衡山,西岳华山,北岳恒山,中岳嵩山;"华"是华山,"嵩"是嵩山。平仄上,"山"与"海"是一平一仄;"华"与"嵩"是一仄一平,华有三个读音,表山名时读去声,刚好相对。语法上,两组都是与地理相关的名词。

②四岳对三公:四岳,或曰泰山、华山、衡山、恒山的总称;或曰共工的后裔,为诸侯之长。此取后一种意义与"三公"对仗。三公,周时以太师、太傅、太保为三公,或又说以司马、司徒、司空为三公,皆是上古极为重要的三种官衔的合称。平仄上,"四岳"是仄仄,"三公"是平平。语法上,"四岳""三公"皆为定中结构。

③宫花对禁柳,塞雁对江鸿:宫花,皇宫庭苑中的花,唐元稹《行宫》有"寥落古行宫,宫花寂寞红"的诗句。禁柳,宫廷中的柳树,古代把皇帝住的地方也叫"禁",所以有宫禁、禁卫、禁军、禁苑、紫禁城之类的词语,皆与皇帝的住处有关。塞雁,边塞上的大雁,唐令狐楚《塞下曲二首》"边草萧条塞雁飞,征人南望泪沾衣"。在意象上,大雁是候鸟,春天飞往北方,秋天返回南方,故而传统

文化中的雁常用来象征书信、爱情、思乡，而塞外的大雁尤能唤起人们的思乡之情，比如唐李颀《古从军行》有"胡雁哀鸣夜夜飞，胡儿眼泪双双落"。江鸿，江上的鸿雁。今本多作"江龙"，但"龙"属于二冬，"鸿"属于一东，此处以"鸿"为宜。平仄上，"禁柳""塞雁"都是仄仄，"宫花""江鸿"都是平平。语法上，"宫花""禁柳""塞雁""江鸿"都是定中结构。

④清暑殿，广寒宫：明代司守谦所撰《训蒙骈句》即有"清暑殿，广寒宫"之句，《笠翁对韵》和《声律启蒙》都用了这一句，《声律启蒙》是"人间清暑殿，天上广寒宫"。清暑殿，《晋书·孝武帝纪》载"二十一年春正月，造清暑殿"，其《王雅传》也说"帝起清暑殿于后宫，开北上阁，出华林园，与美人张氏同游止，惟雅与焉"。据清顾祖禹《读史方舆纪要》载，此清暑殿"极土木之美"，大概由此而成为后人心目中极奢侈华丽的居所的代表。广寒宫，唐柳宗元《龙城录·明皇梦游广寒宫》载："开元六年，上皇与申天师、道士鸿都客，八月望日夜，因天师作术，三人同在云上游月中。过一大门，在玉光中飞浮宫殿，往来无定，寒气逼人，露濡衣袖皆湿。顷见一大宫府，榜曰'广寒清虚之府'。其守门兵卫甚严，白刃粲然，望之如凝雪。时三人皆止其下，不得入。天师引上皇起，跃身如在烟雾中，下视王城崔峨，但闻清香霭郁，下若万里琉璃之田。其间见有仙人、道士，乘云驾鹤，往来若游戏。少焉，步向前，觉翠色冷光相射，目眩极寒，不可进。下见有素娥十余人，皆皓衣，乘白鸾往来，笑舞于广陵大桂树之下。又听乐音嘈杂，亦甚清丽。上皇素解音律，熟览而意已传。顷，天师亟欲归，三人下若旋风。忽悟，若醉中梦回尔！"这部旧题柳宗元所写的书中记载，唐明皇在开元六年八月十五日晚上和道士一起游于天上，见到一座大宫殿，名叫"广寒清虚之府"，因为守卫森严，不能进入。唐明皇回到人间以后，根据自己在天上听到的乐曲，改

编成了《霓裳羽衣舞曲》，流传后世。后来人们就称月中仙宫为"广寒宫"。平仄上，"清暑殿"是平仄仄，"广寒宫"是仄平平，刚好相对。语法上，二者都是定中结构。

⑤拾翠对题红：拾翠，根据《汉语大词典》，拾取翠鸟羽毛以为首饰，后多指妇女游春，语出三国魏曹植《洛神赋》"或采明珠，或拾翠羽"。故而"拾翠"多与"踏青"同时出现，如唐吴融《闲居有作》诗"踏青堤上烟多绿，拾翠江边月更明"。"题红"出自"红叶题诗"的典故。根据明代郎瑛《七修类稿·辩证类》载，"红叶题诗"古有多处记载，此处且用唐范摅《云溪友议》"题红怨"一节，以示其大略："明皇代，以杨妃、虢国宠盛，宫娥皆颇衰悴，不备掖庭。常书落叶，随御水而流云：'旧宠悲秋扇，新恩寄早春。聊题一片叶，将寄接流人。'顾况著作闻而和之。既达宸聪，遣出禁内者不少，或有五使之号焉。和曰：'愁见莺啼柳絮飞，上阳宫女断肠时。君恩不禁东流水，叶上题诗寄与谁？'卢渥舍人应举之岁，偶临御沟，见一红叶，命仆搴来。叶上乃有一绝句，置于巾箱，或呈于同志。及宣宗既省宫人，初下诏，许从百官司吏，独不许贡举人。渥后亦一任范阳，获其退宫人，睹红叶而吁怨久之，曰：'当时偶题随流，不谓郎君收藏巾箧。'验其书，无不讶焉。诗曰：'水流何太急，深宫尽日闲。殷勤谢红叶，好去到人间。'"这些记载一般都是讲宫中怨女在红叶上题诗，诗句随着水沟中的水流出宫外，被宫外的人拾到，也以诗句相和的事情。语义上，"拾翠"含"羽"字，"题红"省"叶"字，一句描写妇女踏春之喜，一句抒发宫女思春之怨，亦正相对。平仄上，"拾翠"是仄仄，"题红"是平平，刚好相对。拾，《广韵》"是执切"，入声。语法上，"拾翠"和"题红"都是动宾结构，对得十分整齐。

⑥庄周谈幻蝶，吕望兆飞熊：庄周，指庄子。谈幻蝶，或作"梦化蝶"，《庄子·齐物论》："昔者庄周梦为胡蝶，栩栩然胡蝶也，自喻

适志与，不知周也。俄然觉，则蘧蘧然周也。不知周之梦为胡蝶与？胡蝶之梦为周与？周与胡蝶则必有分矣。此之谓物化。"庄周梦见自己变成了蝴蝶，醒来后，他不知道是梦见自己变成了蝴蝶，还是蝴蝶梦见自己变成了庄周，他想借此说明梦幻与现实之间很难区分的道理。后人常用此做典故，比如唐李商隐《锦瑟》中的"庄生晓梦迷蝴蝶，望帝春心托杜鹃"。吕望，即指姜太公，姜姓，吕氏，名尚，一名望，曾辅佐周文王和周武王打败商纣，建立周朝。据《武王伐纣平话》载，"却说西伯侯夜做一梦，梦见从外飞熊一只，飞来至殿下。文王惊而觉。至明，宣文武至殿，具说此梦。有周公旦善能圆梦。周公曰：'此要合注天下将相大贤出世也。梦见熊，更能飞者，谁敢当也？合注从南方贤人来也。大王今合行香南巡寻贤去也。贤不可以伐。'周公说梦，深解其意：'昔日有轩辕皇帝梦见天凤，而得封后先生，为特灭于蚩尤在涿鹿之野。轩辕皇帝又梦见上天，后至百日，果然升天。又有尧王梦见升天，得帝王。有汤王梦见用手托天，亦得帝位。大王梦见飞熊，必得贤也。'"后来周文王出猎，果然遇到了垂钓的吕尚。平仄上，"庄周谈幻蝶"是平平平仄仄，"吕望兆飞熊"是仄仄仄平平。蝶，《广韵》"徒协切"，入声。语法上，上下联都是主谓结构。

⑦北牖（yǒu）当风停夏扇，南檐曝（pù）日省冬烘（hōng）：牖，窗户的意思。檐，房顶伸出墙壁的部分，琅环阁藏本作"帘"。当风，指对着风。曝，晒。平仄上，上联是仄仄平平平仄仄，下联是平平仄仄仄平平，完全相对。语法上，上下联皆由一个因果复句构成：北牖当风，故而停夏扇；南檐曝日，所以省冬烘。"北牖当风"对"南檐曝日"，两个是主谓结构相对；"停夏扇""省冬烘"是动宾结构相对，此处"停"用了使动用法。

⑧鹤舞楼头，玉笛弄残仙子月；凤翔台上，紫箫（xiāo）吹断美人风：上联当化自唐李白《与史郎中钦听黄鹤楼上吹笛》"黄鹤楼中吹

玉笛,江城五月落梅花"的诗句。关于黄鹤楼吹笛的传说,明王世贞《有象列仙全传》卷九有"费文祎"一则,载:"费文祎,字子安,好道得仙。偶过江夏辛氏酒馆而饮焉,辛氏复饮之巨觞。明日复来,辛不待索而饮之。如是者数载,略无吝意。乃谓辛曰:'多负酒钱,今当少酬。'于是取橘皮向壁间画一鹤,曰:'客来饮,但令拍手歌之,鹤必下舞。'后客至饮,果翩跹而舞,回旋宛转,曲中音律,远近莫不集饮而观之。逾十年,辛氏家资巨万矣。一日,子安至馆曰:'向饮君酒,所偿何如?'辛氏谢曰:'赖先生画鹤,因获百倍,愿少留谢。'子安笑曰:'未讵为此?'取笛数弄。须臾,白云自空而下,画鹤飞至子安前,遂跨鹤乘云而去。辛氏即于飞升处建楼,名黄鹤楼焉。"这个传说讲的是得道的费子安为了酬谢辛氏的酒钱,用橘皮画鹤,客人来了,鹤能翩跹而舞,合乎音律。辛氏因此获利甚多。后子安吹笛,乘鹤而去。辛氏就在子安飞升处建了黄鹤楼。仙子,此指费子安,《齐谐记》"仙人子安曾驾鹤经过黄鹤楼"。凤翔台,唐李白《凤台曲》云:"尝闻秦帝女,传得凤凰声。是日逢仙子,当时别有情。人吹彩箫去,天借绿云迎。曲在身不返,空余弄玉名。"这个典故出自汉刘向《列仙传》:"萧史者,秦穆公时人也。善吹箫,能致孔雀白鹤于庭。穆公有女,字弄玉,好之,公遂以女妻焉。日教弄玉作凤鸣,居数年,吹似凤声,凤凰来止其屋。公为作凤台,夫妇止其上,不下数年。一旦,皆随凤凰飞去。"说的是秦穆公的女儿名叫弄玉,喜欢善于吹箫的萧史。萧史吹箫时,孔雀白鹤盘旋于庭院。秦穆公把弄玉嫁给了萧史,并为他们建造了凤台,萧史就在台上教弄玉吹箫。几年后,夫妇二人随凤凰飞走了。平仄上,上联是仄仄平平,仄仄仄平平仄仄;下联是仄平平仄,仄平平仄仄平平。笛,《广韵》"徒历切",入声。语法上,"鹤舞楼头"对"凤翔台上",都是主谓结构;"玉笛弄残仙子月""紫箫吹断美人风"也是主谓结构,实际上"仙子""美人"是两句里弄笛、吹箫的主体,当为仙子以玉笛弄残月,美人用紫箫吹断风。作者在这里用了倒置的修辞格,显得句式比较灵活,富于变化。

【译文】

山和海相对,华山与嵩山相对。

四岳和三公相对。

宫墙内的红花与禁宫里的绿柳相对,边塞的大雁和江上的飞鸿相对。

清暑殿,广寒宫。

拾取翠羽和题诗红叶相对。

庄子谈化蝶之梦,姜尚是飞熊之兆。

北边的窗户吹来习习凉风,夏天无需摇扇;南边的屋檐照进煦日暖阳,冬日不用烤火。

黄鹤在楼头飞舞,仙子吹着玉笛直到月亮将落;凤凰在台上盘桓,美人吹着紫箫直到风声已停。

二 冬

【题解】

"冬"是"平水韵"中上平声的第二韵部。

在宋本《广韵》中"冬"作"都宗切",平声,冬韵。

《笠翁对韵》这一部分所用到的冬韵字有21个:冬、春、松、翁、龙、珑、钟、风、浓、封、蓉、锋、饔、峰、重、慵、宗、茸、蜂、凶、穷。《声律启蒙》所用的冬韵字有18个:冬、钟、松、龙、蛩、蜂、雍、峰、浓、庸、春、茸、恭、镛、农、蓉、宗、慵。其中《笠翁对韵》有而《声律启蒙》无的有翁、珑、风、封、锋、饔、重、凶、穷等9个,后者有而前者无的有蛩、雍、庸、恭、镛、农等6个。《笠翁对韵》这部分韵脚字中的翁、珑、风、穷则本属于"一东"韵。

其一

晨对午,夏对冬^①。

下饷对高舂^②。

青春对白昼,古柏对苍松^③。

垂钓客,荷锄翁^④。

仙鹤对神龙^⑤。

凤冠珠闪烁,螭带玉玲珑^⑥。

三元及第才千顷,一品当朝禄万钟^⑦。

花萼楼间,仙李盘根调国脉;沉香亭畔,娇杨擅宠起边风^⑧。

【注释】

①晨对午,夏对冬:平仄上,"晨"是平声,"午"是仄声;"夏"是仄声,"冬"是平声。语法上,都是时间名词相对。

②下饷(xiǎng)对高舂(chōng):下饷,《汉语大词典》解释为"收工吃饭",如唐戴叔伦《女耕田行》"日正南冈下饷归,可怜朝雉扰惊飞"。有的版本作"下晌",下午的意思,误。高舂,《汉语大词典》解释为"日影西斜近黄昏时",《淮南子·天文训》"(日)至于渊虞,是谓高舂;至于连石,是谓下舂"。平仄上,"下饷"和"高舂"是仄仄与平平,刚好相对。语法上,二者结构上皆为动宾结构,"高"这里用作使动;二者在这里都用于表时间。

③青春对白昼,古柏对苍松:青春,指春天,《楚辞·大招》"青春受谢,白日昭只",王逸注"青,东方春位,其色青也"。白昼,白日的意思,唐杜甫《闻官军收河南河北》"白日放歌须纵酒,青春作伴好还乡",正以"白日"对"青春"。苍松,琅环阁藏本作"乔松"。

皆可。平仄上,"青春"和"白昼"是平平和仄仄,"古柏"和"苍松"是仄仄和平平。白,《广韵》"傍陌切",入声。语法上,"青春""白昼"皆为时间名词;"古柏""苍松"皆为表树木的名词,也都是我们传统文化中耐久耐寒、长寿吉祥的象征。

④垂钓客,荷(hè)锄翁:垂钓,垂竿钓鱼。荷锄,扛着锄头,晋陶渊明《归园田居》有"晨兴理荒秽,带月荷锄归"的句子。语义上,"垂钓客"和"荷锄翁",一为渔夫,一为农夫,皆为庶民,传统文化中常用来表示归隐的意思。平仄上,"垂钓客"是平仄仄,"荷锄翁"是仄平平。语法上,"垂钓客""荷锄翁"都是定中结构,都是指人的名词;其定语"垂钓""荷锄"都是动宾结构。

⑤仙鹤对神龙:"仙鹤"与"神龙"都是传说中的吉祥动物。平仄上,"仙鹤"是平仄,"神龙"是平平。语法上,"仙鹤"与"神龙"都是定中结构。

⑥凤冠(guān)珠闪烁,螭(chī)带玉玲珑(líng lóng):凤冠,古代贵族妇女所戴的礼帽,上有金玉制成的凤凰作为装饰。闪烁,形容凤冠上珍珠的光芒。螭带,上面雕刻着螭龙花纹的玉带;螭,传说中一种无角的龙。玲珑,形容玉器之精巧,唐苏鹗《杜阳杂编》卷中"轻金冠以金丝结之,为鸾鹤之状,仍饰以五彩细珠,玲珑相续,可高一尺,秤之无三二钱"。平仄上,"凤冠珠闪烁"是仄平平仄仄,"螭带玉玲珑"是平仄仄平平。冠,此处是名词,帽子的总称,故读平声。语法上,上下联都是主谓结构:"珠闪烁""玉玲珑"两个主谓结构作谓语,陈述主语"凤冠"和"螭带"的状态。

⑦三元及第才千顷(qǐng),一品当朝(cháo)禄万钟:三元,古代的"三元"有很多含义,其中一种是指科举的乡试、会试、殿试,其第一名分别是解元、会元、状元,合称三元;科举中选叫及第,如果失败了叫落第。千顷,一顷相当于一百亩,千顷是极言其广其大。一品,自三国魏以后,官分九品,最高者为一品。当朝,指

在朝为官。万钟,指优厚的俸禄,"钟"是古代计量单位,比如《孟子·告子上》有"万钟则不辩礼义而受之,万钟于我何加焉"。平仄上,上联是平平仄仄平平仄,及,《广韵》"其立切",入声;下联是仄仄平平仄仄平,一,《广韵》"於悉切",入声。语法上,"三元及第"对"一品当朝",是主谓结构;"才千顷"和"禄万钟"也是主谓结构相对。

⑧花萼(è)楼间,仙李盘根调国脉;沉香亭畔,娇杨擅宠起边风:花萼楼,唐玄宗于兴庆宫西南建花萼相辉之楼,简称"花萼楼",《旧唐书·让皇帝宪传》"玄宗于兴庆宫西南置楼,西面题曰花萼相辉之楼……玄宗时登楼,闻诸王音乐之声,咸召登楼同榻宴谑,或便幸其第,赐金分帛,厚其欢赏"。仙李盘根,这里是用唐杜甫《冬日洛城北谒玄元皇帝庙》诗"仙李盘根大,猗兰奕叶光"的典故,形容的是唐朝李氏家族子孙繁衍的状况。国脉,国家的命脉,如汉王符《潜夫论·思贤》中的"养寿之士,先病服药;养世之君,先乱任贤。是以身常安而国脉永",把国脉当人脉来调理,这是比喻。沉香亭,唐玄宗时宫中有沉香亭,唐李白《清平调》有"解释春风无限恨,沉香亭北倚阑干"。娇杨,指唐玄宗的宠妃杨玉环。擅宠,独受宠信或宠爱,唐白居易《长恨歌》有"后宫佳丽三千人,三千宠爱在一身"的句子,形容唐玄宗对杨玉环的宠爱。起边风,指边关兴起战火,这里特指安史之乱,《长恨歌》有"渔阳鼙鼓动地来,惊破霓裳羽衣曲",就是形容战乱爆发后,京城王公贵族惊慌失措的状态。平仄上,上联是平仄平平,平仄平平平仄仄,国,《广韵》"古或切",入声;下联是平平平仄,平平仄仄仄平平。语法上,"花萼楼间""沉香亭畔"都是方位短语,充当状语。"仙李盘根调国脉""娇杨擅宠起边风"都是主谓结构,其谓语部分"盘根调国脉""擅宠起边风"是两个动词性结构连用,即"盘根""调国脉"和"擅宠""起边风"。

【译文】

晨和午相对,夏和冬相对。

收工之后与下春时分相对。

春季和白天相对,古柏和苍松相对。

垂竿钓鱼的渔父,荷锄耕田的农夫。

仙鹤与神龙相对。

凤冠上的珍珠闪闪发亮,螭带上的美玉雕琢精致。

士人连中三元,才学渊博;官员位居一品,俸禄丰厚。

花萼楼上,李唐家族子孙繁衍,欲使国运兴旺;沉香亭畔,杨氏贵妃恃宠而骄,引发边关战争。

其二

清对淡,薄对浓①。

暮鼓对晨钟②。

山茶对石菊,烟锁对云封③。

金菡萏,玉芙蓉④。

绿绮对青锋⑤。

早汤先宿酒,晚食继朝饔⑥。

唐库金钱能化蝶,延津宝剑会成龙⑦。

巫峡浪传,云雨荒唐神女庙;岱宗遥望,儿孙罗列丈人峰⑧。

【注释】

①清对淡,薄对浓:平仄上,"清""浓"是平声,"淡""薄"是仄声。薄,《广韵》"傍各切",入声。语法上,两组四字都是形容词。

②暮鼓对晨钟:根据《汉语大词典》,"鼓""钟"本都是古代的礼仪乐

器，后来都用为击打报时之器；"暮鼓""晨钟"，佛寺中晨撞钟、暮击鼓以报时，后因以"晨钟暮鼓"谓时日推移，古代诗文中常常并提，如唐李咸用《山中》诗"朝钟暮鼓不到耳，明月孤云长挂情"。平仄上，"暮鼓"是仄仄，"晨钟"是平平。语法上，"暮鼓""晨钟"都是定中结构。

③山茶对石菊，烟锁对云封：山茶，指山茶花。石菊，有多种解释：一说为石竹、绣竹，石竹科多年生草本植物；一说为带菊花花纹的石头；还有一种说法，指一种福建所产的石菊茶。烟锁、云封，山上水蒸气多时，常常烟锁云封，不辨山之真面目。广州白云山景泰寺有一副对联云"烟锁断桥留客立，云封古寺待僧归"。古人也常把"烟锁云封"之处视为神秘的仙人居处。平仄上，"山茶"是平平，"石菊"是仄仄。"石"《广韵》作"常只切"，入声；"菊"《广韵》作"居六切"，也是入声。"烟锁"是平仄，"云封"是平平。语法上，"山茶""石菊"都是定中结构，"烟锁""云封"都是主谓结构。

④金菡萏（hàn dàn），玉芙蓉：金菡萏，指黄金打造的荷花。玉芙蓉，指玉石雕刻的荷花。二者在古诗文中常相对仗，如明谢谠《四喜记》中有"袅袅东风御苑通，鸾车齐度百花中。风情独数飞琼最，猛听莺声出绣丛。金菡萏，玉芙蓉，水沉香护蕊珠宫。刘郎已恨巫山远，况隔蓬山几万重"。平仄上，"金菡萏"是平仄仄，"玉芙蓉"是仄平平。语法上，两个词语都是定中结构。

⑤绿绮（qǐ）对青锋：绿绮，古琴之名，后泛指琴，晋傅玄《琴赋序》："齐桓公有鸣琴曰号钟，楚庄有鸣琴曰绕梁，中世，司马相如有绿绮，蔡邕有焦尾，皆名器也。"青锋，指青锋剑，也指宝剑，宝剑剑身寒光闪烁，锋芒毕露，故称"青锋"。琴和剑都是古代士人非常喜爱的随身之物，体现着他们的志趣追求，比如元代的《三国志平话》有这样的描写："忽有一书生，白裥角带纱帽乌靴，左手携

酒一壶,右手将着瓦钵一副,背着琴剑书箱,来御园中游赏。"平
仄上,"绿绮"是仄仄,"青锋"是平平。语法上,两个词语都是定
中结构。

⑥早汤先宿(sù)酒,晚食继朝饔(zhāo yōng):汤,此处指解酒的
汤,即醒酒汤。宿酒,经宿未醒的酒力,唐白居易《早春即事》诗
有"眼重朝眠足,头轻宿酒醒"。饔,早饭,《孟子·滕文公上》有
"贤者与民并耕而食,饔飧而治",赵岐注"饔飧,熟食也。朝曰饔,
夕曰飧"。平仄上,上联是仄平平仄仄,下联是仄仄仄平平。食,
《广韵》"乘力切",入声。语法上,上下联都是主谓结构。"早汤
先宿酒,晚食继朝饔"两句比较灵活,采用倒置的手法,当为"因
宿酒而先早汤,朝饔之后而继以晚食",或者"早汤先饮因宿酒,
晚食继之于朝饔"。因为头天晚上喝醉了酒,故而早上起来先饮
醒酒汤;晚饭接着早饭吃。这是一种逍遥安逸的生活状态。

⑦唐库金钱能化蝶,延津宝剑会成龙:上联的典故出自唐苏鹗《杜
阳杂编》:"穆宗皇帝殿前种千叶牡丹,花始开,香气袭人,一朵千
叶,大而且红。上每睹芳盛,叹曰:'人间未有。'自是宫中每夜即
有黄白蝴蝶万数,飞集于花间,辉光照耀,达曙方去。宫人竞以
罗巾扑之,无有不获者。上令张网于宫中,遂得数百于殿内,纵
嫔御追捉,以为娱乐。迟明视之,则皆金玉也。其状工巧,无以
为比。而内人争用丝缕绊其脚,以为首饰。夜则光起妆奁中。
其夜开宝厨,视金钱玉屑藏内,将有化为蝶者,宫中方觉焉。"唐
穆宗的时候,殿前种了上千株牡丹,花开时香气浓郁,花大叶茂。
每到晚上,有上万只黄白蝴蝶飞来,天明时方离去。穆宗命人用
网罗捕捉,发现这些蝴蝶都变成了金玉,后来才知道原来这些蝴
蝶是宝库里的金玉所化而成。延津宝剑会成龙,这个故事出自
《晋书·张华传》的记载,"初,吴之未灭也,斗牛之间常有紫气",吴
国灭掉以后,这紫气更加明显,雷焕认为这是"宝剑之精,上彻于

天耳"。于是张华约了他一起去寻找，"掘狱屋基，入地四丈余，得一石函，光气非常，中有双剑，并刻题，一曰龙泉，一曰太阿。其夕，斗牛间气不复见焉"，两人挖到了两把宝剑，名叫龙泉、太阿，而且这天晚上以后斗牛之间紫气就消失不见了。雷焕"以南昌西山北岩下土以拭剑，光芒艳发。大盆盛水，置剑其上，视之者精芒炫目"。他留下一把，一把送给了张华。后来张华被杀，他的剑就失去踪迹。雷焕死后，他的儿子雷华带着剑经过延平津，剑忽然从腰间跳出投进水中。雷华派人下水打捞，"不见剑，但见两龙各长数丈，蟠萦有文章"。剑化为了两龙，入水捞剑的人吓得赶紧返回水面。没过多久，水面光彩夺目，波浪翻腾，剑从此就下落不明了。平仄上，上联是平仄平平平仄仄，下联是平平仄仄仄平平。蝶，《广韵》"徒协切"，入声。语法上，上下联都是主谓结构。无论从平仄还是从结构上，两联对仗都十分工整。

⑧巫峡浪传，云雨荒唐神女庙；岱宗遥望，儿孙罗列丈人峰：巫峡，根据《汉语大词典》，巫峡是长江三峡之一，因巫山得名；两岸绝壁，船行极险。浪传，"空传"的意思。云雨荒唐神女庙，战国宋玉《高唐赋》载："昔者，先王尝游高唐，怠而昼寝，梦见一妇人曰：'妾，巫山之女也。为高唐之客，闻君游高唐，愿荐枕席。'王因幸之。去而辞曰：'妾在巫山之阳，高丘之岨，旦为朝云，暮为行雨，朝朝暮暮，阳台之下。'旦朝视之，如言，故为立庙，号曰'朝云'。"相传楚王游高唐的时候，有次在白天因为倦怠睡着了，梦见与巫山之女相会。临别时，这个女子跟楚王说她在巫山的南面，朝云暮雨，楚王就为她立了一座朝云庙。岱宗，泰山的别名。唐杜甫《望岳》有"岱宗夫如何，齐鲁青未了"的诗句。儿孙罗列丈人峰，化自杜甫另一首《望岳》中的"西岳崚嶒竦处尊，诸峰罗立如儿孙"。丈人峰，据说状如老人偃偻，故名。平仄上，上联是平仄仄平平，平仄平平平仄仄；下联是仄平平仄，平平平仄仄平平。其中

"峡"在《广韵》中读作"侯夹切",入声。语法上,"巫峡浪传"和"岱宗遥望"相对,其形式都是主谓结构;实际"巫峡"和"岱宗"是动作的对象,当为浪传巫峡、遥望岱宗的意思;"云雨荒唐神女庙""儿孙罗列丈人峰"是主谓结构,谓语"荒唐神女庙""罗列丈人峰",都是述补结构,意思是荒唐于神女庙,罗列于丈人峰。

【译文】

清和淡相对,薄和浓相对。

傍晚击鼓和早晨撞钟相对。

山茶花和石菊花相对,烟雾笼罩和云气缭绕相对。

黄金刻的荷花和玉石雕的芙蓉相对。

绿绮琴和青锋剑相对。

早上起来先喝醒酒汤以解宿醉,早上的饭吃过之后接着有晚餐。

唐朝府库里的金玉能化成蝴蝶,到了延津这里宝剑会变成蛟龙。

巫峡传闻,道是楚王和巫山之女幽会于神女之庙;遥望泰山,看到群山如儿孙般罗列于丈人峰周围。

其三

繁对简,叠对重①。

意懒对心慵②。

仙翁对释伴,道范对儒宗③。

花灼灼,草茸茸④。

浪蝶对狂蜂⑤。

数竿君子竹,五树大夫松⑥。

高皇灭项凭三杰,虞帝承尧殛四凶⑦。

内苑佳人,满地风光愁不尽;边关过客,连天烟草憾无穷⑧。

【注释】

① 繁对简，叠对重（chóng）：平仄上，"繁""简"是平和仄，"叠""重"是仄和平。"叠"在《广韵》里是"徒协切"，入声。语法上，两组都是形容词相对，第一组在词义上相反，第二组在词义上相近。

② 意懒对心慵（yōng）：平仄上，"意懒"是仄仄，"心慵"是平平。语法上，二者都是主谓短语。

③ 仙翁对释伴，道范对儒宗：仙翁，一般指道教方面的老神仙；释伴当指佛教修行者。道范，道家典范；儒宗，儒家宗师，后泛指读书人所信仰的学者。平仄上，"仙翁"是平平，"释伴"是仄仄；"道范"是仄仄，"儒宗"是平平。语法上，四个词语都是定中结构。

④ 花灼灼（zhuó），草茸茸（róng）：灼灼，形容花的鲜艳明媚，如《诗经·周南·桃夭》有"桃之夭夭，灼灼其华"，以"灼灼"形容桃花的容色。茸茸，形容草的柔细浓密，如元马彦良《一枝花·春雨》有"润夭桃灼灼红，洗芳草茸茸翠"。平仄上，"花灼灼"是平仄仄，"草茸茸"是仄平平。灼，《广韵》"之若切"，入声。语法上，两句都是主谓结构，谓语以叠语形式的形容词描述花、草之容色或状态。

⑤ 浪蝶对狂蜂：浪蝶、狂蜂，形容举止轻薄放荡的男子，如《初刻拍案惊奇》卷十一："紫燕黄莺，绿柳丛中寻对偶；狂蜂浪蝶，夭桃队里觅相知。"平仄上，"浪蝶"是仄仄，"狂蜂"是平平；蝶，《广韵》"徒协切"，入声，故为仄声。语法上，"浪蝶""狂蜂"皆是定中结构。

⑥ 数竿君子竹，五树大夫松："君子"与"大夫"都曾是古代对贵族的称呼，"竹""松"皆位列岁寒三友。《晋书·王徽之传》载："时吴中一士大夫家有好竹，（王徽之）欲观之，便出坐舆造竹下，讽啸良久。主人洒扫请坐，徽之不顾。将出，主人乃闭门，徽之便以此赏之，尽叹而去。尝寄居空宅中，便令种竹。或问其故，徽之但啸咏，指竹曰：'何可一日无此君邪！'"晋代王徽之非常喜欢竹子，他曾经寄住在空房子里，叫人种上竹子，有人问他缘故，他

说:"怎么可以一天没有它呢?"宋苏轼《於潜僧绿筠轩》也有"宁可食无肉,不可居无竹。无肉令人瘦,无竹令人俗。人瘦尚可肥,士俗不可医"的话,足见中国文人对竹的爱好程度。"五树大夫松"的典故出自《史记·秦始皇本纪》:"二十八年,始皇东行郡县,上邹峄山。立石,与鲁诸儒生议,刻石颂秦德,议封禅望祭山川之事。乃遂上泰山,立石,封,祠祀。下,风雨暴至,休于树下,因封其树为五大夫。"秦始皇在泰山封禅的时候,遇到暴风雨,就在树下躲雨,后来就封这树为"五大夫"。实际上,《史记》并未提到五棵树,也没说明是松树,只是提到秦始皇躲雨的树后来被封为"五大夫",五大夫是官名,而不是五个大夫。平仄上,上联是仄平平仄仄,下联是仄仄仄平平。"竹"《广韵》作"张六切",入声。语法上,两句都是定中结构。

⑦高皇灭项凭三杰,虞(yú)帝承尧(yáo)殛(jí)四凶:高皇,指汉高祖刘邦。项,指项羽。三杰,指刘邦的三个臣子张良、韩信、萧何。据《史记·高祖本纪》载:"高祖曰:'……夫运筹策帷帐之中,决胜于千里之外,吾不如子房。镇国家,抚百姓,给馈饷,不绝粮道,吾不如萧何。连百万之军,战必胜,攻必取,吾不如韩信。此三者,皆人杰也,吾能用之,此吾所以取天下也。项羽有一范增而不能用,此其所以为我擒也。'"刘邦曾当众承认,自己之所以能打败项羽,就是得了张良、萧何、韩信的辅佐,并称这三人为"人杰"。虞帝,指舜,《史记·五帝本纪》载,尧寻找继承人,众人都给他推荐舜,说"有矜在民间,曰虞舜",文中又说"天下明德皆自虞帝始"。舜,虞是其氏,妫是其姓。《史记·五帝本纪》又载:"昔帝鸿氏有不才子,掩义隐贼,好行凶慝,天下谓之浑沌。少暤氏有不才子,毁信恶忠,崇饰恶言,天下谓之穷奇。颛顼氏有不才子,不可教训,不知话言,天下谓之梼杌。此三族世忧之。至于尧,尧未能去。缙云氏有不才子,贪于饮食,冒于货贿,天

下谓之饕餮。天下恶之，比之三凶。舜宾于四门，乃流四凶族，迁于四裔，以御螭魅，于是四门辟，言毋凶人也。"四凶，浑沌、穷奇、梼杌以及饕餮。不过《尚书》和《左传》中也有不同的记载。《左传·文公十八年》谓之"浑敦""穷奇""梼杌""饕餮"，"舜臣尧，宾于四门，流四凶族，浑敦、穷奇、梼杌、饕餮，投诸四裔，以御螭魅。是以尧崩而天下如一，同心戴舜以为天子，以其举十六相、去四凶也"。"浑敦"与"混沌"音近，应该指的是同一个。《尚书·舜典》的记载则又不同："（舜）流共工于幽州，放驩兜于崇山，窜三苗于三危，殛鲧于羽山，四罪而天下咸服。"下联中的"殛"显然引了《尚书》中的这个词，"殛"，《尔雅》释为"诛也"，就是诛杀的意思。平仄上，上联是平平仄仄平平仄，下联是平仄平平仄仄平。其中"杰"在《广韵》中读"渠列切"，入声字；"殛"在《广韵》里读"纪力切"，也是入声字。语法上，两句都是主谓结构，其谓语部分略有不对仗之处："灭项"与"凭三杰"是述补关系，即刘邦凭借三杰打败了项羽；"承尧"与"殛四凶"是连动关系，两个行为先后发生。

⑧内苑（yuàn）佳人，满地风光愁不尽；边关过客，连天烟草憾无穷：内苑，皇宫之内的意思；边关，边境上的关口。佳人，指皇宫内苑中的宫女妃嫔；过客，指的是旅客。满地风光，琅环阁藏本作"满地风花"，今本多作"风光"，二者皆可，都是形容春天的景色。宫中的妃嫔们最怕见春景，因为这会让他们对比自身的孤独与寂寞。如唐白居易《上阳白发人》"春日迟，日迟独坐天难暮。宫莺百啭愁厌闻，梁燕双栖老休妒"。下联的"连天烟草"也是描写春天的景色，如宋赵以夫《贺新郎》"载酒阳关去。正西湖、连天烟草，满堤晴絮"。这样的景色大概是引发边关过客无穷憾恨的原因吧。憾，恨的意思。琅环阁藏本作"恨"，今本多作"憾"，二者语义相同，皆可。平仄上，上联是仄仄平平，仄仄平平平仄仄；

下联是平平仄仄,平平平仄仄平平。语法上,两句都是主谓结构:"内苑佳人""边关过客"是定中结构充当主语;谓语部分"满地风光愁不尽""连天烟草憾无穷"是状中结构,谓语中心"愁不尽""憾无穷"陈述主语"佳人"和"过客"的状态,也都是主谓结构。二者对仗工整。

【译文】

繁和简相对,叠和重相对。

心意懒散和心情倦乏相对。

仙家老翁和佛教信徒相对,道家风范和儒教宗师相对。

花朵鲜艳明媚,草叶柔细浓密。

浪荡的蝴蝶和轻狂的蜜蜂相对。

几竿有君子之德的竹子,五棵被封为大夫的松树。

高祖刘邦战胜项羽是依赖了三位人杰,虞舜继承尧的职位后惩罚了四个坏人。

宫廷内苑中的佳人,对着一地风光愁思不尽;边关要塞上的旅客,面对漫天烟草憾恨无边。

三 江

【题解】

"江"是"平水韵"中上平声的第三韵部。

在宋本《广韵》中"江"作"古双切",平声,江韵。

平水韵中江韵字比较少,《笠翁对韵》这一部分内容所用到的江韵字有双、江、缸(钆)、窗、腔、逢、降、邦、庞、杠、幢、艟、龙,共13个。《声律启蒙》所用的韵脚字有窗、江、钆、幢、缸、邦、逢、淙、撞、降、双、扰、庞,共13个;其中"淙"属于"二冬",故《声律启蒙》中用的"三江"韵共12个字。其中《笠翁对韵》有而《声律启蒙》无的韵脚字有腔、杠、艟、龙等4个,后者有而前者无的有撞、扰2个字。《笠翁对韵》中的"缸",有的版本作

"钆",二者皆可。

其一

奇对偶,只对双^①。

大海对长江^②。

金盘对玉盏,宝烛对银钆^③。

朱漆槛,碧纱窗^④。

舞调对歌腔^⑤。

兴刘推马武,谏夏著龙逄^⑥。

四收列国群王伏,三筑高城众敌降^⑦。

跨凤登台,潇洒仙姬秦弄玉;斩蛇当道,英雄天子汉刘邦^⑧。

【注释】

①奇(jī)对偶,只对双:奇,单数的意思。只,繁体作"隻",东汉许慎《说文解字》解释说"鸟一枚也,从又持隹";许慎还说"持一隹曰隻,二隹曰雙(今天写作双)",二者后来引申为单与双的对立。晋代潘岳《悼亡诗》三首之一的"如彼翰林鸟,双栖一朝只",以本来双宿双飞的林中鸟忽然有一天变得形单影只,来比喻自己失去妻子后孤独凄凉的心情。平仄上,"奇""双"是平声,"偶""只"是仄声。"只(隻)"《广韵》作"之石切",入声。语法上,"奇""偶"指奇数、偶数,都是名词;"只""双"本来是指称鸟一只、鸟二只的意思,亦皆可用作量词,故可相对。

②大海对长江:大海,琅环阁藏本作"巨海",今本多作"大海"。平仄上,"大海"是仄仄,"长江"是平平。语法上,两个词语都是定中结构。

③金盘对玉盏,宝烛对银缸:"银缸"或"银钉"都是指"银白色的灯盏、烛台",字形"缸"或"钉"皆可。平仄上,"金盘"是平平,"玉盏"是仄仄;"宝烛"是仄仄,"银缸"是平平。"烛"《广韵》作"之欲切",入声。语法上,两组都是定中结构。

④朱漆槛(jiàn),碧纱窗:朱漆槛,当为漆了朱色的栏杆。古代诗句中常见"朱槛"一词,是富贵人家的房屋建筑装饰,宋晏殊就很喜欢用"朱槛"入词,如《凤衔杯》中"凭朱槛,把金卮。对芳丛、惆怅多时",《少年游》中"前欢往事,当歌对酒,无限到心中。更凭朱槛忆芳容。肠断一枝红"。碧纱窗,就是蒙着绿色薄纱的窗户,古人常以此入诗,如唐李冶《蔷薇花》中的"最好凌晨和露看,碧纱窗外一枝新",宋苏轼《阮郎归》中的"碧纱窗下水沉烟,棋声惊昼眠"。"朱漆槛"和"碧纱窗"常出现在贵族的生活场景中,在诗词文中多传达一种情丝缠绵的悠远怀思。平仄上,上联是平仄仄,下联是仄平平。"漆"《广韵》作"亲吉切",入声。语法上,两个都是定中结构。

⑤舞调(diào)对歌腔:舞调,跳舞的曲子;歌腔,唱歌的调子。"调"和"腔"意思相近。平仄上,上下联分别是仄仄和平平。语法上,都是定中结构。

⑥兴刘推马武,谏(jiàn)夏著(zhù)龙逢(páng):兴刘,今本多作"兴汉",语义相近,但"汉"与下联的"夏"平仄不相对。马武,字子张,东汉中兴名将。王莽末年,他参加了绿林起义军;后来归附刘秀,打败河北尤来、五幡等部;刘秀当皇帝之后,马武担任侍中、骑都尉等职,又击败了刘永等割据势力,战功累累;后封杨虚侯,死于汉明帝永平四年。《后汉书·马武传》中对他的事迹有详细的记载。龙逢,亦作"龙逢",即关龙逢,是夏末时人,《韩诗外传》卷四载:"桀为酒池,可以运舟,糟丘足以望十里,一鼓而牛饮者三千人。关龙逢进谏曰:'古之人君,身行礼义,爱民节财,故国安而

身寿。今君用财若无穷，杀人若恐弗胜。君若弗革，天殃必降，而诛必至矣。君其革之。'立而不去朝。桀囚而杀之。"夏桀荒淫无道，关龙逢劝谏他要爱民节用，桀不听，杀死了他。故关龙逢被后世视为忠臣的典范，《旧唐书》中有"良臣，稷、契、咎陶是也；忠臣，龙逢、比干是也"的话，可见龙逢在古人心目中是和比干并称的。推，推重、推崇；著，彰显、昭显。平仄上，上联是平平平仄仄，下联是仄仄仄平平。兴，表"兴起""创办"等动词意义时当读平声。语法上，"兴刘""谏夏"都是动宾结构，是两句的话题主语；谓语"推马武"和"著龙逢"也都是动宾结构。两句对仗很工整。

⑦四收列国群王伏，三筑高城众敌降（xiáng）："四收列国"指的是宋代大将曹彬的故事。根据《宋史·曹彬传》的记载，"曹彬，字国华，真定灵寿人"，他先后平定南唐、后蜀、南汉、北汉。"诸将咸欲屠城以逞其欲，彬独申令戢下，所至悦服"，曹彬所到之处，皆收敛其部下，严禁烧杀抢掠，故而各地都心悦诚服，即所谓"群王伏"。"三筑高城"指的是唐神龙年间的事情，根据《旧唐书·张仁愿传》的记载，"（神龙）三年，突厥入寇"，张仁愿请求在河北建筑三座受降城，"首尾相应，以绝其南寇之路"。当时太子少师唐休璟反对这种做法，认为"两汉已来，皆北守黄河，今于寇境筑城，恐劳人费功，终为贼虏所有"。张仁愿坚持请求，中宗最终同意了他的建议。张仁愿"留年满镇兵以助其功。时咸阳兵二百余人逃归，仁愿尽擒之，一时斩于城下，军中股慄，役者尽力，六旬而三城俱就"。三城"以拂云祠为中城，与东、西两城相去各四百余里，皆据津济，遥相应接，北拓地三百余里，于牛头朝那山北置烽候一千八百所。自是突厥不得度山放牧，朔方无复寇掠，减镇兵数万人"。不但防止了突厥的入侵，而且大大减少了镇守军队的数量。三座受降城的筑建使得后突厥汗国的国力大为削弱，最后被唐朝与回纥联合攻灭。平仄上，上联是仄平仄仄平

平仄,下联是平仄平平仄仄平。国,《广韵》"古或切",入声;伏,《广韵》"房六切",入声;敌,《广韵》"徒历切",也是入声。语法上,上下联皆包含两个动词性结构,表承接关系:"四收列国""三筑高城"为状中结构;"群王伏""众敌降"为主谓结构,是第一个动词结构所引发的事件。

⑧跨凤登台,潇(xiāo)洒仙姬(jī)秦弄玉;斩蛇当道,英雄天子汉刘邦:上联跟"一东"中的"凤翔台上,紫箫吹断美人风"出自同一个典故,弄玉是秦穆公的女儿,故谓之"秦弄玉"。她随着自己的丈夫萧史在凤台上吹箫,后来骑着凤凰飞走,故谓之"跨凤登台"。下联用的是汉高祖刘邦未兴时斩白蛇的故事。《史记·高祖本纪》载:"高祖被酒,夜径泽中,令一人行前。行前者还报曰:'前有大蛇当径,愿还。'高祖醉,曰:'壮士行,何畏!'乃前,拔剑击斩蛇。蛇遂分为两,径开。行数里,醉,因卧。后人来至蛇所,有一老姬夜哭。人问何哭,姬曰:'人杀吾子,故哭之。'人曰:'姬子何为见杀?'姬曰:'吾子,白帝子也,化为蛇,当道,今为赤帝子斩之,故哭。'人乃以姬为不诚,欲告之,姬因忽不见。后人至,高祖觉。后人告高祖,高祖乃心独喜,自负。诸从者日益畏之。"汉高祖刘邦在起兵之前,喝醉之后杀了一条挡在路上的蛇。一个老妇人哭诉说,这条被杀死的蛇是她儿子,是白帝的儿子,现在被赤帝的儿子给杀了。平仄上,上联是仄仄平平,平仄平平平仄仄;下联是仄平平仄,平平平仄仄平平。语法上,上下联皆是主谓结构,表判断:跨凤登台者,潇洒仙姬秦弄玉也;斩蛇当道者,英雄天子汉刘邦。"跨凤登台""斩蛇当道"都是两个动宾结构连用;"潇洒仙姬秦弄玉"和"英雄天子汉刘邦"是两个复指结构,此"潇洒仙姬"即"秦弄玉","英雄天子"即"汉刘邦"。

【译文】

奇和偶相对,单和双相对。

大海和长江相对。

金盘和玉杯相对,宝烛和银盏相对。

朱红的栏杆,碧绿的纱窗。

跳舞的曲子和唱歌的调子相对。

光武中兴马武功勋卓著,敢于劝谏龙逢忠心可表。

北宋曹彬收服南唐、后蜀、南汉、北汉四国后,众王从此甘心降服;唐朝张仁愿筑造了中、东、西三座受降城之后,敌人不敢再来犯边。

潇洒秦弄玉在凤台上吹箫,最后跨上凤凰登仙而去;英雄刘邦杀死挡路的白蛇,建立汉朝成为一代天子。

其二

颜对貌,像对庞①。

步辇对徒杠②。

停针对搁笔,意懒对心降③。

灯闪闪,月幢幢④。

揽辔对飞艭⑤。

柳堤驰骏马,花苑吠村龙⑥。

酒晕微酡琼杏颊,香尘浅印玉莲双⑦。

诗写丹枫,韩女幽怀流御水;泪弹斑竹,舜妃遗憾积湘江⑧。

【注释】

① 颜对貌,像对庞:像,形象、相貌的意思,元王实甫《西厢记》第一本第四折"外像儿风流,青春年少"。平仄上,"颜""庞"都是平声,"貌""像"都是仄声。语法上,都是名词相对。

② 步辇(niǎn)对徒杠(gāng):步辇,是古代一种用人抬的代步工

具，类似轿子。徒杠，是可供徒步行走的小桥，《孟子·离娄下》"岁十一月，徒杠成；十二月，舆梁成，民未病涉也"。平仄上，"步辇"是仄仄，"徒杠"是平平。杠，《广韵》"古双切"，平声，非读如今天"单杠"之"杠"的去声。语法上，两个词语都是定中结构。

③停针对搁笔，意懒对心降：停针，常用来描写古代女性怀念远人时的神情动作，比如唐朱绛《春女怨》"欲知无限伤春意，尽在停针不语时"，宋陈师道《菩萨蛮·七夕》"想得两眉颦，停针忆远人"。搁笔，放下笔，古代读书人常用来表示在更高明的创作面前甘拜下风，比如董其昌《画禅室随笔》卷三的"太白搁笔于崔颢"，崔颢的《黄鹤楼》写得太好，李白赞道"眼前有景道不得，崔颢题诗在上头"，为之搁笔。意懒，心情怠倦，这个词经常和"心灰""心慵"组合在一起，形容意志懈怠、消沉。平仄上，"停针"是平平，"搁笔"是仄仄。"搁笔"的"搁"是一个后起字，《广韵》无"搁"，《中华大字典》也说它是"阁"的俗字，"阁"《广韵》"古落切"，是入声字。"意懒"是仄仄，"心降"是平平。"降"此处读xiáng，降服的意思，故读平声。语法上，"停针""搁笔"都是动宾结构，"意懒""心降"都是主谓结构。

④灯闪闪，月幢幢（chuáng）：幢幢，形容影子摇晃。平仄上，"灯闪闪"是平仄仄，"月幢幢"是仄平平。语法上，两句皆是主谓结构，谓语部分是形容性叠语，陈述主语之光影状态。

⑤揽辔（pèi）对飞艭（shuāng）：揽辔，挽住马缰绳的意思，三国魏曹植《赠白马王彪》有"欲还绝无蹊，揽辔止踟蹰"的句子。艭，今本或作"舡""艎""舱"，还有作"艘"的。根据平水韵中"江"韵的情况看，当以"艭"为是。艭，古代一种船的名称。平仄上，"揽辔"是仄仄，"飞艭"是平平。语法上，两个短语都是动宾结构。飞艭，可以理解为定中结构，表示开得很快的船；也可以理解为动宾结构，"飞"是使动用法，意思是把船开得飞快。此当从后者，以与"揽辔"相对。

⑥柳堤驰骏马，花苑（yuàn）吠村龙（máng）：龙，今有 lóng、máng、páng 等多个读音，这里读 máng，表示多毛狗的意思，《诗经·召南·野有死麕》有"无使龙也吠"，下联当化用了此句。平仄上，上联是仄平平仄仄，下联是平仄仄平平。语法上，"柳堤""花苑"两个定中结构表示处所；"驰""吠"是两个谓语动词，"骏马""村龙"是"驰""吠"动作的发出者，充当施事宾语。施事在动词之后这种结构在古诗文里很常见，比如唐王维《山居秋暝》的"竹喧归浣女，莲动下渔舟"，唐杜甫《绝句》二首的"泥融飞燕子，沙暖睡鸳鸯"，都是这种类型。这种结构使得句式新颖别致，也能达到韵律和谐的效果。

⑦酒晕（yùn）微酡（tuó）琼（qióng）杏颊，香尘浅印玉莲双：酒晕，指饮酒后脸上泛起的红晕，古诗文中常见，如宋赵师侠《醉江月·题赵文炳枕屏》"酒晕红生脸"，宋毛滂《玉楼春·红梅》"酒晕脸霞春暗度"等等，都是形容喝了酒之后，脸若桃花的容色。酡，形容人喝醉酒之后脸色发红的状态，使动用法，使琼杏颊酡，与下联的动词"印"相应。琼，美玉名。杏颊，常用来形容女子的面颊。香尘，芳香之尘，因女子之步履而起。玉莲，本义指白色的莲花，此处形容女子洁白的双脚。双，古写作"雙"，琅环阁本作"躞"，但与此句意不合，所以仍取今本之"双"。平仄上，上联是仄仄平平平仄仄，下联是平平仄仄仄平平。其中"颊"《广韵》作"古协切"，入声字。语法上，上下联都是主谓句。

⑧诗写丹枫，韩女幽怀流御水；泪弹斑竹，舜（shùn）妃遗憾积湘江：上联用的典故和"一东"中"拾翠对题红"的"题红"类似，出自刘斧《青琐高议》。说的是书生于祐在御沟中拾得一片落叶，上有"流水何太急，深宫尽日闲。殷勤谢红叶，好去到人间"四句题诗。于祐也取红叶题诗"曾闻叶上题红怨，叶上题诗赠阿谁"，置于御沟上流，流入宫中。后来于祐娶得宫中遣散出来的宫女韩

氏为妻,正是当年题红叶诗的女子。丹枫,经霜泛红的枫叶,唐李商隐《访秋》有"殷勤报秋意,只是有丹枫"的句子。下联说的是舜的两位妃子的故事。据晋张华《博物志》载:"尧之二女,舜之二妃,曰湘夫人。舜崩,二妃啼,以涕挥竹,竹尽斑。"南朝任昉《述异记》亦载:"湘水去岸三十里许,有相思宫、望帝台。昔舜南巡,而葬于苍梧之野,尧之二女娥皇、女英,追之不及,相与恸哭,泪下沾竹,竹文上为之斑斑然。"尧把两个女儿娥皇和女英嫁给舜,后来舜死之后,他们伤心痛哭,眼泪滴在竹子上,形成了泪痕斑斑,后人谓之斑竹。传说娥皇、女英是投湘江之水而死,故二女亦叫湘妃,斑竹也叫湘妃竹。遗憾,琅环本作"遗恨",皆可。平仄上,上联是平仄平平,平仄平平平仄仄;下联是仄平平仄,仄平平仄仄仄平平。竹,《广韵》"张六切",入声;积,《广韵》"资昔切",入声。语法上,上下联都是由两个主谓结构组成:"诗写丹枫"对"泪弹斑竹","韩女幽怀流御水"对"舜妃遗憾积湘江"。四个句子的宾语"丹枫""斑竹""御水""湘江"皆表动作的处所。对仗工整。

【译文】

容颜和面貌相对,相貌和脸庞相对。

步辇和徒杠相对。

停针和搁笔相对,意懒和心服相对。

灯光闪烁,月影摇晃。

挽住马缰和飞速行船相对。

骏马在柳堤上驰骋,村狗在花园里吠鸣。

饮酒使得面颊生出了淡淡红晕,如美玉一般;香尘印着女子走过的浅浅足迹,像朵朵莲花。

把诗句题写在红色的枫叶上,韩氏的幽怨情怀随着御水流到了宫墙之外;让泪水倾洒在竹上形成斑点,湘妃的丧夫之恨累积成滔滔湘江长流不息。

四　支

【题解】

"支"是"平水韵"中上平声的第四韵部。

在宋本《广韵》中,"支"作"章移切",平声,支韵。

《笠翁对韵》这一节所用到的支韵字有支、丝、鹚、词、卮、诗、脂、时、师、资、姿、枝、儿、芝、肢、茨、思、栀、为、椎、迟等21个,《声律启蒙》所用到的支韵字有诗、儿、丝、夔、鹚、蘼、时、碑、迟、棋、锥、羆、璃、葵、移、旗、鹂、眉、吹、龟等20个。其中二书都用到的有丝、诗、时、儿、迟等5个;《笠翁对韵》所用的枝、鹚、词、卮、脂、师、资、姿、芝、肢、茨、思、栀、为、椎、支等字,《声律启蒙》未用;后者用的夔、鹚、蘼、碑、棋、锥、羆、璃、葵、移、旗、鹂、眉、吹、龟等字,前者未用到。

其一

泉对石,干对支^①。

吹竹对弹丝^②。

山亭对水榭,鹦鹉对鸬鹚^③。

五色笔,十香词^④。

泼墨对传卮^⑤。

神奇韩幹画,雄浑李陵诗^⑥。

几处花街新夺锦,有人香径淡凝脂^⑦。

万里烽烟,战士边头争保塞;一犁膏雨,农夫村外尽乘时^⑧。

【注释】

①泉对石,干（gàn）对支：干,繁体作"幹",树干,引申为主干的意思。支,支流、分支、树枝古代皆作"支",故有的版本也作"枝"。平仄上,"泉""支"是平声,"石""干"是仄声。石,《广韵》"常只切",入声。语法上,两组都是名词相对。

②吹竹对弹丝："竹""丝"涉及古代的"八音"。八音是我国古代对乐器的统称,包括金、石、丝、竹、匏、土、革、木八种不同质材所制的乐器。丝,指弦乐器,如琴、瑟、筝之类;竹,指竹管乐器,如笛、箫之类。平仄上,"吹竹"是平仄,"弹丝"是平平。竹,《广韵》"张六切",入声。语法上,"吹竹"和"弹丝"都是动宾结构。

③山亭对水榭（xiè）,鹦鹉（yīng wǔ）对鸬鹚（lú cí）：平仄上,"山亭"是平平,"水榭"是仄仄;"鹦鹉"是平仄,"鸬鹚"是平平。语法上,两组都是名词。第一组是定中结构,第二组都是联绵词。

④五色笔,十香词：五色笔,这个典故出自南朝梁钟嵘《诗品》卷中："（江）淹罢宣城郡,遂宿冶亭,梦一美丈夫,自称郭璞,谓淹曰：'我有笔在卿处多年矣,可以见还。'淹探怀中,得五色笔以授之。尔后为诗,不复成语,故世传江淹才尽。"据说南朝时期的江淹文采出众,后来他梦见郭璞向他索回五色笔,从此就再写不出妙句来,即所谓"江郎才尽"。十香词,据说是辽耶律乙辛为了陷害当时的萧皇后而命人作的艳诗。萧皇后是道宗的皇后,小字观音,《辽史·后妃传》里说她"姿容冠绝,工诗,善谈论。自制歌词,尤善琵琶",是一个姿容才华绝世的女子。"好音乐,伶官赵惟一得侍左右",她热爱音乐,喜欢伶人赵惟一陪侍左右。后遭到耶律乙辛的告发,说二人有私情,被逼自尽。《全辽文》卷八载萧皇后"以御制《回心院》曲十首,付惟一入调","隔帘与惟一对弹","后深怀思,因作《十香词》赐惟一"。据说耶律乙辛就是凭借此《十香词》揭发萧皇后的私情,从而逼死了萧皇后。平仄上,"五色

笔"是仄仄仄,"十香词"是仄平平。十,《广韵》"是执切",入声。语法上,二者都是定中结构。

⑤泼墨对传卮(zhī):泼墨,按照《汉语大词典》,是中国画的一种技法:用水墨挥洒在纸上或绢上,随其形状进行绘画,笔势豪放,墨如泼出。传卮,传杯的意思;卮,古代的酒器。平仄上,"泼墨"是仄仄,"传卮"是平平。泼,《集韵》"普活切",入声。语法上,二者都是动宾词组。

⑥神奇韩幹(gàn)画,雄浑李陵诗:韩幹,是唐代的一位画家,擅长画马。《宣和画谱》载:"建中初有人牵一马访医者,毛色骨相,医所未尝见。忽值幹,幹惊曰:'真是吾家之所画马!'遂摩挲久之,怪其笔意,冥会如此。俄顷若蹶,因损前足。幹异之,于是归以视所画马本,则脚有一点墨缺,乃悟其画亦神矣。"韩幹有一次见到一人牵马求医,他觉得这简直就是自己所画的那种骏马。于是摩挲良久,揣摩如何绘画。这时马好似要跌倒一般,损伤了前蹄。韩幹回来发现自己所画的马正是前腿上有一点缺笔,可见其笔若神。李陵,西汉名将,李广之孙,《史记·李将军列传》中说他"善射,爱士卒"。汉武帝天汉二年秋,贰师将军李广利带领三万骑兵、李陵则率领射士步兵五千人出击匈奴。单于带兵八万围击李陵的军队,李陵血战到最后,不得已投降,其家人都被汉武帝处死以儆效尤。苏武与李陵曾是同僚,后来苏武出使匈奴被扣押,匈奴单于派李陵去劝降,被苏武拒绝。苏武被匈奴扣押十九年,后终得返汉。临别之前,李陵置酒相贺,并起舞为歌,曰:"径万里兮度沙幕,为君将兮奋匈奴。路穷绝兮矢刃摧,士众灭兮名已隤,老母已死,虽欲报恩将安归?"这首诗抒发了李陵一心报国的忠诚、兵败投降的屈辱、家破名裂的辛酸,歌词慷慨悲壮,沉郁顿挫。"雄浑李陵诗",应该指的就是这首诗。平仄上,上联是平平平仄仄,下联是平仄仄平平。"浑"在《广韵》有平、上两

个读音;此处"浑"为"浑厚"之义,根据《汉语大词典》当读上声,故属仄声。语法上,上下联都是定中结构。

⑦几处花街新夺锦,有人香径淡凝脂(zhī):花街,指妓院聚集的地方。夺锦,据《新唐书·宋之问》载:"武后游洛南龙门,诏从臣赋诗,左史东方虬诗先成,后赐锦袍,之问俄顷献,后览之嗟赏,更夺袍以赐。"武后出游的时候让跟随的臣子赋诗,谁先完成的赐予锦袍,后因称竞赛中获胜为"夺袍"或"夺锦"。香径,花间小路或落花满地的小径,宋晏殊《浣溪沙》词有"小园香径独徘徊"。凝脂,凝固的油脂,常用以形容洁白柔润的皮肤,《诗经·卫风·硕人》有"手如柔荑,肤如凝脂"。平仄上,上联是仄仄平平平仄仄,下联是仄平平仄仄平平。夺,《广韵》"徒活切",入声。语法上,此联对仗不太工整。"几处"是定中结构,"有人"是动宾结构。"夺锦""凝脂"外在形式上都是"动词+名词"结构,不过组合结构是完全不同的:"夺锦"是动宾短语,实指动作行为;"凝脂"是指凝固的油脂,是一个定中结构,指称事物。

⑧万里烽烟,战士边头争保塞(sài);一犁膏(gāo)雨,农夫村外尽乘(chéng)时:烽烟,古代烽火台报警之烟,引申指战争。保塞,居守边塞。下联化用了宋朱淑真《膏雨》"润物有情如着意,催花无语自施工。一犁膏脉分春陇,只慰农桑望眼中"和宋赵善括《念奴娇·吕汉卿席上》"晓来膏雨,报一犁丰信,几枝娇色"。膏雨,滋润作物的霖雨,如《左传·襄公十九年》有"小国之仰大国也,如百谷之仰膏雨焉"。乘时,乘机、趁势。古人重视农时,《孟子》说"不违农时,谷不可胜食也;斧斤以时入山林,材木不可胜用也","鸡豚狗彘之畜,无失其时,七十者可以食肉矣;百亩之田,勿夺其时,数口之家可以无饥矣",说明农民耕种趁农时的重要性。平仄上,上联是仄仄平平,仄仄平平平仄仄;下联是仄平平仄,平平平仄仄平平。语法上,"万里烽烟""一犁膏雨"皆为定中结构,作为整

个句子的状语,表示在战火绵延万里的状况下,在润泽谷物的雨水降落之后。"战士边头争保塞""农夫村外尽乘时"都是主谓结构。

【译文】

泉和石相对,干和支相对。

吹奏竹管乐器和弹奏丝弦乐器相对。

山亭和水榭相对,鹦鹉和鹧鸪相对。

五色笔,十香词。

泼墨作画和传杯饮酒相对。

韩幹画的马非常神奇,李陵作的诗极为雄浑。

几处花街有人刚刚夺魁,芳香小径有人肌肤胜雪。

万里边疆烽烟四起,战士们在浴血奋战保卫边塞;一场甘霖及时落下,农夫们在村外抓紧时机耕耘。

其二

葅对醢,赋对诗①。

点漆对描脂②。

瑶簪对珠履,剑客对琴师③。

沽酒价,买山资④。

国色对仙姿⑤。

晚霞明似锦,春雨细如丝⑥。

柳绊长堤千万树,花横野寺两三枝⑦。

紫盖黄旗,天象预占江左地;青袍白马,童谣终应寿阳儿⑧。

【注释】

①葅(zū)对醢(hǎi),赋(fù)对诗:葅,同"菹",指肉酱或把人做成

肉酱的酷刑,《庄子·盗跖》"子路欲杀卫君而事不成,身菹于卫东门之上"。醢,《说文解字》"醢,肉酱也",也可指把人做成肉酱的酷刑,如《左传·庄公十二年》"宋人皆醢之"。二者经常并称,《史记·吴王濞列传》:"臣印奉法不谨,惊骇百姓,乃苦将军远道至于穷国,敢请菹醢之罪。"赋和诗都是文学体裁,比如汉赋、唐诗。平仄上,"菹"是平声,"醢"是仄声;"赋"是仄声,"诗"是平声。语法上,"菹""醢"都可作名词表刑罚名,也可作动词表施行这类刑罚的动作行为;赋和诗,在表示文学体裁这个意义上对仗,都是名词。

②点漆对描脂(zhī):点漆,乌黑光亮的样子,《晋书·杜乂传》曰:"肤若凝脂,眼如点漆,此神仙人也。"描脂,大意相当于涂脂,与"画粉"连用,表示涂脂抹粉的行为。平仄上,"点漆"是仄仄,"描脂"是平平。漆,《广韵》"亲吉切",入声。语法上,两个词语都是动宾结构。

③瑶簪(yáo zān)对珠履(lǚ),剑客对琴师:瑶簪,指玉簪。瑶,今本多作"璠",皆是美玉的意思,可能因形近而讹。珠履,有珍珠装饰的鞋子。"珠履"的典故出自《史记·春申君列传》:"赵平原君使人于春申君,春申君舍之于上舍。赵使欲夸楚,为玳瑁簪,刀剑室以珠玉饰之,请命春申君客。春申君客三千余人,其上客皆蹑珠履以见赵使,赵使大惭。"赵国的平原君派使者拜访春申君,他们想在楚国人面前炫耀自己的富贵,做了玳瑁簪,刀剑鞘上都有珠玉装饰。结果春申君的上等门客都穿着珍珠装饰的鞋子去见他们,赵使见此都大为惭愧。平仄上,"瑶簪"是平平,"珠履"是平仄;"剑客"是仄仄,"琴师"是平平。语法上,四个词语都是定中结构。

④沽(gū)酒价,买山资:"沽酒价"讲的是阮咸的典故,《世说新语·任诞》载:"阮宣子常步行,以百钱挂杖头,至酒店,便独酣畅。

虽当世贵盛,不肯诣也。"阮咸不愿意拜访权贵,经常步行出门,把一百钱挂在杖头,去酒店独自买酒畅饮。"沽酒价"指的是买酒的价格。买山资,琅环阁本作"买山赀",今本皆作"资",二者音义同,皆可。"买山资"是有关支道林和竺法深的典故,《世说新语·排调》载:"支道林因人就深公买䢌(按,实为"岘"之误)山,深公答曰:'未闻巢、由买山而隐。'"支遁托人向竺法深买山,竺法深回答说:"从没听说过巢父、许由是买了山以后才隐居的。"平仄上,"沽酒价"是平仄仄,"买山资"是仄平平。语法上,二者都是定中结构,"沽酒""买山"两个动宾短语作定语。

⑤国色对仙姿:国色,指容貌冠绝一国,形容非常貌美。仙姿,仙人的风姿,形容清雅秀逸、超凡脱俗的姿容。平仄上,"国色"是仄仄,"仙姿"是平平。国,《广韵》"古或切",入声。语法上,二者都是定中结构。

⑥晚霞明似锦,春雨细如丝:上联当化自唐骆宾王《艳情代郭氏答卢照邻》的"峨眉山上月如眉,濯锦江中霞似锦",下联当化自唐李端《送路司谏侍从叔赴洪州》的"梅雨细如丝,蒲帆轻似叶"和宋陆游《雨中遣怀》的"霏霏春雨细如丝,正是春寒欺客时"。平仄上,上联是仄平平仄仄,下联是平仄仄平平。语法上,两句都是主谓结构,谓语部分"明似锦""细如丝"也是主谓结构,陈述晚霞和春雨的状态。

⑦柳绊(bàn)长堤千万树,花横野寺两三枝:上联当化自唐白居易的《喜小楼西新柳抽条》"一行弱柳前年种,数尺柔条今日新。渐欲拂他骑马客,未多遮得上楼人。须教碧玉羞眉黛,莫与红桃作麹尘。为报金堤千万树,饶伊未敢苦争春"。下联当化自唐李端《春晚游鹤林寺寄使府诸公》"野寺寻春花已迟,背岩惟有两三枝"。以"千万树"和"两三枝"相对仗的灵感可能出自宋张道洽《梅花二十首》的"试向园林千万树,何如篱落两三枝"。平仄上,

上联是仄仄平平平仄仄，下联是平平仄仄仄平平。语法上，"柳绊长堤""花横野寺"都是主谓结构，"绊长堤""横野寺"两个动宾结构，陈述"柳""花"的姿态和所处的位置；"千万树""两三枝"都是数量结构，陈述"柳""花"的数量。

⑧紫盖黄旗，天象预占（zhān）江左地；青袍白马，童谣（yáo）终应（yìng）寿阳儿：上联出自《三国志》裴松之注。《三国志·吴书·吴主传》载："以太常顾雍为丞相。"裴松之引三国吴韦昭《吴书》注解道："以尚书令陈化为太常……为郎中令使魏，魏文帝因酒酣嘲问曰：'吴魏峙立，谁将平一海内者乎？'化对曰：'《易》称帝出乎震，加闻先哲知命，旧说紫盖黄旗，运在东南。'"陈化是东吴这边的郎中令，出使魏国的时候，魏文帝趁喝酒正畅的时候问他："吴国和魏国对峙，哪一个能平定海内呢？"陈化回答说："《易经》说帝王出于东方，紫盖黄旗，时运实在东南方。"东吴就在东南方。紫盖、黄旗，均指现于斗牛之间的云气，古代术士以为帝王符瑞，唐王勃《常州刺史平原郡开国公行状》"龙骧凤起，霸图存玉垒之云；紫盖黄旗，王迹着金陵之野"。江左，江东，指长江下游以东地区，是东吴孙权的领地。下联出自《南史·贼臣传·侯景》："大同中童谣曰：'青丝白马寿阳来。'景涡阳之败，求锦，朝廷所给青布，及是皆用为袍，采色尚青。景乘白马，青丝为辔，欲以应谣。"讲的是侯景应童谣而穿青袍、骑白马，起兵叛乱的事情。后来，"青袍白马"多指乱臣贼子。寿阳，地名，侯景曾驻守在此。平仄上，上联是仄仄平平，平仄仄平平仄仄；下联是平平仄仄，平平平仄仄平平。白，《广韵》"傍陌切"，入声。语法上，"紫盖黄旗""青袍白马"相对，皆是并列结构；"天象预占江左地""童谣终应寿阳儿"相对，皆为主谓结构。对仗十分工整。

【译文】

菹和醢相对，赋和诗相对。

点漆一般的黑亮和描脂一样的洁白相对。

美玉做的簪子和镶珍珠的鞋子相对,带剑的侠士和弹琴的乐师相对。

购酒的价格,买山的资本。

倾国之色与仙人之姿相对。

晚霞明媚似锦绣,春雨细腻如丝线。

千万棵柳树环绕着河边的堤岸,两三枝野花横生在寺庙的旁边。

紫盖黄旗,天象预先占卜出江左本是帝王出现之地;青袍白马,童谣终究应验在寿阳侯景就是叛乱之人。

其三

箴对赞,缶对卮①。

萤焰对蚕丝②。

轻裾对长袖,瑞草对灵芝③。

流涕策,断肠诗④。

喉舌对腰肢⑤。

云中熊虎将,天上凤麟儿⑥。

禹庙千年垂橘柚,尧阶三尺覆茅茨⑦。

湘竹含烟,腰下轻纱笼玳瑁;海棠经雨,脸边清泪湿胭脂⑧。

【注释】

①箴(zhēn)对赞,缶(fǒu)对卮(zhī):箴,劝告、劝解,引申为以规劝为主要内容的文体。赞,辅助、赞美,引申为一种以赞美为主的文体。缶,指一种大腹小口的盛酒水的陶器。卮,古代盛酒的器皿。平仄上,"箴""卮"是平声,"赞""缶"是仄声。语法上,

"箴""赞"皆可作行为动词,也可作表文体的名词;"缶""卮"都是盛酒的器皿,名词。

②萤(yíng)焰对蚕丝:萤焰,指萤火虫发出的光,有人借用它的光来照明、读书,典出《晋书·车胤传》:"胤恭勤不倦,博学多通。家贫不常得油,夏月则练囊盛数十萤火以照书,以夜继日焉。"平仄上,"萤焰"是平仄,"蚕丝"是平平。语法上,两个词语都为定中结构。

③轻裾(jū)对长袖,瑞(ruì)草对灵芝:轻裾,形容那些轻薄飘逸的衣服,三国魏曹植《洛神赋》有"践远游之文履,曳雾绡之轻裾"。裾,指衣服的前襟。长袖,长而宽大的袖子。"轻裾"与"长袖"对仗,见唐韩愈《送李愿归盘谷序》:"飘轻裾,翳长袖,粉白黛绿者,列屋而闲居,妒宠而负恃,争妍而取怜。"瑞草,吉祥之草。灵芝,传说中的仙草。平仄上,"轻裾"是平平,"长袖"是平仄;"瑞草"是仄仄,"灵芝"是平平。语法上,两组都是定中结构。

④流涕策,断肠诗:"流涕策"是有关贾谊的典故,元末明初舒頔《雨中呈丰彦辉》有"休上贾生流涕策,且赓梁父《白头吟》"。贾谊是西汉人,人们也称之为贾生。他时常议论时政,曾多次上策陈情,有《治安策》曰:"臣窃惟事势,可为痛哭者一,可为流涕者二,可为长太息者六,若其它背理而伤道者,难遍以疏举。""流涕策"即源于此。断肠诗,南宋女词人朱淑真有《断肠诗集》《断肠词》,风格清婉缠绵,幽怨感伤。断肠,形容极度思念或悲痛,就好像肠子被割开或切断了一样,如三国魏曹丕《燕歌行》有"念君客游思断肠,慊慊思归恋故乡"。平仄上,"流涕策"是平仄仄,"断肠诗"是仄平平。语法上,两个都是定中结构,动宾结构"流涕""断肠"为定语。

⑤喉舌对腰肢:喉舌,喉咙和舌头。腰肢,腰身、身段。平仄上,"喉舌"是平仄,"腰肢"是平平。舌,《广韵》"食列切",入声。语法上,二者都是由两个表身体部位的词语组成的并列结构。值得

注意的是,因为"喉""舌"都是发声部位,"喉舌"很早就用来比喻掌握机要、出纳王命的重臣,如《诗经·大雅·烝民》"出纳王命,王之喉舌";"腰肢"组合起来仅指一个部位,即腰身、身段,且并不用于比喻身体之外的事物。此二者有不对仗之处。

⑥云中熊虎将,天上凤麟儿:上联典出三国时刘备之事。《三国志·吴书·周瑜传》载周瑜上疏孙权说,"刘备以枭雄之姿,而有关羽、张飞熊虎之将,必非久屈为人用者。……今猥割土地以资业之,聚此三人,俱在疆场,恐蛟龙得云雨,终非池中物也"。《夜航船·兵刑部》亦载周瑜之言曰:"刘备有关、张熊虎之将,有饮马长江之志。"云中,云霄之中,高空,常指传说中的仙境或尘世外;或曰指云中郡,但此地并非刘备所辖之地,故不取。熊虎将,比喻勇猛过人的将领。下联化用了唐杜甫《徐卿二子歌》"孔子释氏亲抱送,并是天上麒麟儿"。凤麟,指凤凰和麒麟,是古代的吉鸟瑞兽,比喻杰出罕见的人才,汉扬雄《法言·问明》"或问鸟有凤,兽有麟,鸟兽皆可凤麟乎"。平仄上,上联是平平平仄仄,下联是平仄仄平平。语法上,两个词语都是定中结构。

⑦禹(yǔ)庙千年垂橘柚(jú yòu),尧(yáo)阶三尺覆茅茨(cí):上联的典故出自唐杜甫《禹庙》:"禹庙空山里,秋风落日斜。荒庭垂橘柚,古屋画龙蛇。云气生虚壁,江声走白沙。早知乘四载,疏凿控三巴。"橘柚,皆为常绿乔木,果实称"橘子"和"柚子"。下联讲的是尧的典故,《韩非子·五蠹》说"尧之王天下也,茅茨不翦,采椽不斫",《史记·李斯列传》"尧之有天下也,堂高三尺,采椽不斫,茅茨不翦"。"茅茨不翦"是说崇尚俭朴,不事修饰。茅茨,皆为草名。平仄上,上联是仄仄平平平仄仄,下联是平平平仄仄平平。橘,《广韵》"居聿切",入声。语法上,两句皆为主谓结构。

⑧湘竹含烟,腰下轻纱笼玳瑁(dài mào);海棠经雨,脸边清泪湿胭

脂:上联讲的是舜的两位夫人娥皇、女英在湘江边上洒泪成斑的故事,见晋张华《博物志》"尧之二女,舜之二妃,曰湘夫人。舜崩,二妃啼,以涕挥竹,竹尽斑"。湘竹,即斑竹,因娥皇、女英被称为湘妃、湘夫人,二人眼泪所成之竹就被称为湘竹。玳瑁,爬行动物,形似龟,甲壳黄褐色,有黑斑和光泽,可做装饰品。下联化自唐杜甫《曲江对雨》中的"林花着雨胭脂湿"和宋代宋祁《锦缠道·燕子呢喃》里的"海棠经雨胭脂透"。胭脂,本是女子化妆用的红色颜料,这里用来比喻海棠的红色花瓣。平仄上,上联是平仄平平,平仄平平平仄仄;下联是仄平平仄,仄平平仄仄仄平平。竹,《广韵》"张六切",入声;湿,《广韵》"失入切",也是入声。语法上,"湘竹含烟""海棠经雨"相对,都是主谓结构;"腰下轻纱笼玳瑁""脸边清泪湿胭脂"相对,也是主谓结构;其谓语部分"笼玳瑁""湿胭脂"是动宾结构,"湿"这里用如使动,与动词"笼"相对;宾语"玳瑁""胭脂"皆为联绵词。

【译文】

箴和赞相对,缶和卮相对。

萤火虫发出的光和春蚕吐出的丝相对。

轻裾和长袖相对,瑞草和灵芝相对。

贾谊流着泪写成的《治安策》,朱淑真留下幽怨的《断肠诗》。

喉舌和腰肢相对。

刘备拥有熊虎之将,徐家天赐麒麟之子。

伫立千年的禹庙中的树上挂满了橘子和柚子,唐尧住所三尺高的台阶上覆盖着未剪的茅草。

竹林中淡淡烟雾缭绕,湘妃竹像一位美丽的女子,腰上挂着玳瑁饰,罩着轻盈的薄纱裙;春雨轻轻落在花瓣上,海棠花像一位悲伤的美人,眼中流下的泪水,湿透了脸颊的胭脂。

其四

争对让,望对思①。

野葛对山栀②。

仙风对道骨,天造对人为③。

专诸剑,博浪椎④。

经纬对干支⑤。

位尊民物主,德重帝王师⑥。

望切不妨人去远,心忙无奈马行迟⑦。

金屋闭来,赋乞茂陵题柱笔;玉楼成后,记须昌谷负囊词⑧。

【注释】

①争对让,望对思:"争""让"的对立出自《论语·八佾》:"子曰:'君子无所争,必也射乎! 揖让而升,下而饮,其争也君子。'"让,礼让、谦让,"让"体现的是君子的礼仪风度。平仄上,"争""思"是平声,"让""望"是仄声。语法上,四个词语都是动词。

②野葛(gé)对山栀(zhī):葛,一种藤本植物。栀,即栀子,常绿灌木或小乔木,夏季开白花,有浓香。二者皆可入药。平仄上,"野葛"是仄仄,"山栀"是平平。葛,《广韵》"古达切",入声。语法上,两个词语都是定中结构。

③仙风对道骨,天造对人为:"仙风""道骨"经常用来形容超凡绝俗的品貌风度,二者经常并提,唐李白《大鹏赋并序》"余昔于江陵见天台司马子微,谓余有仙风道骨,可与神游八极之表"。天造,自然所生成,是与"人为"相对而言的;"造""为"意义相同。平仄上,"仙风"是平平,"道骨"是仄仄;"天造"是平仄,"人为"是平

平。语法上,"仙风""道骨"都是定中结构,"天造""人为"都是主谓结构。

④ 专诸剑,博浪椎(chuí):专诸,春秋时刺客。伍子胥知吴公子光欲杀吴王僚以自立,于是推荐专诸给光,以求吴国帮助自己灭楚报仇。《左传·昭公二十七年》详细记载了专诸刺杀吴王僚的惊心动魄的整个过程:"夏,四月,光伏甲于堀室而享王。王使甲坐于道及其门。门、阶、户、席,皆王亲也,夹之以铍。羞者献体改服于门外,执羞者坐行而入,执铍者夹承之及体,以相授也。光伪足疾,入于堀室。鲑设诸(专诸)置剑于鱼中以进,抽剑刺王,铍交于匈,遂弑王。"公子光宴请吴王僚,后者守备森严。专诸就把剑置于鱼腹之中,进献给吴王,趁机抽剑刺杀。专诸成功刺杀吴王僚的同时,自己也被吴王僚的卫士杀死。汉赵晔《吴越春秋·王僚使公子光传》亦曰"(公子光)使专诸置鱼肠剑炙鱼中进之",因剑藏在鱼腹之中,故而又称"鱼肠剑"。博浪椎,《史记·留侯世家》载:"良尝学礼淮阳。东见仓海君。得力士,为铁椎重百二十斤。秦皇帝东游,良与客狙击秦皇帝博浪沙中,误中副车。秦皇帝大怒,大索天下,求贼甚急,为张良故也。良乃更名姓,亡匿下邳。"张良寻了一位大力士,做了一百二十斤重的大铁锤,趁秦始皇东游的时候刺杀他。他们在博浪沙狙击秦始皇,却只是误中了秦皇的副车,刺杀失败,张良只好逃到下邳去。博浪,即博浪沙,张良刺杀秦始皇之处。椎,兵器名,一种捶击工具。平仄上,"专诸剑"是平平仄,"博浪椎"是仄仄平。"博"《广韵》作"补各切",入声。语法上,"专诸剑""博浪椎"都是定中结构。

⑤ 经纬对干(gān)支:经纬,指织物的纵线和横线,纵线为经,横线为纬;也指道路,南北为"经",东西为"纬"。干支,天干和地支的合称;干,本写作"幹",即天干,指古代用以记录时间的十个字,包括甲、乙、丙、丁、戊、己、庚、辛、壬、癸;支,即地支,历法中用的

十二个字,包括子、丑、寅、卯、辰、巳、午、未、申、酉、戌、亥。平仄上,"经纬"是平仄,"干支"是仄平。语法上,两个都是名词性并列结构,前者用于表示空间,后者用于表示时间。

⑥ 位尊民物主,德重帝王师:民物主,百姓的主人,指帝王或为官者。民物,指人民,汉蔡邕《陈太丘碑》"神化着于民物,形表图于丹青"。《左传·宣公二年》记载晋灵公无道,不听臣子赵盾的屡次劝谏,还三番五次想除掉赵盾而后快。有一次,他派了一个名叫钼麑的刺客去刺杀赵盾,结果钼麑看到了赵盾的勤勉恭谨,感叹说:"不忘恭敬,民之主也。贼民之主,不忠;弃君之命,不信。有一于此,不如死也。"钼麑不想杀死百姓的主人,又不想背弃君上的使命,两难之下,就自杀了。帝王师,即帝王的老师。《文献通考·卷四十三·学校考四》:"……兖州初平,遂幸曲阜,谒孔子祠。既奠,将致敬,左右曰:'仲尼,人臣也,无致敬之礼。'上曰:'文宣百代帝王师,得无拜之!'即拜奠于祠前。"平仄上,上联是仄平平仄仄,下联是仄仄仄平平。"德"《广韵》作"多则切",入声。语法上,"位尊"对"德重",是主谓结构,古人经常"德""位"相提并论,如果德不配位,古人认为是会有灾殃的,唯厚德能载物,故而需要寻觅有德之人为人主之师;"民物主"和"帝王师"相对,都是定中结构。上下联皆表判断:位尊者,民物之主;德重者,帝王之师。

⑦ 望切不妨人去远,心忙无奈马行迟:此联当化用了唐卢纶《春日瀼亭同苗员外寄皇甫侍御(一作"庾侍郎")》中的"川平人去远,日暖雁飞迟"。切,表示感情上的急切、深切。忙,也是急迫、急切的意思。平仄上,上联是仄仄仄平平仄仄,下联是平平平仄仄平平。语法上,上下联都是主谓结构:主语"望切"对"心忙",虽然"望"是动词,"心"是名词,但二者都是主谓结构,意思是行为之急、内心之切,是可以相对的;"不妨""无奈"在整个句子里充

当谓语动词，与"人去远""马行迟"构成动宾结构；宾语"人去远""马行迟"也是主谓结构相对，"人""马"在古代的诗词里常常相对，表示远行或羁旅相关的意象，例如元马致远《天净沙·秋思》有"古道西风瘦马，夕阳西下，断肠人在天涯"的句子。

⑧金屋闭来，赋（fù）乞茂陵题柱笔；玉楼成后，记须昌谷负囊（náng）词："金屋"说的是"金屋藏娇"或"金屋贮娇"的典故。据《汉武故事》载："帝以乙酉年七月七日生于猗兰殿。年四岁，立为胶东王。数岁，长公主嫖抱置膝上，问曰：'儿欲得妇不？'胶东王曰：'欲得妇。'长主指左右长御百余人，皆云不用。末指其女问曰：'阿娇好不？'于是乃笑对曰：'好！若得阿娇作妇，当作金屋贮之也。'"说的是汉武帝刘彻被立为太子之前的事。汉景帝的姐姐刘嫖有女儿名阿娇，当时身为胶东王的刘彻说："如果能娶阿娇为妻子，我一定建造金屋来安置她。"后来就用"金屋藏娇"来形容娶妻或纳妾。刘彻做了皇帝后，陈阿娇就做了皇后，后来因"惑于巫祝"而被废，退居长门宫。"赋乞茂陵题柱笔"，出自梁萧统《昭明文选》所收录的《长门赋》注："孝武皇帝陈皇后时得幸，颇妒。别在长门宫，愁闷悲思。闻蜀郡成都司马相如天下工为文，奉黄金百斤为相如、文君取酒，因于解悲愁之辞。而相如为文以悟主上，陈皇后复得亲幸。"被废长门宫后，陈皇后非常愁闷。她听说司马相如文笔天下第一，于是用黄金百斤购买他写的赋。据说汉武帝对《长门赋》十分喜欢，陈皇后因此重得宠爱。但这个故事的真实性很可疑，因为历史上陈皇后被废后并没有再得宠。茂陵，此指司马相如，因其病免后家居茂陵，故称。题柱，指题桥柱，化用了《华阳国志》卷三的记载："蜀郡，州治，属县六……城北十里有晒壬桥，有送客观。司马相如初入长安，题其门曰：'不乘赤车驷马，不过汝下也'。于是江上多作桥，故蜀立里，多以桥为名。"下联出自唐李商隐《李贺小传》的记载："……

恒从小奚奴,骑驳驴,背一古破锦囊,遇有所得,即书投囊中。"讲唐朝诗人李贺常在外面骑着一头驴子,带着一个小奴,灵感来了的时候,有了好句子,就马上写了投进囊中,谓之"负囊词"。"长吉将死时,忽昼见一绯衣人,驾赤虬,持一板,书若太古篆或霹雳石文者,云'当召长吉'。长吉了不能读,欻下榻叩头,言:'阿弥老且病,贺不愿去。'绯衣人笑曰:'帝成白玉楼,立召君为记。天上差乐,不苦也。'长吉独泣,边人尽见之。少之,长吉气绝。"李贺临死之际,大白天看见一个红衣人告诉他天帝建成了白玉楼,让他去作记。昌谷,是李贺的别号,因他居住在昌谷,故称。平仄上,上联是平仄仄平,仄仄仄平平仄仄;下联是仄平平仄,仄平平仄仄平平。"屋"《广韵》作"乌谷切",入声。语法上,"金屋闭来""玉楼成后"作整个句子的状语,表时间;"赋乞茂陵题柱笔""记须昌谷负囊词"是两个主谓结构:主语是"赋""记"两个名词,其谓语"乞茂陵题柱笔""须昌谷负囊词"皆为动宾结构,"茂陵题柱笔""昌谷负囊词"都是定中结构充当宾语。对仗比较工整。

【译文】

争夺和礼让相对,望和思相对。

野葛和山栀相对。

仙风和道骨相对,天造和人为相对。

专诸藏在鱼中刺杀吴王僚的剑,张良在博浪沙暗杀秦始皇的椎。

空间上的经纬和时间上的干支相对。

地位尊贵乃是百姓之主人,德行高尚可为帝王之老师。

遥望之切不能阻止远行人越去越远,心思之急亦对马行之缓慢无可奈何。

金屋关闭之后,阿娇买赋需要茂陵司马相如的题柱之才;玉楼建成之时,天帝题记须得昌谷鬼才李贺的负囊之词。

五 微

【题解】

"微"是"平水韵"中上平声的第五韵部。

在宋本《广韵》中"微"作"无非切",平声,微韵。

《笠翁对韵》"五微"部分所用的韵脚字有非、微、扉、飞、肥、归、危、围、帏、巍、薇、旂、玑、威、稀、衣、闱、矶、辉、妃、龟等21个,《声律启蒙》所用的韵脚字有稀、飞、微、肥、矶、玑、衣、归、非、依、饥、旂、巍、威等14个。其中《笠翁对韵》用到而《声律启蒙》没有用到的有扉、危、围、帏、薇、闱、辉、妃、龟等9个字;《声律启蒙》用到而《笠翁对韵》没有用到的有依、饥2个字。《笠翁对韵》所用到的韵脚字危、龟属于"四支"韵部。

其一

贤对圣,是对非①。

觉奥对参微②。

鱼书对雁字,草舍对柴扉③。

鸡晓唱,雉朝飞④。

红瘦对绿肥⑤。

举杯邀月饮,骑马踏花归⑥。

黄盖能成赤壁捷,陈平善解白登危⑦。

太白书堂,瀑泉垂地三千丈;孔明祠庙,老柏参天四十围⑧。

【注释】

①贤对圣,是对非:"贤""圣"语义相类:贤,贤能,也可以用来指贤人;圣,聪明睿智,也可以用来指圣人。"是""非"语义相反,一表正确、肯定,一表错误、否定。平仄上,"贤""非"是平声,"圣"

"是"是仄声。语法上,"贤""圣"都是形容词,也可以用来作名词。"是""非"是形容词相对。

②觉奥对参(cān)微:觉奥,领悟深奥之理。参微,探究微妙之处。平仄上,"觉奥"是仄仄,"参微"是平平。"觉"《广韵》作"古岳切",入声。语法上,两个词语都是动宾结构。

③鱼书对雁字,草舍对柴扉(fēi):鱼书,出自汉乐府诗《饮马长城窟行》:"客从远方来,遗我双鲤鱼。呼儿烹鲤鱼,中有尺素书。"古人把书信放在雕刻或彩绘成鱼形的两块木板中,合拢以后,用细绳在线槽中围绕三圈,然后再穿过一个方孔绑缚好,在绳头或交叉之处,用黏土封上,盖好印章。这种信封就是所谓"双鲤鱼"了,里面是用生丝绢写的书信,谓之"尺素"。将尺素放在鱼形的木制信封里,大概是汉代贵族们的一种习惯。后人以此为典,信封虽非鲤鱼之形,亦称为"鲤鱼""双鱼""双鲤鱼"等,如唐罗隐《秋日有寄姑苏曹使君》的"水寒不见双鱼信,风便唯闻五袴讴"等。雁字,成列而飞的雁群,群雁飞行时常排成"一"或"人"字,故称;此处也是表书信的含义,典出《汉书·苏武传》:"昭帝即位。数年,匈奴与汉和亲。汉求武等,匈奴诡言武死。后汉使复至匈奴,常惠请其守者与俱,得夜见汉使,具自陈道。教使者谓单于,言天子射上林中,得雁,足有系帛书,言武等在某泽中。使者大喜,如惠语以让单于。单于视左右而惊,谢汉使曰:'武等实在。'"西汉苏武出使匈奴,被扣押多年。昭帝即位以后,匈奴与汉和亲。汉使请求放归苏武,匈奴骗他们说苏武已死。后来汉使再去匈奴的时候,得知苏武没死,就对匈奴单于假称汉天子在上林苑中射中一只大雁,雁的脚上绑有帛书,说苏武在某泽之中。单于只好把苏武放了。古代经常"鱼""雁"并称,皆表书信,如"鱼雁往来"。"草舍""柴扉"都是指农家简陋的房屋。柴扉,是柴门的意思。平仄上,"鱼书"是平平,"雁字"是仄仄;"草

舍"是仄仄,"柴扉"是平平。语法上,四个词都是定中结构。

④鸡晓唱,雉(zhì)朝飞:雉朝飞,东汉蔡邕有《琴操》二卷,介绍了许多古代的琴曲,其中有一曲名《雉朝飞操》,云:"《雉朝飞操》者,齐独沐子所作也。独沐子年七十无妻,出薪于野,见飞雉雄雌相随,感之,抚琴而歌曰:'雉朝飞,鸣相和,雌雄群游于山阿。我独何命兮未有家。时将暮兮可奈何,嗟嗟暮兮可奈何?'"独沐子(或作"牧犊子")是齐国人,七十岁了还没有娶妻,在野外打柴的时候看到雉鸟雌雄相随,感叹自己不如雉鸟,作了这首琴曲。雉,鸟名,因吕后名雉,后来人们便称"雉"为野鸡。平仄上,"鸡晓唱"是平仄仄,"雉朝飞"是仄平平。语法上,两句都是主谓结构。

⑤红瘦对绿肥:"绿肥红瘦"出自宋李清照《如梦令》词:"试问卷帘人,却道海棠依旧。知否?知否?应是绿肥红瘦。"意思是经过一夜风雨之后绿叶繁茂、红花凋谢,"绿"借指绿叶,"红"借指红花。平仄上,"红瘦"是平仄,"绿肥"是仄平。语法上,两个词都是主谓结构。

⑥举杯邀月饮,骑马踏花归:上联语出"花间一壶酒,独酌无相亲。举杯邀明月,对影成三人。月既不解饮,影徒随我身",是唐李白《月下独酌》中的句子。下联与宋徽宗有关。徽宗建国子监画学,常以古人诗句命题考试画家,如"竹锁桥边卖酒家""踏花归去马蹄香"之类,让应考的画家按题作画。有一画师但画几只蝴蝶翩翩飞舞,追逐马蹄,以此来表现"踏花归去马蹄香"的诗题,匠心独运。平仄上,"举杯邀月饮"是仄平平仄仄,"骑马踏花归"是平仄仄平平。语法上,两句都是状中结构,"举杯邀月""骑马踏花"一表方式,一表伴随状态,充当状语,修饰动词"饮"和"归"。

⑦黄盖能成赤壁捷,陈平善解白登危:黄盖,字公覆,东汉末年孙吴名将。《三国志·吴书·周瑜传》载,赤壁之战时,"瑜部将黄盖曰:'今寇众我寡,难与持久。然观操军船舰首尾相接,可烧而走

也。'乃取蒙冲斗舰数十艘,实以薪草,膏油灌其中,裹以帷幕,上建牙旗,先书报曹公,欺以欲降。又豫备走舸,各系大船后,因引次俱前。曹公军吏士皆延颈观望,指言盖降。盖放诸船,同时发火。时风盛猛,悉延烧岸上营落。顷之,烟炎张天,人马烧溺死者甚众,军遂败退,还保南郡。"赤壁之战的形势是曹操兵力众多,孙刘联军兵力寡少。故而黄盖假意投降,带着几十艘快艇,里面装着灌满膏油的柴火,冲到曹营之中。这时曹操军士皆在观望等待黄盖投降,黄盖命同时点起火来,登时把曹营烧了一个赤焰张天。曹操在赤壁大败,孙刘联军得以获胜,黄盖功劳甚大。白登危,出自《史记·韩信卢绾列传》:"七年冬……匈奴常败走,汉乘胜追北,闻冒顿居代(上)谷,高皇帝居晋阳,使人视冒顿,还报曰'可击'。上遂至平城。上出白登,匈奴骑围上,上乃使人厚遗阏氏。阏氏乃说冒顿曰:'今得汉地,犹不能居;且两主不相戹。'居七日,胡骑稍引去。时天大雾,汉使人往来,胡不觉。护军中尉陈平言上曰:'胡者全兵,请令强弩傅两矢外向,徐行出围。'入平城,汉救兵亦到,胡骑遂解去。汉亦罢兵归。"西汉初年,汉高祖刘邦被匈奴围困于白登山。后来,刘邦采用陈平的计谋,向冒顿单于的阏氏行贿,才得脱险。平仄上,上联是平仄平平仄仄仄,下联是平平仄仄仄平平。捷,《广韵》"疾叶切",入声;白,《广韵》"傍陌切",也是入声。语法上,两个句子都是主谓结构。

⑧太白书堂,瀑泉垂地三千丈;孔明祀(sì)庙,老柏参(cān)天四十围:太白书堂,在香炉峰下,相传李白为避安史之乱曾在此读书;太白,唐代诗人李白之字。瀑泉垂地三千丈,典出唐李白《望庐山瀑布》"日照香炉生紫烟,遥看瀑布挂前川。飞流直下三千尺,疑是银河落九天"。孔明祀庙,指武侯祠,纪念诸葛亮的祠堂;孔明,三国名臣诸葛亮的字。老柏参天四十围,典出唐杜甫《古柏

行》"孔明庙前有老柏,柯如青铜根如石。霜皮溜雨四十围,黛色参天二千尺"。围,是古代常用的量词,计量圆周的单位,古人把用两手拇指和食指合拢的长度或两臂合拢的长度叫作"围"。平仄上,上联为仄仄平平,仄平平仄平平仄;下联为仄平仄仄,仄仄平平仄仄平。白,《广韵》"傍陌切",入声;十,《广韵》"是执切",入声。语法上,两句都是主谓结构。"太白书堂""孔明祀庙"相对,都是定中结构,表处所。"瀑泉垂地三千丈""老柏参天四十围"相对,都是主谓结构;"三千丈""四十围"是数量短语,陈述主语"瀑泉垂地""老柏参天"的数量值。这副对联存在瑕疵:"三千丈"是陈述"瀑泉垂地"之距离、高度;"四十围"则是陈述老柏的树干的粗细,并不是"老柏参天"的高度。所以杜甫的原文是"霜皮溜雨四十围,黛色参天二千尺","四十围"与"二千尺"相对,"二千尺"才是陈述"参天"的高度。

【译文】

贤和圣相对,是和非相对。

领悟深奥之理和参透微妙之处相对。

鱼书和雁字相对,茅屋和柴门相对。

雄鸡报晓,野鸡朝飞。

红花凋谢与绿叶繁茂相对。

举起酒杯邀请明月共饮,骑着马儿踏过落花归来。

黄盖火烧连营的计策能成就赤壁大捷,陈平贿赂阏氏的奇谋能解决白登之围。

太白书堂,瀑布飞流直下有三千丈那么高;武侯祠堂,古柏高耸入云有四十围那么粗。

其二

戈对甲,幄对帏①。

荡荡对巍巍^②。

严滩对邵圃,靖菊对夷薇^③。

占鸿渐,卜凤飞^④。

虎榜对龙旂^⑤。

心中罗锦绣,口内吐珠玑^⑥。

宽宏豁达高皇量,叱咤喑哑霸王威^⑦。

灭项兴刘,狡兔尽时走狗死;连吴抗魏,貔貅屯处卧龙归^⑧。

【注释】

①戈对甲,幄(wò)对帏(wéi):戈,古代的一种长柄进攻兵器;甲,铠甲,是古代的防御兵器。幄,篷帐;帏,帐子、幔幕。"幄""帏"语义相类,经常连用,比如"运筹帷幄之中,决胜千里之外"。平仄上,"戈""帏"是平声,"甲""幄"是仄声。语法上,两组都是名词。

②荡荡对巍巍:荡荡,广大的样子,《论语・泰伯》"荡荡乎民无能名焉",何晏《集解》引包咸曰"荡荡,广远之称"。巍巍,高大的样子,《论语・泰伯》"巍巍乎! 舜、禹之有天下也,而不与焉"。平仄上,"荡荡"是仄声,"巍巍"是平声。语法上,"荡荡"与"巍巍"都是形容词重叠语。

③严滩对邵圃(shào pǔ),靖(jìng)菊对夷薇:严滩,就是严陵濑,相传为东汉严光隐居垂钓处,《后汉书・严光传》载:"严光字子陵,一名遵,会稽余姚人也。少有高名,与光武同游学。及光武即位,乃变名姓,隐身不见。帝思其贤,乃令以物色访之。后齐国上言:'有一男子,披羊裘钓泽中。'帝疑其光,乃备安车玄纁,遣使聘之。三反而后至。……除为谏议大夫,不屈,乃耕于富春山,后人名其钓处为严陵濑焉。"严陵年轻时候和汉光武帝刘秀

一同游学。刘秀做了皇帝之后,严陵隐居起来,被光武帝找了出来,他不肯做官,隐居在富春山。后人称他居游之地为严陵山、严陵濑、严陵钓台等。唐刘长卿《京口怀洛阳旧居兼寄广陵二三知己》有"严陵七里濑,携手同所适",故又有"严滩"之称。邵圃,出自《史记·萧相国世家》:"汉十一年,陈豨反,高祖自将,至邯郸。……上已闻淮阴侯诛,使使拜丞相何为相国,益封五千户,令卒五百人一都尉为相国卫。诸君皆贺,召平独吊。召平者,故秦东陵侯。秦破,为布衣,贫,种瓜于长安城东,瓜美,故世俗谓之'东陵瓜',从召平以为名也。召平谓相国曰:'祸自此始矣。上暴露于外而君守于中,非被矢石之事而益君封置卫者,以今者淮阴侯新反于中,疑君心矣。夫置卫卫君,非以宠君也。愿君让封勿受,悉以家私财佐军,则上心说。'相国从其计,高帝乃大喜。"邵圃,就是邵平圃、邵平园。邵,指邵平,又作"召平",秦末汉初人,负责看护管理始皇帝生母赵姬之陵寝。秦亡后,沦为布衣,于长安城东南霸城门外种瓜,瓜味鲜美,皮有五色,世人称之"东陵瓜"。圃,种植菜蔬、花草、瓜果的园子。靖菊,东晋著名隐逸诗人陶渊明,生平爱菊,有"采菊东篱下,悠然见南山"的诗句。陶渊明死后,谥号靖节先生,故称"靖菊"。夷薇,典出伯夷、叔齐的故事,《史记·伯夷列传》载:"伯夷、叔齐,孤竹君之二子也。父欲立叔齐,及父卒,叔齐让伯夷。伯夷曰:'父命也。'遂逃去。叔齐亦不肯立而逃之。国人立其中子。于是伯夷、叔齐闻西伯昌善养老,盍往归焉。及至,西伯卒,武王载木主,号为文王,东伐纣。伯夷、叔齐叩马而谏曰:'父死不葬,爰及干戈,可谓孝乎?以臣弑君,可谓仁乎?'左右欲兵之。太公曰:'此义人也。'扶而去之。武王已平殷乱,天下宗周,而伯夷、叔齐耻之,义不食周粟,隐于首阳山,采薇而食之。及饿且死,作歌。其辞曰:'登彼西山兮,采其薇矣。以暴易暴兮,不知其非矣。神农、虞、夏忽焉没兮,我安适归矣？于嗟徂兮，命之衰矣！'遂饿死于首阳山。"伯夷、叔齐是商末孤竹君的两个儿子。孤竹君想立叔齐为君，叔齐让位给伯夷，伯夷不受，二人先后出走。周武王伐纣，二人扣马谏阻。武王灭商后，他们不愿食周粟，采薇果腹，饿死于首阳山，故此称"夷薇"。平仄上，"严滩""夷薇"都是平平，"邵圃""靖菊"都是仄仄。"菊"《广韵》作"居六切"，入声。语法上，"严滩""邵圃""靖菊""夷薇"都是定中结构。

④占（zhān）鸿渐，卜（bǔ）凤飞：上联出自《周易·渐》："初六，鸿渐于干（水涯）"，"六二，鸿渐于磐"，"九三，鸿渐于陆"，"六四，鸿渐于木"，"九五，鸿渐于陵"。占，占卜。鸿渐，是说鸿雁循序渐进，从低到高。渐，进。凤飞，典出《左传·庄公二十二年》："二十二年，春，陈人杀其大子御寇。陈公子完与颛孙奔齐。颛孙自齐来奔。""齐侯使敬仲为卿"，陈敬仲推辞说"所获多矣，敢辱高位以速官谤？请以死告"，于是做了工正。"初，懿氏卜妻敬仲。其妻占之，曰：'吉。是谓"凤皇于飞，和鸣锵锵。有妫之后，将育于姜。五世其昌，并于正卿。八世之后，莫之与京"。'"陈国的公子完（敬仲）因为陈国内乱而逃到了齐国，齐桓公对他非常优待，当初懿氏要把女儿嫁给敬仲，占了一卦，说是非常吉利，预言将来陈氏会在齐国掌权。平仄上，"占鸿渐"是平平仄，"卜凤飞"是仄仄平。语法上，"占""卜"义同，都是动词。"鸿渐""凤飞"都是主谓结构，是占卜所得的内容，故"占鸿渐""卜凤飞"都是动宾结构。

⑤虎榜对龙旂（qí）：虎榜，就是"龙虎榜"，《新唐书·欧阳詹传》载："举进士，与韩愈、李观、李绛、崔群、王涯、冯宿、庾承宣联第，皆天下选，时称'龙虎榜'。"后来也用来称进士榜，清代则专称武科榜曰"虎榜"。旂，上画交龙、竿头系铃的旗，"旂"亦作"旗"，故而"龙旂"就是龙旗。平仄上，"虎榜"是仄仄，"龙旂"是平平。语法上，二者都是定中结构。

⑥心中罗锦绣，口内吐珠玑（jī）：锦绣，精美鲜艳的丝织品，常用来形容山河大地或有华彩的文章等。珠玑，指珠宝、珠玉，也比喻美好的诗文绘画等。平仄上，"心中罗锦绣"是平平平仄仄，"口内吐珠玑"是仄仄仄平平。语法上，两句都是主谓结构，且主语都是方位短语，表示"罗锦绣""吐珠玑"的处所。

⑦宽宏豁（huò）达高皇量，叱咤（chì zhà）喑（yīn）哑霸王威：高皇，这里指汉高祖刘邦，《史记·高祖本纪》说他"仁而爱人，喜施，意豁如也。常有大度，不事家人生产作业"，故而身边聚集了不少英豪。霸王，指的是西楚霸王项羽，《史记·淮阴侯列传》中韩信评价他"喑恶叱咤，千人皆废"。"喑恶叱咤"或作"喑呜叱咤"。平仄上，上联是平平仄仄平平仄，下联是仄仄平平仄平平。达，《广韵》"唐割切"，入声。哑，此处作象声词，《集韵》"於加切"，平声。这两联里第六字平仄相同，当视为失对。语法上，上下联都是主谓结构，且皆为判断句：主语是"宽宏豁达""叱咤喑哑"，两个都是并列结构；谓语是名词短语"高皇量""霸王威"，二者是定中结构。

⑧灭项兴刘，狡（jiǎo）兔尽时走狗死；连吴抗魏，貔貅（pí xiū）屯处卧龙归：灭项兴刘，指的是楚汉争霸，刘邦灭项羽建立汉朝的事。项，指项羽；刘，指汉王刘邦。狡兔尽时走狗死，此典本出自范蠡和勾践的故事，《史记·越王勾践世家》有"蜚鸟尽，良弓藏"的话，越王勾践打败吴国之后，范蠡看出勾践不能共患难，必然残害功臣，于是离开越国去经商，后来富甲天下。狡兔，指猎物；走狗，指猎犬。《史记·淮阴侯列传》中引用了这个典故，韩信帮刘邦打败了项王，夺得天下，刘邦开始想办法除掉功臣。韩信被刘邦下令绑缚，他感叹说："果若人言：'狡兔死，良狗亨；高鸟尽，良弓藏；敌国破，谋臣亡。'天下已定，我固当亨（烹)！"韩信后来就被吕后处死，即"走狗死"的下场。连吴抗魏，吴、魏是指三国时期孙吴和曹魏两国，刘蜀曾经联合孙吴对抗曹魏。貔貅屯处，

指孙吴处集中了很多文武之才;貔貅,猛兽名,也比喻勇猛的军士,《晋书·熊远传》"命貔貅之士,鸣檄前驱"。卧龙,指诸葛亮,《三国志·蜀书·诸葛亮传》:"(徐庶)谓先主曰:'诸葛孔明者,卧龙也,将军岂愿见之乎?'"《三国演义》记叙了刘备三顾茅庐请出诸葛亮后,诸葛亮远赴东吴,舌战群儒,成功劝说孙权抗魏。平仄上,上联是仄仄平平,仄仄平平仄仄仄;下联是平平仄仄,平平平仄仄平平。语法上,"灭项兴刘""连吴抗魏",都是两个动宾词组组成的连谓结构。"狡兔尽时走狗死""貔貅屯处卧龙归",都是状中结构;状语"狡兔尽时""貔貅屯处"都是定中结构,中心语"走狗死""卧龙归"都是主谓结构。

【译文】

戈和甲相对,幄和帏相对。

荡荡和巍巍相对。

严陵的垂钓处和邵平的种瓜园相对,陶靖节所种的菊花和伯夷叔齐吃的野菜相对。

占到鸿渐是兆示吉祥将临,卜到凤飞是预示夫妻和谐。

虎榜和龙旗相对。

心中构思着如锦绣般华美的文章,口中表述出像珠玉般动听的言辞。

宽宏豁达,是高祖刘邦的肚量;叱咤喑哑,是霸王项羽的威风。

韩信帮助刘邦消灭项羽建立汉朝以后,就被刘邦抓住问罪;诸葛亮辅佐刘蜀来到群雄聚集的东吴,成功说服孙权抗曹。

其三

衰对盛,密对稀①。

祭服对朝衣②。

鸡窗对雁塔,秋榜对春闱③。

乌衣巷,燕子矶④。

久别对初归⑤。

天姿真窈窕,圣德实光辉⑥。

蟠桃紫阙来金母,岭荔红尘进玉妃⑦。

灞上军营,亚父愤心撞玉斗;长安酒市,谪仙狂兴典银龟⑧。

【注释】

①衰对盛,密对稀:两组词语皆意义相对。平仄上,“衰”“稀”都是平声,“盛”“密”是仄声。语法上,四个词语都是形容词。

②祭服对朝(cháo)衣:祭服,古代祭祀时所穿的礼服,《周礼·天官·内宰》“中春,诏后,帅外内命妇始蚕于北郊,以为祭服”;朝衣,臣子朝见君王时所穿的礼服,晋张协《咏史诗》“抽簪解朝衣,散发归海隅”。平仄上,“祭服”是仄仄,“朝衣”是平平。服,《广韵》“房六切”,入声。语法上,“祭服”“朝衣”都是表礼服的名词,都是定中结构。

③鸡窗对雁塔,秋榜对春闱(wéi):鸡窗,《艺文类聚》卷九十一引《幽明录》曰:“晋兖州刺史沛国宋处宗尝买得一长鸣鸡,爱养甚至,恒笼着窗间。鸡遂作人语,与处宗谈论,极有言智,终日不辍。处宗因此言巧大进。”宋处宗买了一只公鸡,非常喜爱,天天放在笼子里,把笼子搁在窗子上。这公鸡开始说起人话来,和处宗讨论问题,且极有智慧。《龙文鞭影》《解人颐》等也有类似的记载。后人据此传说,拿“鸡窗”来作为书室的代称,如唐罗隐《题袁溪张逸人所居》有“鸡窗夜静开书卷,鱼槛春深展钓丝”的诗句,《绣云阁》第十一回说“鸡窗发愤,博取功名”。雁塔,西安有两座雁塔:一在慈恩寺,称为“大雁塔”;一在荐福寺,称为“小

雁塔"。此指大雁塔。宋张礼《游城南记》载:"《嘉话录》谓张莒及进士第,闲行慈恩寺,因书同年姓名于塔壁,后以为故事。"唐朝新科进士于皇帝赐宴后,都会前往慈恩塔题写姓名,谓之"雁塔题名"。秋榜,指的是科举时代秋季考试的榜单。春闱,春季所举行的考试;闱,科举时代称试院为"闱",春试叫"春闱",秋试叫"秋闱"。两组皆与古代读书人的生活有关。平仄上,"鸡窗"是平平,"雁塔"是仄仄;"秋榜"是平仄,"春闱"是平平。语法上,四个词语都是定中结构。

④乌衣巷,燕子矶(jī):乌衣巷,南朝宋刘义庆《世说新语·雅量》:"有往来者云:'庾公有东下意。'或谓王公曰:'可潜稍严,以备不虞。'王公曰:'我与元规虽俱王臣,本怀布衣之好。若其欲来,吾角巾径还乌衣,何所稍严?'"刘孝标注引山谦之《丹阳记》:"乌衣之起,吴时乌衣营处所也。江左初立,琅玡诸王所居。"可见乌衣巷本是三国吴的禁军驻地,禁军都身着乌衣(黑色军服),此地就被人们称为乌衣巷。东晋时王导、谢安两大家族,都曾居住在此,人称其子弟为"乌衣郎"。唐时这里沦为废墟,刘禹锡曾作《乌衣巷》感慨道:"朱雀桥边野草花,乌衣巷口夕阳斜。旧时王谢堂前燕,飞入寻常百姓家。"燕子矶,清顾祖禹《读史方舆纪要》卷二十引《金陵记》曰:"幕府山东有绝壁临江,梯磴危峻,飞槛凌空者,弘济寺也。与弘济寺对岸相望,翻江石壁,势欲飞动者,燕子矶也,俱为江滨峻险处。"燕子矶和乌衣巷一样都在江苏南京,矶头屹立长江边,三面悬绝,宛如飞燕,故名。平仄上,"乌衣巷"是平平仄,"燕子矶"是仄仄平。语法上,两个词语都是有关地名的名词,定中结构。

⑤久别对初归:久别,长久的分别。初归,刚刚回来。平仄上,"久别"是仄仄,"初归"是平平。"别"《广韵》作"彼列切",入声。语法上,两个词语都是状中结构。

⑥天姿真窈窕（yǎo tiǎo），圣德实光辉：天姿，指出众的容貌，《汉武帝内传》"（王母）修短得中，天姿掩蔼，容颜绝世"。窈窕，形容女子美好的仪态，出自《诗经·周南·关雎》"窈窕淑女，君子好逑"。圣德，根据《汉语大词典》，犹言至高无上的道德，一般用于古之称圣人者，如《后汉书·李杜列传》"四海欣然，归服圣德"。平仄上，"天姿真窈窕"是平平平仄仄，"圣德实光辉"是仄仄仄平平。德，《广韵》"多则切"，实，《广韵》"神质切"，皆为入声字。语法上，两句都是主谓结构。

⑦蟠（pán）桃紫阙（què）来金母，岭荔（lì）红尘进玉妃：上联当与汉武帝有关，《太平广记》引《汉武帝内传》："汉孝武皇帝，景帝子也。……到七月七日，乃修除宫掖，设坐大殿。以紫罗荐地，燔百和之香，张云锦之帷。燃九光之灯，列玉门之枣，酌蒲萄之醴，宫监香果，为天宫之馔。帝乃盛服，立于陛下，敕端门之内，不得有妄窥者。……既至，从官不复知所在，唯见王母乘紫云之辇，驾九色斑龙。……因呼帝共坐，帝面南。王母自设天厨，真妙非常：丰珍上果，芳华百味；紫芝萎蕤，芬芳填樏；清香之酒，非地上所有，香气殊绝，帝不能名也。又命侍女更索桃果。须臾，以玉盘盛仙桃七颗，大如鸭卵，形圆青色，以呈王母。母以四颗与帝，三颗自食。桃味甘美，口有盈味。帝食辄收其核，王母问帝，帝曰：'欲种之。'母曰：'此桃三千年一生实，中夏地薄，种之不生。'帝乃止。"汉武帝时好求仙访道，七月七日那天，准备了天宫之馔迎接王母降临。王母乘坐紫云辇下凡，给汉武帝准备了许多神仙食用的果品，另有七颗仙桃，四颗给了汉武帝吃。汉武帝想留下核做种，王母说这仙桃三千年才结一次果实，人间是种不活的，武帝只好作罢。蟠桃，神话中的仙桃。紫阙，帝王宫阙，神仙洞府。金母，指古代神话传说中的女神，俗称西王母。下联说的是唐明皇的宠妃杨玉环的故事，出自唐杜牧《过华清

宫》"长安回望绣成堆,山顶千门次第开。一骑红尘妃子笑,无人知是荔枝来"。据说杨贵妃喜爱吃荔枝,唐明皇就想尽办法让人从南方快马加鞭把荔枝送去长安。玉妃,琅环阁藏本作"王妃",然杨玉环吃荔枝的典故发生时已经是唐明皇的妃子,并不是王妃。且文献中有以"玉妃"称呼杨玉环的例子,如唐陈鸿《长恨歌传》:"见最高仙山,上多楼阙,西厢下有洞户,东向,阖其门,署曰:'玉妃太真院'。"故而此处宜以"玉妃"为是,指唐明皇李隆基的爱妃杨玉环。平仄上,上联是平平仄仄平平仄,下联是仄仄平平仄仄平。语法上,上下联都是主谓结构。"紫阙""红尘"充当状语,"来金母""进玉妃"都是动宾结构,宾语分别表示主语"蟠桃"所从来之处、"岭荔"所进献之人。对仗工整,结构巧妙。

⑧灞(bà)上军营,亚父愤心撞玉斗;长安酒市,谪(zhé)仙狂兴典银龟:上联的典故出自《鸿门宴》的故事。据《史记·项羽本纪》载,项羽听说沛公刘邦已经攻破咸阳,盛怒之下打算带兵攻打刘邦。刘邦得知消息以后,"旦日从百余骑来见项王",亲自来到鸿门谢罪。"项王即日因留沛公与饮",席上,项羽的谋臣范增多次暗示项羽下决心杀死刘邦,项羽犹豫不决。刘邦见情势危机,找借口逃脱,"乃令张良留谢"。张良将刘邦带来的一双玉璧和一对玉斗分别献给项羽和范增,以表谢罪之意。"项王曰:'沛公安在?'良曰:'闻大王有意督过之,脱身独去,已至军矣。'项王则受璧,置之坐上。亚父受玉斗,置之地,拔剑撞而破之,曰:'唉!竖子不足与谋。夺项王天下者,必沛公也,吾属今为之虏矣。'"眼看刘邦溜之大吉,范增一气之下把玉斗撞破。后来果如范增所言,项羽被刘邦所败。亚父,项羽对范增的尊称,意思是仅次于父亲。今本"愤心"多作"丹心",从典故上看,似以琅环阁藏本之"愤心"为更佳。下联典故与唐代大诗人李白有关,他被人称为"谪仙"。唐孟棨《本事诗·高逸》载:"李太白初自蜀至京师,舍

于逆旅。贺监知章闻其名，首访之。既奇其姿，复请所为文。出《蜀道难》以示之。读未竟，称叹者数四，号为‘谪仙’。”李白初到京师时，贺知章听说他的才名，前去拜访。对他的姿容气质和绝世才华十分倾倒，称呼他为“谪仙”。有“金龟换酒”的成语，出自唐李白《对酒忆贺监》诗序：“太子宾客贺公，于长安紫极宫一见余，呼余为‘谪仙人’，因解金龟，换酒为乐。”说的是贺知章在长安紫极宫第一次见到李白，就称呼他为谪仙人，还解下金龟换取美酒共饮为乐。龟，唐代官员的一种佩饰。唐初，内外官五品以上，皆佩鱼袋。武后天授元年，改内外官佩鱼为佩龟。三品以上龟袋用金饰，四品用银饰，五品用铜饰。此联各本皆作“银龟”，然从典故出处来看，当作“金龟”为是。“典”今本皆作“换”，从语义上说，亦无不可。平仄上，上联是仄仄平平，仄仄仄平平仄；下联是平平仄仄，仄平平仄仄平平。撞，根据王力《古汉语字典》，旧读 chuáng，宅江切，当为平声；谪，《广韵》“陟革切”，入声。语法上，“灞上军营”“长安酒市”都是定中结构充当句子的状语，表处所；“亚父愤心撞玉斗”“谪仙狂兴典银龟”都是主谓结构。

【译文】

衰与盛相对，密与稀相对。

祭祀的礼服和上朝的服装相对。

鸡窗和雁塔相对，秋榜和春试相对。

乌衣巷，燕子矶。

长久离别与刚刚归来相对。

天然的姿容窈窕动人，圣人的德行光照四方。

天上的蟠桃由西王母送到了汉武帝的宫殿，岭南的荔枝快马加鞭地进献给贵妃杨玉环。

灞上的军营之中，忠心耿耿的亚父范增气愤地撞破了刘邦送的玉斗；长安的酒市之上，狂放不羁的谪仙李白解下银龟换酒与贺知章共饮。

六　鱼

【题解】

"鱼"是"平水韵"中上平声的第六韵部。

"鱼"在《广韵》中作"语居切",平声,鱼韵。

《笠翁对韵》这一节所用的韵脚字有榆、裾、蕖、如、庐、虚、书、舒、余、除、锄、愚、闾、车、驴、疏、苴、纡、舆、洳、妤、渔等22个,《声律启蒙》用了虚、书、车、驴、鱼、如、徐、裾、渠、舒、墟、梳、居等13字。两本书都用到的字有裾、如、虚、书、舒、车、驴等7个;《笠翁对韵》用了而《声律启蒙》没用到的有榆、蕖、庐、余、除、锄、愚、闾、疏、苴、纡、舆、洳、妤、渔等15字,《声律启蒙》用了而《笠翁对韵》没有用的有鱼、徐、渠、墟、梳、居等6字。《笠翁对韵》中用到的榆、愚、纡3字实际属于"七虞"韵部。

其一

羹对饭,柳对榆①。

短袖对长裾②。

鸡冠对凤尾,芍药对芙蕖③。

周有若,汉相如④。

王屋对匡庐⑤。

月明山寺远,风细水亭虚⑥。

壮士腰间三尺剑,男儿腹内五车书⑦。

疏影暗香,和靖孤山梅蕊放;轻阴清昼,渊明旧宅柳条舒⑧。

【注释】

①羹（gēng）对饭，柳对榆：羹，用肉类或菜蔬等制成的带浓汁的食物。《左传·隐公元年》："公赐之食，食舍肉。公问之，对曰：'小人有母，皆尝小人之食矣。未尝君之羹，请以遗之。'"这个例子说明早期的"羹"也称为"肉"，一般指带汁的肉。平仄上，"羹"是平，"饭"是仄；"柳"是仄，"榆"是平。语法上，四个词语都是名词。

②短袖对长裾（jū）：裾，衣服的前后襟，亦泛指衣服的前后部分。平仄上，"短袖"是仄仄，"长裾"是平平。语法上，两个词语都是定中结构。

③鸡冠（guān）对凤尾，芍药对芙蕖（fú qú）：鸡冠，指雄鸡头上的肉冠，也指草本植物名，有鸡冠花，花状如鸡首之肉冠；凤尾，凤凰的尾羽，也是一种竹名，凤尾竹。平仄上，"鸡冠"是平平，"凤尾"是仄仄；"芍药"是仄仄，"芙蕖"是平平。芍，《广韵》作"市若切"，入声。语法上，四个词语都是植物名词，其中"鸡冠""凤尾"都是定中结构，"芍药""芙蕖"都是联绵词。

④周有若，汉相如：周、汉是指朝代名。有若，春秋时期孔子的弟子，《论语》中又称之为"有子"，《论语·学而》："有子曰：'其为人也孝弟，而好犯上者，鲜矣！不好犯上，而好作乱者，未之有也。君子务本，本立而道生。孝弟也者，其为仁之本与！'"相如，指汉赋大家司马相如，其代表作有《子虚赋》《上林赋》等。平仄上，"周有若"是平仄仄，"汉相如"仄平平。"相"在《广韵》有"息亮""息良"二切，前者是去声，后者是平声，此处读后者为宜。语法上，二者都是定中结构。

⑤王屋对匡（kuāng）庐：王屋，山名，在山西阳城、垣曲两县之间。山有三重，其状如屋，故名。匡庐，也是山名，即庐山，相传殷、周之际有匡俗兄弟七人结庐于此，故称。平仄上，"王屋"是平仄，

"匡庐"是平平。"屋"《广韵》作"乌谷切",入声。语法上,都是名词。

⑥月明山寺远,风细水亭虚:"月明"与"风细"相对,或出自宋柳永的词作,他喜欢将二者并提,比如《醉蓬莱》中的"太液波翻,披香帘卷,月明风细",或《爪茉莉》中的"深院静,月明风细"。"山寺""水亭"也经常并提,比如唐杜荀鹤《送人归沔上》中的"莫道南来总无利,水亭山寺二年吟"。水亭,水边的亭子。虚,指显得空旷清凉。平仄上,"月明山寺远"是仄平平仄仄,"风细水亭虚"是平仄仄平平。语法上,"月明"与"风细"相对,都是主谓结构,描摹"山寺""水亭"所处的自然环境。"山寺远""水亭虚",也是主谓结构。

⑦壮士腰间三尺剑,男儿腹内五车书:三尺剑,《史记·高祖本纪》载:"高祖击布时,为流矢所中,行道病。病甚,吕后迎良医,医入见,高祖问医,医曰:'病可治。'于是高祖嫚骂之曰:'吾以布衣提三尺剑取天下,此非天命乎?命乃在天,虽扁鹊何益!'遂不使治病,赐金五十斤罢之。"这里"以布衣提三尺剑取天下",指的是刘邦斩白蛇的故事。五车书,《庄子·天下》说"惠施多方,其书五车",后用以形容读书多,学问渊博。平仄上,上联是仄仄平平平仄仄,下联是平平仄仄仄平平。语法上,两句都是主谓结构:主语"壮士腰间""男儿腹内"表处所,谓语是"三尺剑""五车书"。两句都省略了动词"悬挂""藏有"一类的词语。

⑧疏影暗香,和靖(jìng)孤山梅蕊(ruǐ)放;轻阴清昼,渊明旧宅柳条舒:上联说的是宋代隐逸诗人林逋的故事。和靖,是林逋的谥号。林逋隐居西湖孤山,终生不娶,喜欢种梅养鹤,自谓"以梅为妻,以鹤为子",人称"梅妻鹤子"。"疏影暗香"就是出自林逋《山园小梅》诗中的"疏影横斜水清浅,暗香浮动月黄昏"。下联说的是东晋隐逸诗人陶渊明的典故。陶渊明,又名陶潜,字元亮,私谥

"靖节"。陶渊明有《五柳先生传》曰"先生不知何许人也,亦不详其姓字。宅边有五柳树,因以为号焉"。其《归园田居》其一也说"榆柳荫后园,桃李罗堂前",故下联曰"旧宅柳条舒"。轻阴,疏淡的树荫,与"浓荫"相对。清昼,白天,唐李白《秦女休行》"手挥白杨刀,清昼杀仇家"。平仄上,上联是平仄仄平,平仄平平平仄仄;下联是平平平仄,平平仄仄仄平平。"宅"《广韵》作"场伯切",入声。语法上,上下联都是由一个表解释、说明的句子组成的,"疏影暗香"乃"和靖孤山"的梅蕊在绽放,"轻阴清昼"正因"渊明旧宅"的柳条在舒展。"疏影暗香""轻阴清昼"都是并列结构,"和靖孤山梅蕊放""渊明旧宅柳条舒"都是主谓结构。

【译文】

羹和饭相对,柳和榆相对。

短袖和长襟相对。

鸡冠花和凤尾竹相对,芍药与荷花相对。

周代之有若,汉朝之相如。

王屋山和匡庐山相对。

明净的月色映照下,山寺显得缥缈遥远;细细的清风吹拂中,水亭多么凉爽怡人。

壮士腰间挂着三尺长剑,男儿腹内藏有五车诗书。

枝影稀疏,香气清幽,这是林和靖隐居在孤山所种的梅花在绽放;树荫轻淡,昼日清凉,这是陶渊明旧居的宅院所栽的柳条在舒展。

其二

吾对汝,尔对余①。

选授对升除②。

书箱对药柜,耒耜对耰锄③。

参虽鲁,回不愚④。

阀阅对阎闾⑤。

诸侯千乘国,命妇七香车⑥。

穿云采药闻仙女,踏雪寻梅策蹇驴⑦。

玉兔金乌,二气精灵为日月;洛龟河马,五行生克在图书⑧。

【注释】

①吾对汝(rǔ),尔对余:吾、余,"我"的意思;汝、尔,相当于今天的"你"。平仄上,"吾""余"是平声;"汝""尔"是仄声。语法上,吾、余,第一人称代词;汝、尔,第二人称代词。

②选授对升除:选授,经过选定授以官职。升除,升迁就任新的官职。平仄上,"选授"是仄仄,"升除"是平平。语法上,两个词语都是动词,并列结构。

③书箱对药柜,耒耜(lěi sì)对耰(yōu)锄:书箱,琅环阁藏本作"书橱",今本多作"书箱",二者皆可。耒、耜,皆为古代耕地翻土的农具,《周易·系辞下》"神农氏作,斫木为耜,揉木为耒"。耰锄,犹锄耰,泛指农具;耰,古代弄碎土块、平整土地的农具;锄,松土和除草用的农具。宋王安石《独卧》:"谁有锄耰不自操,可怜园地满蓬蒿。"平仄上,"书箱""耰锄"皆是平平,"药柜""耒耜"都是仄仄。语法上,"书箱""药柜"都是定中结构;"耒耜""耰锄"都是由农具名词组成的并列结构。

④参(shēn)虽鲁,回不愚:参、回,指孔子弟子曾参、颜回,两句皆化用《论语》里的话。《论语·先进》有"柴也愚,参也鲁,师也辟,由也喭",《论语·为政》有"吾与回言终日,不违,如愚,退而省其私,亦足以发。回也不愚",皆为孔子对弟子的评价。平仄上,"参虽鲁"是平平仄,"回不愚"是平仄平。语法上,两句皆是主谓结构。

⑤阀（fá）阅对阎闾（yán lú）：阀、阅，仕宦人家自叙功状而树立在门外的柱子，《玉篇·门部》"在左曰阀，在右曰阅"；也可以指功绩、功业，引申为祖先有功业的世家、巨室，如宋苏轼《答曾学士启》"而况圭璋之质，近生阀阅之家。固宜首膺寤寐之求，于以助成肃雍之化"。阎、闾，指里巷内外的门，"阎"是里巷的内门，"闾"是里巷的大门；后引申为平民，如《资治通鉴·陈纪·长城公下》"（陈叔宝）恣溪壑之欲，劫夺闾阎，资产俱竭，驱逼内外，劳役弗已"。可见，"阀阅""阎闾"，在表世家和平民的意义上，正好相对。平仄上，"阀阅"是仄仄，"阎闾"是平平；阀，《广韵》"房越切"，入声。语法上，两个词语都是名词，且都是同义并列结构。

⑥诸侯千乘（shèng）国，命妇七香车：诸侯，古代帝王所分封的各国君主。千乘，古以一车四马为一乘，千乘指的是一千辆兵车；千乘国，指的是拥有千乘兵车的国家，春秋末期以后，千乘之国指中等或较小的国家。《论语·先进》中，子路谈自己的志向时说："千乘之国，摄乎大国之间，加之以师旅，因之以饥馑；由也为之，比及三年，可使有勇，且知方也。"子路认为如果让自己管理拥有千辆兵车的国家，两边是大国的威逼，还有战争和饥荒的双重重压，他也可以在三年之后，让百姓懂得勇敢和礼义。命妇，根据《汉语大词典》，指的是封建时代受封号的妇人，在宫廷中则妃嫔等称为内命妇，在宫廷外则臣下之母妻称为外命妇。七香车，指的是用多种香料涂饰或用多种香木制作的车，亦泛指华美的车，多为贵族妇女乘坐，唐卢照邻《长安古意》有"长安大道连狭斜，青牛白马七香车"。平仄上，上联是平平平仄仄，下联是仄仄仄平平。"国"《广韵》作"古或切"，入声；"七"《广韵》作"亲吉切"，入声。语法上，两句都是定中结构。

⑦穿云采药闻仙女，踏雪寻梅策蹇（jiǎn）驴：穿云采药闻仙女，典故出自《太平御览》所引《幽明录》："汉明帝永平五年，剡县刘晨、阮

肇共入天台山取谷皮，迷不得返。经十余日，粮食乏尽，饥馁殆死。……至暮，令各就一帐宿，女往就之，言声清婉，令人忘忧。至十日后，欲求还去，女云：'君已来此，乃宿福所招，与仙女交接，流俗何所乐哉。'遂住半年，天气常如二三月。晨、肇求归不已。女仍仙主，女子有三十人集会奏乐，共送刘、阮，指示还路。既出，亲旧零落，邑屋全异，无复相识，问得七世孙，传闻上世入山，迷不得归。"讲的是汉明帝永平五年，剡县刘晨、阮肇二人入天台山采摘谷皮，结果迷了路，遇到了两位仙女，与二人欢好。十天后，二人求归，仙女劝告他们，说与仙女结合，是尘俗之人无法享受的快乐。后二人极力恳求，终得返归人间。回到家，发现家中已传至七世孙了。踏雪寻梅，原本出自宋孙光宪的《北梦琐言》卷七："或曰：'相国近有新诗否？'对曰：'诗思在灞桥风雪中驴子上，此处何以得之。'"说的是唐诗人郑綮的典故。他担任相国的时候，有人问他最近有没有新诗，他回答说自己写诗的灵感在灞桥风雪中的驴背上。明末清初张岱的《夜航船·天文部》则将这个故事张冠李戴到了唐朝另一位诗人孟浩然身上。策，本指驱赶骡马役畜的鞭棒，此指用鞭棒驱赶。蹇驴，指跛足驽弱的驴子。平仄上，上联为平平仄仄平平仄，下联为仄仄平平仄仄平。语法上，"穿云采药""踏雪寻梅"都是连谓结构，"闻仙女""策蹇驴"都是动宾结构。

⑧玉兔金乌，二气精灵为日月；洛龟河马，五行生克在图书：玉兔，相传月中有兔，为嫦娥所养，所以古人用它来作为月亮的代称；金乌，古代神话传说太阳中有三足乌名金乌，因此古人用金乌来代指太阳。唐韩琮《春愁》诗："金乌长飞玉兔走，青鬓长青古无有。"二气，阴气和阳气，《周易·咸》"二气感应以相与"。古人认为万物都由阴阳二气所化，其中日月则是二气的精华：日，《说文解字》解释说"日，实也。太阳之精不亏"，所以日叫太阳；月，《说文解字》释为"月，阙也，太阴之精"，所以月亮叫太阴。洛龟，传

说中大禹治水时,自洛水而出、背负洛书的神龟;洛,洛水。河马,又作"河龙",古代传说中的黄河龙马;河,古代特指黄河。"洛龟"与"河马"经常相提并论,如唐黄滔《泉州开元寺佛殿碑记》"洛龟河龙,文有生而不文无生",明李贽《方竹图卷文》"龙马负图,洛龟呈瑞"。五行,古人认为世界由金、木、水、火、土五种元素构成,《尚书·洪范》:"五行:一曰水,二曰火,三曰木,四曰金,五曰土。水曰润下,火曰炎上、木曰曲直,金曰从革,土爰稼穑。润下作咸,炎上作苦,曲直作酸,从革作辛,稼穑作甘。"五行生克,古人认为五者之间既相生又相克:相生,即木生火,火生土,土生金,金生水,水生木;相克,则为水克火,火克金,金克木,木克土,土克水。据说先天五行顺序"金、水、木、火、土"来自河图;后天五行顺序"金、木、水、火、土"来自洛书。平仄上,上联为仄仄平平,仄仄平平平仄仄;下联为仄平平仄,仄平平仄仄平平。语法上,"玉兔金乌""洛龟河马"是两个名词性的并列结构,"二气精灵为日月""五行生克在图书"两句都是主谓结构。

【译文】

吾和汝相对,尔和余相对。

选拔贤才授予官职和除去旧职授予新职相对。

书箱和药柜相对,翻土的农具和平土的农具相对。

曾参虽然鲁钝,颜回并不愚笨。

世家大户和平民百姓相对。

诸侯中有千乘之国,命妇家有七香之车。

刘晨和阮肇上山采药遇仙女,孟浩然骑着蹇驴踏雪寻梅花。

月亮和太阳,乃由天地阴阳二气的精华所化成;洛书与河图,是两本有关五行相生相克的图书。

其三

歆对正,密对疏①。

囊橐对苞苴②。

罗浮对壶峤，水曲对山纡③。

骖鹤驾，侍鸾舆④。

桀溺对长沮⑤。

搏虎卞庄子，当熊冯婕好⑥。

南阳高士吟梁父，西蜀才人赋子虚⑦。

三径风光，白石黄花供杖履；五湖烟景，青山绿水任樵渔⑧。

【注释】

①欹（qī）对正，密对疏：欹，歪斜、倾斜的意思，与"正"意思相反，《荀子·宥坐》有"吾闻宥坐之器者，虚则欹，中则正，满则覆"。平仄上，"欹"和"疏"是平声，"正"和"密"是仄声。语法上，"欹""正"与"密""疏"是两组反义形容词。

②囊橐（náng tuó）对苞苴（jū）：囊橐，泛指袋子，《诗经·大雅·公刘》"迺裹糇粮，于橐于囊"，毛亨传"小曰橐，大曰囊"，郑玄笺"乃裹粮食于囊橐之中"。苞苴，"苞"通"包"，二者都有包裹的意思；也可指蒲包，用苇或茅编织成的包裹鱼肉之类食品的用具，《礼记·少仪》"笏、书、修、苞苴……其执之，皆尚左手"，郑玄注"谓编束萑苇以裹鱼肉也"。平仄上，"囊橐"是平仄，"苞苴"是平平。橐，《广韵》"他各切"，入声。语法上，二者都是名词，其内部都是并列结构。

③罗浮对壶峤，水曲对山纡（yū）：罗浮，山名，在广东，是罗山与浮山相合而成，《后汉书》南朝梁刘昭代注"有浮山，自会稽浮来，傅于罗山，故置傅罗县"；晋葛洪曾在此山修道，道教称为"第七洞天"，宋苏轼《食荔枝》有"罗浮山下四时春，卢橘杨梅次第新"的

诗句。壶峤，据《汉语大词典》，传说中仙山方壶、员峤的并称，清赵翼《题吴并山中翰青崖放鹿图》诗有"从此相随戏壶峤，君骑白鹿我青牛"；峤，读 jiào 或 qiáo，按《广韵》"峤"作"渠庙切"，去声。曲、纤，都是屈曲、曲折的意思。平仄上，"罗浮"是平平，"壶峤"是平仄；"水曲"是仄仄，"山纤"是平平。曲，《广韵》"丘玉切"，入声。语法上，"罗浮"与"壶峤"都是名词，都是山名并列而成；"水曲""山纤"都是主谓结构。

④骖（cān）鹤驾，侍鸾舆（luán yú）：骖，此处是乘、驾驭的意思，《楚辞·九章·涉江》"驾青虬兮骖白螭，吾与重华游兮瑶之圃"。鹤驾，典出《列仙传·王子乔》："王子乔者，周灵王太子晋也。好吹笙，作凤凰鸣。游伊、洛之间，道士浮丘公接以上嵩高山，三十余年，后求之于山上，见桓良曰：'告我家，七月七日待我于缑氏山巅。'至时，果乘白鹤驻山头，望之，不得到。举手谢时人，数日而去。亦立祠于缑氏山下，及嵩高首焉。"王子乔是周灵王的太子，喜欢吹笙，能吹出凤凰的鸣叫声。道士浮丘公把他接到嵩高山上，后来王子乔见到桓良，让他转告家里人七月七日在缑氏山上相见。到了七月七日，王子乔果然乘着白鹤在山头停留，家人只能远望，不能触及。王子乔过了几天才离去。后人因称太子的车驾为鹤驾。侍鸾舆，今本多作"待鸾舆"，当因形近而误。侍，侍奉的意思。鸾舆，天子所乘坐的法驾，汉班固《西都赋》"于是乘鸾舆，备法驾，帅群臣，披飞廉，入苑门"。"鹤驾""鸾舆/鸾车"经常并提，如唐吕岩《赠刘方处士》有"鸾车鹤驾逐云飞，迢迢瑶池应易到"等。平仄上，"骖鹤驾"是平仄仄，"侍鸾舆"是仄平平。语法上，两个词语都是动宾结构。

⑤桀溺（jié nì）对长沮（jù）：桀溺、长沮，《论语·微子》中提到的两位隐士之名："长沮、桀溺耦而耕。孔子过之，使子路问津焉。"平仄上，"桀溺"是仄仄，"长沮"是平平；"桀"《广韵》作"渠列切"，

入声。语法上,都是指人的专有名词。

⑥搏虎卞(biàn)庄子,当熊冯婕妤(jié yú):上联是有关卞庄刺虎的典故,《史记·张仪列传》载:"亦尝有以夫卞庄子刺虎闻于王者乎?庄子欲刺虎,馆竖子止之,曰:'两虎方且食牛,食甘必争,争则必斗,斗则大者伤,小者死,从伤而刺之,一举必有双虎之名。'卞庄子以为然,立须之。有顷,两虎果斗,大者伤,小者死。庄子从伤者而刺之,一举果有双虎之功。"卞庄子,春秋时鲁国的大夫,著名勇士,食邑于卞,谥"庄","子"是对男子的美称。他想要去杀老虎,馆竖子跟他说:"两只老虎正在吃牛,它们一定会为了争食打起来,必然大的受伤,小的被咬死,到时候再趁机下手去杀受伤的老虎,不就可以一举而得了吗?"卞庄子听从了他的意见,果然一举两得。下联典出《汉书·外戚传》:"建昭中,上幸虎圈斗兽,后宫皆坐。熊佚出圈,攀槛欲上殿。左右贵人傅昭仪等皆惊走,冯婕妤直前当熊而立,左右格杀熊。上问:'人情惊惧,何故前当熊?'婕妤对曰:'猛兽得人而止,妾恐熊至御坐,故以身当之。'元帝嗟叹,以此倍敬重焉。"婕妤,宫中女官名,汉武帝时始置。汉元帝时,有一次看斗兽,有一只熊跑出了兽圈,想要爬到皇帝所在的殿上。众人都吓得大惊失色,只有冯婕妤冲在元帝前面挡着。左右护卫杀死了熊之后,元帝问她:"别人都怕得要命,为什么你还能挡在熊的前面呢?"婕妤说:"熊只要抓到一个人就会停下来。我担心熊伤害您,所以用身体挡在您前面让它抓。"元帝对她更加敬重。平仄上,上联是仄仄仄平仄,下联是平平平仄平。搏,《广韵》"补合切",入声;婕,《广韵》"即叶切",入声。语法上,"搏虎"对"当熊",都是动宾结构;"卞庄子""冯婕妤"是人名相对,说明"搏虎""当熊"乃由此二人所为。

⑦南阳高士吟梁父(fǔ),西蜀才人赋(fù)子虚:上联说的是三国蜀相诸葛亮的典故,《三国志·蜀书·诸葛亮传》载:"诸葛亮字孔

明，琅玡阳都人也。汉司隶校尉诸葛丰后也。父珪，字君贡，汉末为太山郡丞。亮早孤，从父玄为袁术所署豫章太守，玄将亮及亮弟均之官。会汉朝更选朱皓代玄。玄素与荆州牧刘表有旧，往依之。玄卒，亮躬耕陇亩，好为《梁父吟》。"南阳，地名，诸葛亮的《前出师表》有"臣本布衣，躬耕于南阳，苟全性命于乱世，不求闻达于诸侯"的话。高士，指的是德行高尚而隐居不仕的君子，此指诸葛亮；《梁父吟》又作《梁甫吟》，"父""甫"义同，都是对男子的美称，读上声。诸葛亮曾隐居南阳，耕种于田亩之间，喜欢吟诵《梁父吟》。下联说的是西汉文学家司马相如的典故。据《史记·司马相如列传》载，司马相如的《子虚赋》是假借子虚、乌有、无是公三人的问答，讽刺帝王的骄奢淫逸。"居久之，蜀人杨得意为狗监，侍上。上读《子虚赋》而善之，曰：'朕独不得与此人同时哉！'得意曰：'臣邑人司马相如自言为此赋。'上惊，乃召问相如。"汉武帝读了司马相如的《子虚赋》，憾恨自己不能与作者同时。司马相如的同乡杨得意趁机举荐了他，司马相如这才见到了汉武帝。西蜀，今四川，古为蜀地而在西方，故称。才人，有才之人，这里指司马相如。平仄上，上联是平平平仄平平仄，下联是平仄平平仄仄平。语法上，二者都是主谓结构。

⑧三径风光，白石黄花供杖履（lǚ）；五湖烟景，青山绿水任樵（qiáo）渔：上联的典故出自东晋隐逸诗人陶渊明，其《归去来兮辞》有"三径就荒，松菊犹存""策扶老以流憩，时矫首而遐观""怀良辰以孤往，或植杖而耘耔"的话。黄花，即菊花，陶渊明酷爱菊花，其《饮酒》其五有"采菊东篱下，悠然见南山"的诗句；故而李清照《醉花阴》有"东篱把酒黄昏后""人比黄花瘦"；称菊花为黄花。杖，木棍，可用于拐杖。履，鞋子。五湖烟景，此处用的是春秋末期越王勾践的谋士范蠡的典故。范蠡曾帮助越王勾践复仇，打败吴国，后辞官归隐，根据《吴越春秋》载，"（越王勾践）二十

四年九月丁未,范蠡辞于王……乃乘扁舟,出三江,入五湖,人莫知其所适"。故唐崔涂《春夕》有"自是不归归便得,五湖烟景有谁争"。任樵渔,今本多作"在樵渔","在樵渔"语义不通,且一"任"字更能突显自在逍遥的闲适状态,当以"任"为是。樵渔,打柴、打鱼,也可指樵夫和渔夫。平仄上,上联是平仄平平,仄仄平平平仄仄;下联是仄平平仄,平平仄仄仄平平。白,《广韵》"傍陌切",入声;石,《广韵》"常隻切",入声;供,在《广韵》中有"居用""九容"二切,此处当读平声。语法上,"三径风光""五湖烟景"两个定中结构相对。"白石黄花供杖履""青山绿水任樵渔"都是主谓结构:主语"白石黄花""青山绿水"都是并列结构,谓语"供杖履""任樵渔"都是动宾结构。

【译文】

斜和正相对,密和疏相对。

口袋和包裹相对。

罗浮山和壶峤山相对,水路弯曲和山路迂回相对。

驾着太子的鹤车,陪侍天子的鸾舆。

桀溺和长沮相对。

与虎搏斗的卞庄子,以身挡熊的冯婕好。

南阳高士诸葛孔明好吟唱《梁父吟》,西蜀才人司马相如能赋诵《子虚赋》。

隐居的陶潜挂着杖漫步于白石菊花之间,欣赏着田间的三径风光;辞官的范蠡驾着船逍遥于青山绿水之中,享受着渔父樵夫的生活。

七 虞

【题解】

"虞"是"平水韵"中上平声的第七韵部。

"虞"在《广韵》中作"遇俱切",平声,虞韵。

　　《笠翁对韵》这一节用到的韵脚字有无、壶、都、鸹、湖、疏、吴、沽、蔬、枯、珠、梳、孤、奴、凫、垆、锄、蒲、符、呼、图等21个，《声律启蒙》用到的有珠、乌、凫、朱、沽、愚、壶、雏、厨、梧、垆（炉）、株、吴、夫、榆、晡、狐、须、都、衢等20个。其中壶、都、吴、沽、珠、凫、垆7个字是两本书都用到的；仅《笠翁对韵》用到的有无、鸹、湖、疏、蔬、枯、梳、孤、奴、锄、蒲、符、呼、图等14个字，仅《声律启蒙》用到的有乌、朱、愚、雏、厨、梧、株、夫、榆、晡、狐、须、衢等13个字。《笠翁对韵》中用到的疏、蔬、梳、锄皆属于"六鱼"韵部。

其一

　　红对白，有对无①。

　　布谷对提壶②。

　　毛锥对羽扇，天阙对皇都③。

　　谢蝴蝶，郑鹧鸪④。

　　蹈海对归湖⑤。

　　花肥春雨润，竹瘦晚风疏⑥。

　　麦饭豆糜终创汉，莼羹鲈脍竟归吴⑦。

　　琴调轻弹，杨柳月中潜去听；酒旗斜挂，杏花村里共来沽⑧。

【注释】

　　①红对白，有对无：红、白，两个都是颜色词，常用来借指桃花、梨花，唐韩愈《寒食日出游》"迩来又见桃与梨，交开红白如争竞"；又用来借指人事上的喜事和丧事，俗称红白喜事。二者常常用于表示对立的意义。平仄上，"红"和"无"都是平；"白"和"有"都是仄。白，《广韵》"傍陌切"，入声。语法上，"红""白"是颜色名

词相对,"有""无"是动词相对。

②布谷对提壶:布谷,鸟名,又名"勃姑""拨谷""获谷""击谷""鸤鸠""桑鸠"等,因为它的叫声像"布谷",又是在播种的时候鸣叫,所以被人们称为劝耕之鸟,唐杜甫《洗兵行》"田家望望惜雨干,布谷处处催春种"。提壶,也是鸟名,又叫"提壶芦""鹈鹕"等,"提壶"也是模拟其叫声,也因为其名称的缘故,古人认为它可以劝人饮酒,唐李频《送陆肱归吴兴》"劝酒提壶鸟,乘舟震泽人"。"布谷"和"提壶"也常并列,明汤显祖《牡丹亭·劝农》"提壶叫,布谷喳"。平仄上,"布谷"是仄仄,"提壶"是平平。语法上,"布谷""提壶"本为指鸟的名词,皆为联绵词;但作者亦从二者的字面意思着眼,则二者又谐"布谷劝农""提壶劝酒"之意,从这个角度看,又皆可分析为动宾结构。可见,此联从字音字义、表面结构、词性类别各个角度看,皆对仗工整,颇见巧思。

③毛锥(zhuī)对羽扇,天阙(què)对皇都:毛锥,即毛锥子,毛笔的别称,因其形如锥,束毛而成,故名。《旧五代史·史弘肇传》:"弘肇又厉声言曰:'安朝廷,定祸乱,直须长枪大剑,至如毛锥子,焉足用哉!'"羽扇,用长羽毛制成的扇子,宋苏轼《念奴娇·赤壁怀古》"遥想公瑾当年,小乔初嫁了,雄姿英发。羽扇纶巾,谈笑间、樯橹灰飞烟灭"。天阙,天上的宫阙或天子的宫阙,亦指朝廷或京都。皇都,京城、国都。平仄上,"毛锥"是平平,"羽扇"是仄仄;"天阙"是平仄,"皇都"是平平。"阙"《广韵》作"去月切",入声。语法上,两组都是定中结构。

④谢蝴蝶,郑鹧鸪(zhè gū):谢蝴蝶,北宋诗人谢逸的别号,江西诗派的重要代表,宋魏庆之《诗人玉屑》载:"谢学士吟蝴蝶诗三百首,人呼为'谢蝴蝶'。其间绝有佳句,如'狂随柳絮有时见,舞入梨花何处寻',又曰'江天春晚暖风细,相逐卖花人过桥'。古诗有'陌上斜飞去,花间倒翅回',又云'身似何郎全傅粉,心如韩

寿爱偷香'。终不若谢句意深远。"因为谢逸曾作三百多首蝴蝶诗,时有佳句,故被时人称为"谢蝴蝶"。郑鹧鸪,指唐代诗人郑谷,《唐才子传》卷九载:"谷字守愚,袁州宜春人。父史,开成中为永州刺史。谷幼颖悟绝伦,七岁能诗。司空侍郎图与史同院,见而奇之,问曰:'予诗有病否?'曰:'大夫《曲江晚望》云:"村南斜日闲回首,一对鸳鸯落渡头。"此意深矣。'图拊谷背曰:'当为一代风骚主也。'光启三年,右丞柳玭下第进士,授京兆鄠县尉,迁右拾遗、补阙。乾宁四年,为都官郎中,诗家称'郑都官'。又尝赋《鹧鸪》警绝,复称'郑鹧鸪'云。"郑谷年少时即有才名,诗歌评论家司空图一见之下,就说他"当为一代风骚主"。因为其《鹧鸪》诗非常有名,故人称"郑鹧鸪"。平仄上,"谢蝴蝶"是仄平仄,"郑鹧鸪"是仄仄平。蝶,《广韵》"徒协切",入声。语法上,人物名号相对,都是名词。对仗工整。

⑤蹈海对归湖:蹈海,投海自尽。《史记·鲁仲连邹阳列传》中鲁仲连奉劝辛垣衍不要奉秦为帝,说:"彼秦者,弃礼义而上首功之国也,权使其士,虏使其民。彼即肆然而为帝,过而为政于天下,则连有蹈东海而死耳,吾不忍为之民也。"《晋书·甘卓传》亦曰:"昔鲁连匹夫,犹怀蹈海之志,况受任方伯,位同体国者乎。"后来就用鲁仲连蹈海之志来比喻宁死不屈的气节。归湖,指范蠡的故事。据《吴地记》载:"县南一百里有语儿亭,勾践令范蠡取西施以献夫差,西施于路与范蠡潜通,三年始达于吴,遂生一子。至此亭,其子一岁,能言,因名语儿亭。《越绝书》曰:'西施亡吴国后,复归范蠡,同泛五湖而去。'"传说越王勾践让范蠡选取越女西施献给吴王夫差,让他沉溺于美色之中一蹶不振。但范蠡却爱上了西施,吴国被越国所灭后,范蠡携西施归隐而去,泛舟五湖之中。平仄上,"蹈海"是仄仄,"归湖"是平平。语法上,二词都是动宾结构。

⑥花肥春雨润,竹瘦晚风疏:上联所描绘的是一幅雨后花朵饱满滋

润的景象,古人的很多诗句中都有类似的意境描写,比如唐杜甫《春夜喜雨》的"好雨知时节,当春乃发生。随风潜入夜,润物细无声。……晓看红湿处,花重锦官城",唐韩愈《山石》的"升堂坐阶新雨足,芭蕉叶大支子(栀子)肥",以及宋李清照《如梦令》"昨夜雨疏风骤。浓睡不消残酒。……知否?知否?应是绿肥红瘦"。用"肥""重"等来形容雨水滋润后花瓣吸饱了水的样子,非常生动。竹瘦,在文人笔下,竹子显得非常清瘦,成为有节操、有骨气的象征,如宋辛弃疾《清平乐》"眉里阴功早见,十分竹瘦松坚"。明洪自诚《菜根谭》"风来疏竹,风过而竹不留声;雁渡寒潭,雁去而潭不留影","疏"用于使动,表示风的吹拂使得竹叶稀疏,让竹子显得更瘦了,这应该就是下联"竹瘦晚风疏"的典故来源。平仄上,上联是平平平仄仄,下联是仄仄仄平平。"竹"《广韵》作"张六切",入声。语法上,上下联皆由因果复句构成,表达"花肥只因春雨润,竹瘦皆因晚风疏"的含义。"花肥""竹瘦"都是主谓结构,表结果;"春雨润""晚风疏"也是主谓结构,表原因。

⑦麦饭豆糜(mí)终创汉,莼羹(chún gēng)鲈脍(lú kuài)竟归吴:上联的典故是指汉光武帝刘秀兵败时,冯异献豆糜麦饭的故事。《后汉书·冯异传》载"光武对灶燎衣,异复进麦饭、菟肩",又载曰:"诏曰:'仓卒无蒌亭豆粥,虖沱河麦饭,厚意久不报。'异稽首谢曰:'臣闻管仲谓桓公曰:"愿君无忘射钩,臣无忘槛车。"齐国赖之。臣今亦愿国家无忘河北之难,小臣不敢忘巾车之恩。'"麦饭,磨碎的麦煮成的饭。豆糜,用豆煮成的粥。麦饭、豆糜皆指农夫野人所吃的饭菜,形容刘秀当时条件极为艰苦,而冯异劝他不要放弃,也不要忘记艰难时日。刘秀后来终于渡过难关,创建了东汉王朝。下联之典出自《世说新语·识鉴》:"张季鹰(张翰,字季鹰)辟齐王东曹掾,在洛,见秋风起,因思吴中菰菜羹、鲈鱼脍,曰:'人生贵得适意尔,何能羁宦数千里以要名爵?'遂命驾

便归。俄而齐王败,时人皆谓为见机。"莼羹,琅环阁藏本作"蓴羹",义同,莼菜做的羹。鲈脍,亦作"鲈鲙",鲈鱼脍。张翰大概是察觉齐王将败,于是找了个思乡的借口辞官而去。后人以此作为辞官归乡的典故。平仄上,上联是仄仄仄平平仄仄,下联是平平平仄仄平平。语法上,前者表示后者的方式和手段。此两句主语省略,意思大致如下:(刘秀)(凭借)麦饭豆糜终创汉;(张翰)(假托)莼羹鲈脍竟归吴。"麦饭豆糜""莼羹鲈脍"相对,都是名词性并列结构;"终创汉""竟归吴"相对,都是状中结构。

⑧琴调轻弹,杨柳月中潜去听;酒旗斜挂,杏花村里共来沽(gū):上联所叙之事,古代文献多有类似的记录,《史记·司马相如列传》载:"酒酣,临邛令前奏琴曰:'窃闻长卿好之,愿以自娱。'相如辞谢,为鼓一再行。是时卓王孙有女文君新寡,好音,故相如缪与令相重,而以琴心挑之。相如之临邛,从车骑,雍容闲雅甚都;及饮卓氏,弄琴,文君窃从户窥之,心悦而好之,恐不得当也。"叙述了司马相如鼓琴,而卓文君偷听,从而芳心暗许的故事。《后汉书·蔡邕传》亦载"客有弹琴于屏,邕至门试潜听之"。潜,秘密地,暗暗地。下联典出唐杜牧的《清明》"借问酒家何处有,牧童遥指杏花村",以及宋刘过《村店》"一坞闹红春欲动,酒帘正在杏花西"。平仄上,上联是平仄平平,平仄仄平平仄仄;下联是仄平平仄,仄平平仄仄平平。听,《广韵》有平、去两个读音,皆有"聆也"之义,此当读去声。语法上,"琴调轻弹""酒旗斜挂"两个相对,都是主谓结构,主语是动作的受事。"杨柳月中潜去听""杏花村里共来沽"都是状中结构,"杨柳月中""杏花村里"充当地点状语,两句的主语都是人,省略。

【译文】

红和白相对,有和无相对。

布谷鸟与提壶鸟相对。

毛笔和羽扇相对,天宫和皇城相对。

善于作蝴蝶诗的谢逸,以鹧鸪诗著称的郑谷。

蹈海不屈与归湖隐居相对。

花瓣肥重只因春雨的滋润,竹身清瘦因为晚风的吹拂。

刘秀凭借麦饭豆糜渡过难关,终究创立了东汉王朝;张翰假托思念家乡莼羹鲈脍,最终弃官回到了吴地。

明月下琴声悠扬,有人在柳树下暗暗聆听;杏花村酒旗斜挂,大家打酒回来慢慢品尝。

其二

罗对绮,茗对蔬①。

柏秀对松枯②。

中元对上巳,返璧对还珠③。

云梦泽,洞庭湖④。

玉烛对冰壶⑤。

苍头犀角带,绿鬓象牙梳⑥。

松阴白鹤声相应,镜里青鸾影不孤⑦。

竹户半开,对牖未知人在否;柴关深闭,停车还有客来无⑧。

【注释】

① 罗对绮(qǐ),茗(míng)对蔬:罗,轻软有稀孔的丝织品;绮,有文彩的丝织品。古代经常"罗""绮"并称,宋张俞《蚕妇》有"遍身罗绮者,不是养蚕人"。茗,茶。蔬,可做菜吃的植物。平仄上,"罗""蔬"是平声;"绮""茗"是仄声。茗,《广韵》作"莫迥切",上声。语法上,"罗""绮"都是指称丝织品的名词,"茗""蔬"都是植

物类名词。

② 柏秀对松枯:秀,茂盛。平仄上,"柏秀"是仄仄,"松枯"是平平。语法上,"柏秀""松枯"都是主谓短语,"秀""枯"是意义相对的形容词充当谓语。

③ 中元对上巳(sì),返璧(bì)对还珠:"中元""上巳"都是古代的节日。中元,指农历七月十五日,旧时道观于此日作斋醮,僧寺作盂兰盆会,民俗亦有祭祀亡故亲人等活动。上巳,汉以前以农历三月上旬巳日为"上巳",魏晋以后,定为三月三日。返璧,讲的是战国时蔺相如完璧归赵的故事。《史记·廉颇蔺相如列传》载,"赵惠文王时,得楚和氏璧。秦昭王闻之,使人遗赵王书,愿以十五城请易璧"。秦强赵弱,赵王无奈,只能挑选使者送璧到秦国去。缪贤推荐了蔺相如,相如担保说"城入赵而璧留秦;城不入,臣请完璧归赵"。蔺相如送和氏璧到达秦国以后,发现秦王并不是真心要给赵国城池,于是以"璧有瑕,请指示王"为名把和氏璧骗回手中,要求秦王斋戒五日,以公平有礼的态度换取和氏璧,秦王不得已答应了。"相如度秦王虽斋,决负约不偿城,乃使其从者衣褐,怀其璧,从径道亡,归璧于赵"。相如估计秦王一定会背约,所以把和氏璧偷偷送回赵国,这个故事就叫"完璧归赵"。还珠,来自"合浦珠还"的典故,《后汉书·孟尝传》:"(合浦)郡不产谷实,而海出珠宝,与交阯比境……先时宰守并多贪秽,诡人采求,不知纪极,珠遂渐徙于交阯郡界。于是行旅不至,人物无资,贫者饿死于道。尝到官,革易前敝,求民病利。曾未逾岁,去珠复还,百姓皆反其业。"合浦郡盛产珍珠,而不产粮食。当地的官员非常贪婪,滥捕乱采,求之无度。珍珠就迁徙到别的地方去了。于是当地人就没有收入了,很多穷人饿死。孟尝到那里做官以后,革除前弊,禁止滥捕,不到一年,离开的珍珠就回来了。后以"合浦珠还"比喻人去复归或物归旧主。平仄上,

"中元"是平平，"上巳"是仄仄；"返璧"是仄仄，"还珠"是平平。语法上，"中元""上巳"是表节日的名词；"返璧""还珠"都是动宾结构。对仗很工整。

④云梦泽，洞庭湖：云梦泽，古泽薮名，或单称"云""梦"，或称"云梦"；泽，水汇聚处。洞庭湖，在湖南省北部、长江南岸，为我国第二大淡水湖，素有"八百里洞庭"之称，唐孟浩然《望洞庭湖赠张丞相》有"气蒸云梦泽，波撼岳阳城"的名句。平仄上，"云梦泽"是平仄仄，"洞庭湖"是仄平平。泽，《广韵》"场伯切"，入声。语法上，"云梦泽"和"洞庭湖"都是表示水域的专有名词。

⑤玉烛对冰壶：玉烛，谓四时之气和畅，形容太平盛世。《尔雅·释天》"四气和谓之玉烛"，郭璞注"道光照"，邢昺疏"道光照者，道，言也；言四时和气，温润明照，故曰玉烛"。此处为烛的美称。冰壶，《汉语大词典》释为"盛冰的玉壶，常用以比喻品德清白廉洁"，本自《文选·鲍照〈白头吟〉》"直如朱丝绳，清如玉壶冰"，唐王昌龄《芙蓉楼送辛渐》有"洛阳亲友如相问，一片冰心在玉壶"。平仄上，"玉烛"是仄仄，"冰壶"是平平；烛，《广韵》"之欲切"，入声。语法上，二者都是名词，都是定中结构。

⑥苍头犀（xī）角带，绿鬓（bìn）象牙梳：苍头，指头发斑白的老人，唐王维《送高判官从军赴河西序》"苍头老将，持汉节以临戎；白面书生，坐胡床而破贼"。犀角带，饰有犀牛角的腰带，必须有品级的官员才能佩戴，《金瓶梅词话》第三十一回"别的倒也罢了，自这条犀角带并鹤顶红，就是满京城拿着银子，也寻不出来"。犀角，犀牛角，可以入药，也可以制作器皿。绿鬓，指乌黑发亮的头发。象牙梳，指的是用象牙做的梳子。平仄上，上联是平平平仄仄，下联是仄仄仄平平。语法上，上下联都是由两个相关联的名词词语组成，省去了谓语动词。这种结构在古诗词中常有，比如唐温庭筠《商山早行》"鸡声茅店月，人迹板桥霜"。"苍头""绿

鬓"是定中结构相对,颜色名词为定语;"犀角带"与"象牙梳"相对,也都是定中结构。

⑦松阴白鹤声相应,镜里青鸾(luán)影不孤:上联出自《周易·中孚》"九二,鸣鹤在阴,其子和之。我有好爵,吾与尔靡之",描述松荫之下,白鹤鸣叫,前呼后应的情景。下联用"镜鸾"这一典故,南朝宋范泰《鸾鸟》诗序云:"昔罽宾王结罝峻卯之山,获一鸾鸟。王甚爱之。欲其鸣而不致也,乃饰以金樊,飨以珍羞。对之愈戚,三年不鸣。其夫人曰:'尝闻鸟见其类而后鸣,何不悬镜以映之。'王从其意,鸾睹形悲鸣,哀响冲霄,一奋而绝。"罽宾王得到一只鸾鸟,想要让它鸣叫,它却始终不叫。即便住的是金笼,吃的是珍馐,鸟也不愿鸣叫。夫人就说:"鸟儿见到它的同类就会叫了,要不在它前面挂一面镜子吧。"结果鸾鸟见到镜子里的自己,以为是同类,引吭悲鸣,振翅欲飞而死。后人以"镜鸾"比喻夫妻分离。平仄上,上联是平平仄仄平平仄,下联是仄仄平平仄仄平;"白"《广韵》作"傍陌切",入声。语法上,两句皆为主谓结构:主语"松阴白鹤""镜里青鸾"为定中结构,谓语"声相应""影不孤"也是主谓结构。

⑧竹户半开,对牖(yǒu)未知人在否;柴关深闭,停车还有客来无:上联化用唐赵嘏《早发剡中石城寺》"竹户半开钟未绝"和他的《闻笛》"曲罢不知人在否"。户,单扇的门。牖,窗。下联说的是东汉名臣杨震的故事。《后汉书·杨震传》载,"杨震字伯起,弘农华阴人也。八世祖喜,高祖时有功,封赤泉侯","震少好学,受欧阳尚书于太常桓郁,明经博览,无不穷究,诸儒为之语曰'关西孔子杨伯起'"。杨震为官正直,不屈权贵,多次上疏,被中常侍樊丰等所构陷。"夜遣使者策收震太尉印绶,于是柴门绝宾客",樊丰等犹忌恨不已,"乃请大将军耿宝奏震大臣不服罪,怀恚望,有诏遣归本郡"。在杨震回归原郡的途中,"饮鸩而卒,时年七十

余"。柴关，柴门的意思；或作"柴门"，亦可。柴门是寒门人士所居之处，故而来客甚少，唐韩偓《丙寅二月二十二日抚州如归馆雨中有怀诸朝客》有"柴门自古少车尘"；故而柴门常常深闭，唐姚合《独居》有"深闭柴门长不出"，元张可久《水仙子·湖上小隐》曲有"歌《白石烂》，赋《行路难》，紧闭柴关"。否、无，两个都是否定词，因为经常放在句末，虚化为表示疑问的语气助词。"人在否"相当于"人在不在"或"人在吗"，"客来无"相当于"客来不来"或"客来吗"。如唐杨巨源《寄江州白司马》"江州司马平安否，惠远东林住得无"，就是这类用法。平仄上，上联是仄仄仄平，仄仄仄平平仄仄；下联是平平平仄，平平平仄仄平平。"竹"《广韵》作"张六切"，入声。语法上，"竹户半开""柴关深闭"都是主谓结构。"对牖""停车"相对，"未知人在否""还有客来无"相对，皆为动宾结构相对。

【译文】

罗和绮相对，茶和蔬相对。

柏树茂盛和松树枯朽相对。

中元节和上巳节相对，使和氏璧归赵和让合浦珠迁回相对。

云梦泽，洞庭湖。

玉质的烛台和盛冰的玉壶相对。

头发斑白的老人家腰上佩着犀角带，发色乌黑的年轻人头上戴着象牙梳。

松荫之下，白鹤的鸣叫声声相应；铜镜之前，青鸾的身影不再孤单。

竹门半开，望着窗户，不知主人在不在；柴门紧闭，停下车马，未晓客人来不来。

其三

宾对主，婢对奴^①。

宝鸭对金凫②。

升堂对入室，鼓瑟对投壶③。

觇合璧，颂联珠④。

提瓮对当垆⑤。

仰高红日近，望远白云孤⑥。

歆向秘书窥二酉，机云芳誉动三吴⑦。

祖饯三杯，老去常斟花下酒；荒田五亩，归来独荷月中锄⑧。

【注释】

①宾对主，婢（bì）对奴：婢，女仆，使女；奴，多指男仆。平仄上，"宾""奴"是平声，"主""婢"是仄声。语法上，四个词语都是名词。

②宝鸭对金凫（fú）：宝鸭，即香炉，因作鸭形，故称。唐孙鲂《夜坐》诗"划多灰杂苍虬迹，坐久烟消宝鸭香"。金凫，凫形香炉，明夏完淳《寒灯赋》"卧玉虎而欲飞，拥金凫而不暖"。二者经常并提，如清厉荃《事物异名录·器用·香炉》"金猊、宝鸭、金凫，皆焚香器也"。平仄上，"宝鸭"是仄仄，"金凫"是平平；鸭，《广韵》"乌甲切"，入声。语法上，二者都是指称香炉的名词，其内部结构都是定中式。

③升堂对入室，鼓瑟（sè）对投壶："升堂""入室"典出《论语·先进》："子曰：'由之瑟，奚为于丘之门？'门人不敬子路。子曰：'由也升堂矣，未入于室也。'"升堂入室比喻学习所达到的境界有程度深浅的差别，也比喻在学问或技艺上由浅入深，渐入佳境。鼓瑟，《诗经·唐风·山有枢》有"子有酒食，何不日鼓瑟"，《论语·先进》载曾点"鼓瑟希，铿尔，舍瑟而作"。鼓，演奏，瑟、琴都可用"鼓"字来表达弹奏的意思；瑟，弦乐器，春秋时已流行，

常与古琴或笙合奏,《诗经·周南·关雎》有"窈窕淑女,琴瑟友之"。投壶,古代宴会礼制,是贵族的一种娱乐活动,宾主依次用箭投向壶口,以投中多少决胜负,输的人饮酒。《左传·昭公十二年》载:"晋侯以齐侯宴,中行穆子相。投壶,晋侯先,穆子曰:'有酒如淮,有肉如坻。宴君中此,为诸侯师。'中之。"晋侯宴请齐侯,中行穆子做司仪。晋侯先投,穆子赋诗,晋侯投中。平仄上,"升堂"是平平,"入室"是仄仄;"鼓瑟"是仄仄,"投壶"是平平。语法上,"升堂""入室"都是动宾结构,"鼓瑟""投壶"也是动宾结构。

④觇(chān)合璧,颂联珠:觇,观察、观测。合璧,比喻日月同升。联珠,此指五星相连,又写作"连珠"。《汉书·律历志上》"日月如合璧,五星如联珠",日月合璧,五星连珠,古人认为是一种吉兆。《清史稿·本纪十六》:"夏四月己丑朔,钦天监言四月朔日,日月合璧,五星联珠。上曰:'躔度偶逢,兵戈未息,何足言瑞。'""合璧"和"联珠"经常并用,人们也常说"珠联璧合"。平仄上,"觇合璧"是平仄仄,"颂联珠"是仄平平;合,《广韵》"侯閤切",入声。语法上,二者都是动宾结构。

⑤提瓮(wèng)对当垆(lú):提瓮,典出《后汉书·列女传·鲍宣妻》:"勃海鲍宣妻者,桓氏之女也,字少君。宣尝就少君父学,父奇其清苦,故以女妻之,装送资贿甚盛。宣不悦……妻乃悉归侍御服饰,更着短布裳,与宣共挽鹿车归乡里。拜姑礼毕,提瓮出汲,修行妇道,乡邦称之。"鲍宣的妻子名叫少君,鲍宣曾师从于少君之父。少君的父亲见鲍宣清寒,就把女儿嫁给他,并准备了非常丰厚的嫁妆。鲍宣对此不满,少君就把嫁妆归还娘家,穿着粗布衣服,亲自提瓮打水。乡里人都称赞她的贤德。这个词语后来用于形容妇女甘于贫苦、非常贤惠。瓮,一种小口大腹的陶制汲水罐。当垆,说的是卓文君的典故。《史记·司马相如列传》载:"相如与俱之临邛,尽卖其车骑,买一酒舍酤酒,而令文君当

垆。相如身自着犊鼻裈,与保庸杂作,涤器于市中。卓王孙闻而耻之,为杜门不出。昆弟诸公更谓王孙曰:'有一男两女,所不足者非财也。今文君已失身于司马长卿,长卿故倦游,虽贫,其人材足依也,且又令客,独奈何相辱如此!'卓王孙不得已,分予文君僮百人,钱百万,及其嫁时衣被财物。文君乃与相如归成都,买田宅,为富人。"卓文君跟司马相如私奔之后,发现相如家徒四壁,于是就在父亲卓王孙家附近卖酒。相如穿着身份卑微的人穿的衣服,卓文君则当垆卖酒。卓王孙富甲一方,女儿沦落到卖酒为生,对此他十分羞耻,只好送了一大笔财物给他二人方作罢。当垆,亦作"当卢""当炉",卖酒的意思。垆,古时酒店里安放酒瓮的炉形土台子。平仄上,"提瓮"是平仄,"当垆"是平平。语法上,二者都是动宾结构。

⑥仰高红日近,望远白云孤:仰高红日近,典出《晋书·明帝本纪》:"明皇帝讳绍,字道畿,元皇帝长子也。幼而聪哲,为元帝所宠异。年数岁,尝坐置膝前,属长安使来,因问帝曰:'汝谓日与长安孰远?'对曰:'长安近。不闻人从日边来,居然可知也。'元帝异之。明日,宴群僚,又问之。对曰:'日近。'元帝失色,曰:'何乃异向者之言乎?'对曰:'举目则见日,不见长安。'由是益奇之。"东晋明帝司马绍从小就很聪明,元帝非常宠爱他。有一次把他放在膝前,正好有长安使者来了,于是元帝就问绍:"你认为太阳和长安哪一个远呢?"回答说:"长安近,因为没听说有人从太阳那边来的。"第二天,宴请群臣,大约是想向臣子们夸耀,元帝又问绍这个问题,他竟回答说"太阳近"。元帝大惊失色,问他为什么,他说"抬头只看见太阳,看不见长安"。望远白云孤,说的是唐代名臣狄仁杰的故事,典出《旧唐书·狄仁杰传》:"狄仁杰字怀英,并州太原人也。……荐授并州都督府法曹。其亲在河阳别业,仁杰赴并州,登太行山,南望见白云孤飞,谓左右曰:

'吾亲所居，在此云下。'瞻望伫立久之，云移乃行。"狄仁杰有一次去并州赴任，登上太行山，看见南边一朵白云孤零零地飘过，他对手下说"我亲人就住在这朵云的下面"。平仄上，上联是仄平平仄仄，下联是仄仄仄平平；白，《广韵》"傍陌切"，入声。语法上，"仰高"和"望远"相对，都是动宾结构；"红日近"和"白云孤"相对，都是主谓结构。

⑦歆（xīn）向秘书窥（kuī）二酉（yǒu），机云芳誉动三吴：歆、向，指西汉时期的刘歆、刘向，刘向是父，刘歆是子。隋王通《中说·天地》"使范宁不尽美于《春秋》，歆、向之罪也"，此处亦"歆向"并称。刘向曾奉命领校秘书，其所撰《别录》，是中国最早的目录学著作。他的儿子刘歆曾受诏与其父刘向领校中秘书（内秘府藏书），协助校理图书。汉哀帝时，刘歆负责总校群书，撰写了中国第一部图书分类目录《七略》。二酉，指大酉、小酉二山，在今湖南沅陵西北。二山皆有洞穴，相传小酉山洞中有书千卷，秦人曾隐学于此。后以"二酉"称丰富的藏书。古人也常用"胸藏二酉，学富五车"形容一个人才学高。机、云，指西晋文学家陆机、陆云。陆机，吴郡吴县（今江苏苏州）人，西晋文学家，与其弟陆云合称"二陆"。芳誉，美好的名声。三吴，晋时指吴兴、吴郡、会稽。平仄上，上联是平仄仄平平仄仄，下联是平平平仄仄平平。语法上，两句皆为主谓结构：主语"歆向""机云"，都是由人名组成的并列结构；"秘书""芳誉"都是名词，在这里充当状语，前者表示地位、身份，后者表示凭借；"窥二酉""动三吴"是动宾结构，"窥""动"是动词，后者用于使动。

⑧祖饯（jiàn）三杯，老去常斟（zhēn）花下酒；荒田五亩，归来独荷（hè）月中锄：祖饯，饯行或祭道，《幼学琼林·人事》"请人远归曰洗尘，携酒送行曰祖饯"。花下酒，花下所饮之酒，宋陈允平《木兰花》"相逢才系柳边舟，相别又倾花下酒"。下联出自晋陶渊明

《归园田居》其一"开荒南野际，守拙归园田"，其三"晨兴理荒秽，带月荷锄归"。平仄上，上联是仄仄平平，仄仄平平平仄仄；下联是平平仄仄，平平仄仄仄平平。独，《广韵》"徒谷切"，入声。"荷"这里是动词用法，读仄声，"担"的意思。语法上，"祖饯三杯"与"荒田五亩"都是主谓结构，以数量短语充当谓语；"老去常斟花下酒""归来独荷月中锄"都是状中结构，"老去""归来"作时间状语。结构上对仗很工整。

【译文】

宾和主相对，婢和奴相对。

宝鸭炉与金凫炉相对。

登堂和入室相对，奏瑟和投壶相对。

观测日月同升，颂扬五星连珠。

少君提瓮汲水和文君当垆卖酒相对。

仰望高处，太阳很近；眺望远处，白云孤飞。

刘歆、刘向利用校秘书这个职务看到了大量藏书，陆机、陆云凭借他们文才的盛名震动了三吴地区。

临行饯别喝三杯酒，人们老去时总喜欢在花下共饮；守着家乡的五亩田，陶潜农作归来独自在月下荷锄。

其四

君对父，魏对吴①。

北岳对西湖②。

菜蔬对茶荈，苣藤对菖蒲③。

梅花数，竹叶符④。

廷议对山呼⑤。

两都班固赋，八阵孔明图⑥。

田庆紫荆堂下茂，王衰青柏墓前枯^⑦。

出塞中郎，羝有乳时归汉室；质秦太子，马生角日返燕都^⑧。

【注释】

①君对父，魏对吴：平仄上，"君""吴"是平声，"父""魏"是仄声。语法上，"君""父"是古代常常并称的一对称谓词，古人常说"君君，臣臣，父父，子子"；"魏""吴"是三国时候的两国，也都是名词。

②北岳对西湖：岳，古代五座山的专名，包括南岳衡山、北岳恒山、东岳泰山、中岳嵩山、西岳华山等。平仄上，"北岳"是仄仄，"西湖"是平平。语法上，二者都是表地名的专有名词，是定中结构。

③菜蔬对茶荈（chuǎn），苣（jù）藤对菖蒲（chāng pú）：菜蔬，蔬菜、菜肴。茶荈，茶茗；荈，晚采的老茶，亦泛指茶。苣藤，《广雅》"弘胡麻也"。菖蒲，植物名，民间在端午节常用来和艾叶扎束，挂在门前。平仄上，"菜蔬"是仄平，"茶荈"是平仄；"苣藤"是仄平，"菖蒲"是平平，其中第二字都是平声，失对。语法上，四个词语都是名词。"菜蔬""茶荈"是并列结构。

④梅花数，竹叶符：梅花数，根据《汉语大词典》，古卜法，相传为宋邵雍所作，其法任取一字划数，以八减之，余数得卦；再取一字，以六减之，余数得爻，然后依《易》理，附会人事，以断吉凶。竹叶符，根据《汉语大词典》，汉时竹制的信符，右留京师，左与郡国，又叫"竹使符"。平仄上，"梅花数"是平平仄，"竹叶符"是仄仄平。竹，《广韵》"张六切"，入声。语法上，两个词语都是定中结构。

⑤廷议对山呼：廷议，在朝廷发表议论。山呼，封建时代对皇帝的祝颂仪式，叩头高呼"万岁"三次，唐卢纶《皇帝感词》诗"山呼一万岁，直入九重城"。在山间呼喊，会因为回声的原理而回应如

雷,好像山也在呼喊一般,用"山呼"一词,大约取其声音大而重复不绝。平仄上,"廷议"是平仄,"山呼"是平平。语法上,二者都是状中结构。

⑥两都班固赋,八阵孔明图:班固,字孟坚,东汉著名史学家、文学家;《两都赋》是班固创作的大赋,分《西都赋》和《东都赋》两篇。八阵图,典出《三国志·蜀书·诸葛亮传》"亮性长于巧思,损益连弩,木牛流马,皆出其意;推演兵法,作八陈(即阵)图,咸得其要云"。平仄上,上联是仄平平仄仄,下联是仄仄仄平平。八,《广韵》"博拨切",入声。语法上,"两都"对"八阵",都是数词修饰名词的定中结构;"班固赋"对"孔明图",也是定中结构。此处用了倒置的修辞格,"赋"即指《两都赋》,"图"乃指八阵图,班固和孔明是其作者。

⑦田庆紫荆堂下茂,王裒(póu)青柏墓前枯:上联的典故出自梁吴均《续齐谐记》:"京兆田真兄弟三人,共议分财。生资皆平均,惟堂前一株紫荆树,共议欲破三片。明日,就截之,其树即枯死,状如火然。真往见之,大惊,谓诸弟曰:'树本同株,闻将分斫,所以憔悴。是人不如木也。'因悲不自胜,不复解树。树应声荣茂,兄弟相感,合财宝,遂为孝门。真仕至太中大夫。"汉代的京兆田真、田庆、田广三兄弟想要分家,其他的都能均分,只是堂前一棵紫荆树不好分。他们打算分成三片。正在这个时候,紫荆树竟然枯死了。三位兄弟感到非常惭愧,觉得自己还不如树重感情,决定不分家了。堂下茂,琅环阁藏本作"堂下萎",从典故运用和语义对仗来看,用"茂"更佳,本书故从今本作"茂"。下联出自《晋书·王裒传》:"王裒,字伟元,城阳营陵人也。祖修,有名魏世。父仪,高亮雅直,为文帝司马。东关之役,帝问于众曰:'近日之事,谁任其咎?'仪对曰:'责在元帅。'帝怒曰:'司马欲委罪于孤邪!'遂引出斩之。裒少立操尚,行己以礼,身长八尺四寸,

容貌绝异,音声清亮,辞气雅正,博学多能,痛父非命,未尝西向而坐。示不臣朝廷也。于是隐居教授,三征七辟皆不就。庐于墓侧,旦夕常至墓所拜跪,攀柏悲号,涕泪著树,树为之枯。"王裒的父亲被司马昭杀害,他在父亲墓前日夜跪拜,抱着柏树痛哭,柏树都枯萎了。平仄上,上联是平仄仄平平仄仄,下联是平平平仄仄平平。语法上,两个句子都是主谓结构:主语"田庆紫荆""王裒青柏"是定中结构,谓语"堂下茂""墓前枯"为状中结构。

⑧出塞中郎,羝(dī)有乳时归汉室;质秦太子,马生角日返燕都:上联的典故与苏武有关,出自《汉书·李广苏建传》,苏武被汉武帝派遣出使匈奴,谁知匈奴发生变故,苏武被扣押在匈奴。单于屡屡派人劝降,苏武坚持不降,"单于愈益欲降之,乃幽武置大窖中,绝不饮食。天雨雪,武卧啮雪与旃毛并咽之,数日不死。匈奴以为神,乃徙武北海上无人处,使牧羝,羝乳乃得归"。匈奴人让苏武去牧公羊,说等哪天公羊生小羊了他就可以返汉。羝,公羊,《诗经·大雅·生民》"取羝以軷",毛亨传曰"羝羊,牡羊也"。乳,生子、分娩,《吕氏春秋·音初》"天大风晦盲,孔甲迷惑,入于民室,主人方乳",高诱注"乳,产"。下联的典故与战国时期燕太子丹有关,《论衡·异虚篇》曰:"燕太子丹朝于秦,不得去,从秦王求归。秦王执留之,与之誓曰:'使日再中,天雨粟,令乌白头,马生角,厨门木象生肉足,乃得归。'当此之时,天地佑之,日为再中,天雨粟,乌白头,马生角,厨门木象生肉足。秦王以为圣,乃归之。"秦王扣留燕太子丹,说:"要是午后太阳能再次回到正中,天上下粟米,乌鸦头变白,马头上长角,厨房门长出肉脚,我就放你回去。"平仄上,上联是仄仄平平,平仄仄平平仄仄;下联是仄平仄仄,仄平仄仄仄平平。出,《广韵》"赤律切",入声。燕,此处是地名,当读平声。语法上,两句都是主谓结构:主语"出塞中郎""质秦太子"是定中结构;谓语部分"羝有乳时归汉室""马生

角日返燕都"是状中结构,"羝有乳时""马生角日"作状语,表时间,其中心语"归汉室""返燕都"是动宾结构。上下联对仗很工整。

【译文】

君和父相对,魏和吴相对。

北岳和西湖相对。

菜蔬和茶茗相对,苣藤和菖蒲相对。

梅花数,竹叶符。

在朝堂议政与如山般呼喊相对。

两都赋,乃班固之所作;八阵图,是孔明之所创。

田庆兄弟决定不再分家,堂下的紫荆又茂盛起来;王衷在他父亲坟前痛哭,墓前种的青柏都枯萎了。

苏武被阻匈奴,被告知要公羊生子才能回归汉室;太子丹扣于秦,秦王说要等马头长角方可返燕国。

八　齐

【题解】

"齐"是"平水韵"中上平声的第八韵部。

"齐"在《广韵》中作"徂奚切",平声,齐韵。

《笠翁对韵》"八齐"所用到的韵脚字有鸡、西、倪、圭、藜、黄、栖、妻、啼、璃、犁、犀、蹊、奚、迷、齐、闺、梯、霓、畦、麂等21个;《声律启蒙》这一节所用到的韵脚字有17个,溪、堤、鸡、西、霓、嘶、齐、啼、泥、圭、鼙、梯、栖、妻、犀、低、闺等。两本书都用到的韵脚字有鸡、西、圭、栖、妻、啼、犀、齐、闺、梯、霓共11个;《笠翁对韵》用到而《声律启蒙》未用的是倪、藜、黄、璃、犁、蹊、奚、迷、畦、麂等10个;《声律启蒙》用到而《笠翁对韵》里未用的是溪、堤、嘶、泥、鼙、低等6个。其中《笠翁对韵》所用到的"璃"属于"四支"韵部。

其一

鸾对凤,犬对鸡^①。

塞北对关西^②。

长生对益智,老幼对旄倪^③。

颁竹策,剪桐圭^④。

剥枣对蒸藜^⑤。

绵腰如弱柳,嫩手似柔荑^⑥。

狡兔能穿三穴隐,鹪鹩权借一枝栖^⑦。

角里先生,策杖垂绅扶少主;於陵仲子,辟纑织屦赖贤妻^⑧。

【注释】

①鸾(luán)对凤,犬对鸡:鸾,传说中凤凰一类的鸟。犬,狗。平仄上,"鸾""鸡"是平声,"凤""犬"是仄声。语法上,"鸾""凤""犬""鸡"都是指称动物的名词:"鸾""凤"都是传说中的神鸟名,"犬""鸡"都是家畜名。

②塞(sài)北对关西:塞北,又称塞外,过去一般指外长城以北。关西,汉唐等时代泛指函谷关或潼关以西的地区。塞北与关西,在文学里皆有粗犷、豪迈的风格。如有人评价苏轼的词:"学士词,须关西大汉,铜琵琶、铁绰板,唱'大江东去'。"(见《历代词话·卷五·宋二》引《吹剑录》)平仄上,"塞北"是仄仄,"关西"是平平。语法上,两个词语均为方位短语。

③长生对益智,老幼对旄倪(máo ní):长生,延长寿命,明邓豁渠《南询录》有"顺则生成,逆则丹成,此神仙之术,可以长生,与天地同悠久"的话。旄倪,老人和幼儿,《孟子·梁惠王下》"王速出

令,反其旄倪,止其重器,谋于燕众,置君而后去之,则犹可及止也",赵岐注"旄,老耄也。倪,弱小倪倪者也"。平仄上,"长生"是平平,"益智"是仄仄;"老幼"是仄仄,"旄倪"是平平。语法上,"长生"与"益智"都是动宾结构:"长"这里是形容词的使动用法,"延长"的意思;"益"是增加的意思。"老幼""旄倪"都是反义词构成的并列结构。

④颁(bān)竹策,剪桐圭(guī):颁竹策,讲的是杨素的典故。《北史·杨素传》载:"及平齐之役,素请率麾下先驱,帝从之,赐以竹策曰:'朕方欲大相驱策,故用此物赐卿。'"武帝率军攻北齐的时候,杨素请求率部下为先锋,武帝应允,并赐他一条竹鞭,说:"我正要驱使天下,所以把这件东西赐给你。"颁,赏赐。竹策,竹鞭。剪桐圭,典出《史记·晋世家》:"武王崩,成王立,唐有乱,周公诛灭唐。成王与叔虞戏,削桐叶为珪以与叔虞,曰:'以此封若。'史佚因请择日立叔虞。成王曰:'吾与之戏耳。'史佚曰:'天子无戏言。言则史书之,礼成之,乐歌之。'于是遂封叔虞于唐。唐在河、汾之东,方百里,故曰唐叔虞。"周成王和弟弟叔虞玩游戏,剪桐叶为圭,送给叔虞,说:"我把这个封给你。"史官于是请求选一个日期册立叔虞。成王说:"我是开玩笑的。"史官说:"天子没有玩笑话。"成王就把叔虞封在唐地。圭,亦作"珪",是古代帝王、诸侯举行隆重仪式时所用的玉器,上尖下方,《尚书·禹贡》曰"禹锡玄圭,告厥成功"。平仄上,"颁竹策"是平仄仄,"剪桐圭"是仄平平。竹,《广韵》"张六切",入声。语法上,两个都是动宾结构。

⑤剥枣对蒸藜(lí):剥枣,出自《诗经·豳风·七月》:"六月食郁及薁,七月亨葵及菽,八月剥枣,十月获稻。为此春酒,以介眉寿。"剥,通"攴",即"扑",打、击的意思。《宋人轶事汇编》卷十云:"荆公《改正经义劄子》云:'臣近具劄子,奏乞改正经义。尚有《七月》诗'剥枣'者,剥其皮而进之养老也,亦合删去。取进止。'毛传解

'剥'为'击',荆公不谓然,乃以养老解之。偶一日,到野老家问主人何在,曰:'扑枣去矣。'荆公怅然自失,归而请刊去之。"王安石把"剥枣"误解为剥去枣子之皮来献给老人,以表孝顺之意,对毛诗的解释做出了错误的判断。后来听野老之言,方知"剥枣"为"扑枣",即刻修正自己的见解。蒸藜,煮野菜。这个典故和孔子弟子曾参有关,《孔子家语》卷九载:"曾参,南武城人,字子舆,少孔子四十六岁。志存孝道,故孔子因之以作《孝经》。齐尝聘欲与为卿而不就,曰:'吾父母老,食人之禄,则忧人之事,故吾不忍远亲而为人役。'参后母遇之无恩,而供养不衰,及其妻以藜烝不熟,因出之。人曰:'非七出也。'参曰:'藜烝小物耳,吾欲使熟而不用吾命,况大事乎。'遂出之,终身不取妻。其子元请焉,告其子曰:'高宗以后妻杀孝已,尹吉甫以后妻放伯奇,吾上不及高宗,中不比吉甫,庸知其得免于非乎。'"曾参的妻子因为蒸藜不熟而被曾参休弃,后人常用以指代妇人的过失或作出妻的典故。琅环阁藏本作"蒸梨",文献亦常以"藜"为"梨",误。平仄上,"剥枣"是仄仄,"蒸藜"是平平。剥,《广韵》"北角切",入声。语法上,二者都是动宾结构。

⑥绵腰如弱柳,嫩手似柔荑(tí):这两句是形容美女的腰和手之美。"绵腰如弱柳",唐白居易喜欢用柳比喻美女之腰,比如他的《劝酒》"昨与美人对尊酒,朱颜如花腰似柳"。又有"小蛮腰"的典故,《七修类稿·诗文类》载:"后白居易有爱妓樊素善歌,小蛮善舞,故尝为诗曰'樱桃樊素口,杨柳小蛮腰'。"白居易的爱妾小蛮善于跳舞,且腰肢细而柔软,白居易称之"杨柳小蛮腰"。绵,是软的意思。弱柳,因柳条柔软故称。下联典故出自《诗经·卫风·硕人》,这首诗详细描绘了"硕人"之美:"硕人其颀,衣锦褧衣。齐侯之子,卫侯之妻,东宫之妹,邢侯之姨,谭公维私。手如柔荑,肤如凝脂,领如蝤蛴,齿如瓠犀,螓首蛾眉,巧笑倩兮,美目盼兮。"柔荑,柔软而白的茅草嫩芽,朱熹注曰"茅之始生曰荑,言

柔而白也"。据说这首诗是为齐太子之妹、卫庄公之妻庄姜而写的,从她的身高、服饰,到手、皮肤、脖子、牙齿、额头、眉毛、笑容、眼睛,无不美丽动人。平仄上,上联是平平平仄仄,下联是仄仄仄平平。语法上,两句都是主谓结构。

⑦狡(jiǎo)兔能穿三穴隐,鹪鹩(jiāo liáo)权借一枝栖(qī):上联典出《战国策·齐策》之"冯谖客孟尝君"。"齐人有冯谖者,贫乏不能自存,使人属孟尝君,愿寄食门下",冯谖到了孟尝君门下以后,开始并没有什么特别的才能,故而孟尝君手下的人都很轻视他。他连续三次索求更高的待遇,声称"食无鱼""出无车""无以为家",孟尝君都满足了他。后来他替孟尝君收债,冯谖"起矫命以责赐诸民,因烧其券,民称万岁",假托命令把孟尝君封地薛的债务付之一炬,声称是为他拿钱买到了"义"。过了一年,新的齐王不信任孟尝君,"寡人不敢以先王之臣为臣",撤了他的职务,孟尝君回到薛地,"未至百里,民扶老携幼,迎君道中",这才恍然明白冯谖所购买的"义"为何物。而冯谖说"狡兔有三窟,仅得免其死耳。今君有一窟,未得高枕而卧也。请为君复凿二窟";又为他游说魏国,让魏国重金高位聘请孟尝君,从而成功吸引了齐王的注意力,马上请回孟尝君重用之;这时冯谖又请孟尝君"请先王之祭器,立宗庙于薛",庙成之后,还报孟尝君说,"三窟已就,君姑高枕为乐矣","自此孟尝君为相数十年,无纤介之祸者,冯谖之计也"。下联出自《庄子·逍遥游》:"鹪鹩巢于深林,不过一枝。"鹪鹩,鸟名,形小,体长约三寸。平仄上,上联是仄仄平平平仄仄,下联是平平平仄仄平平。穴,《广韵》"胡决切",一,《广韵》"於悉切",皆为入声字。语法上,两句都是主谓结构:"狡兔""鹪鹩"充当主语,不过"狡兔"是定中结构,"鹪鹩"是联绵词,不可拆分,二者对仗不算工整;谓语部分"能穿三穴隐""权借一枝栖"是状中结构,中心语"穿三穴隐"和"借一枝栖"都是连谓结

构,表示穿三穴而后隐、借一枝以栖息的连续的动作行为。

⑧甪(lù)里先生,策杖垂绅(shēn)扶少主;於(wū)陵仲子,辟垆(lú)织屦(jù)赖贤妻:上联典故出自《汉书·张陈王周传》,汉高祖想废掉吕后所生的太子刘盈,"汉十二年,上从破布归,疾益甚,愈欲易太子。良谏不听,因疾不视事。叔孙太傅称说引古,以死争太子。上阳许之,犹欲易之。及晏,置酒,太子侍。四人者从太子,年皆八十有余,须眉皓白,衣冠甚伟。上怪,问曰:'何为者?'四人前对,各言其姓名。上乃惊曰:'吾求公,避逃我,今公何自从吾儿游乎?'四人曰:'陛下轻士善骂,臣等义不辱,故恐而亡匿。今闻太子仁孝,恭敬爱士,天下莫不延颈愿为太子死者,故臣等来。'上曰:'烦公幸卒调护太子。'四人为寿已毕,趋去。上目送之,召戚夫人指视曰:'我欲易之,彼四人为之辅,羽翼已成,难动矣。吕氏真乃主矣。'……竟不易太子者,良本招此四人之力也"。后来刘邦终究没有废掉刘盈,而究其主要原因,是因为张良为少主寻觅到了商山四皓来辅佐他。根据颜师古注《汉书·张陈王周传》,商山四皓指的是园公、绮里季、夏黄公、甪里先生。明胡侍《真珠船·古人名字人少知者》"甪里先生姓周,名术,字符道"。甪里,古地名,在今江苏吴县西南。策杖,挂着拐杖,一般为老人的形象。垂绅,大带下垂,《礼记·玉藻》"凡侍于君,绅垂",孔颖达疏"绅,大带也。身直则带倚,盘折则带垂",指在朝侍奉君上。少主,年轻的君主,此指刘邦的太子刘盈。下联典故出自《孟子·滕文公下》:"匡章曰:'陈仲子岂不诚廉士哉?居於陵,三日不食,耳无闻,目无见也。井上有李,螬食实者过半矣,匍匐往将食之,三咽,然后耳有闻、目有见。'孟子曰:'于齐国之士,吾必以仲子为巨擘焉。虽然,仲子恶能廉?充仲子之操,则蚓而后可者也。夫蚓上食槁壤,下饮黄泉。仲子所居之室,伯夷之所筑与?抑亦盗跖之所筑与?所食之粟,伯夷之所

树与？抑亦盗跖之所树与？是未可知也。'曰：'是何伤哉？彼身织屦、妻辟纑，以易之也。'曰：'仲子，齐之世家也。兄戴，盖禄万钟。以兄之禄为不义之禄而不食也，以兄之室为不义之室而不居也，避兄、离母，处于於陵。他日归，则有馈其兄生鹅者，己频戚曰："恶用是鶃鶃者为哉？"他日其母杀是鹅也，与之食之。其兄自外至，曰："是鶃鶃之肉也。"出而哇之。以母则不食，以妻则食之；以兄之室则弗居，以於陵则居之。是尚为能充其类也乎？若仲子者，蚓而后充其操者也。'"於陵仲子是战国时候齐国之贤者，他的哥哥陈戴是俸禄万石的贵族，他以兄长的俸禄为不义，居住在於陵，自己织草鞋、妻子辟纑。於陵，齐邑名，在今山东长山西南。纑，麻线。屦，古代用麻葛做的鞋子。平仄上，上联是仄仄平平，仄仄平平平仄仄；下联是平平仄仄，仄平仄仄仄平平。织，《广韵》"之翼切"，入声。语法上，两句都是主谓结构；谓语"策杖垂绅扶少主""辟纑织屦赖贤妻"是状中结构；状语"策杖垂绅""辟纑织屦"形容"扶少主""赖贤妻"的状态和方式，二者都是并列结构。对仗很工整。

【译文】

鸢和凤相对，狗和鸡相对。

塞北和关西相对。

长生和益智相对，长幼和老少相对。

天子赐杨素一根竹鞭，成王分封唐地给虞叔。

打枣和蒸藜相对。

柔软的腰肢像弱柳一样，娇嫩的纤手像柔荑一般。

狡猾的兔子打穿三个洞穴之后隐藏起来，机巧的鹪鹩借一根树枝筑巢栖息于其上。

甪里先生挂着拐杖腰垂大带辅佐太子刘盈，於陵仲子带着妻子用织布编鞋的办法生活。

其二

鸣对吠,泛对栖①。

燕语对莺啼②。

珊瑚对玛瑙,琥珀对玻璃③。

绛县老,伯州犁④。

测蠡对燃犀⑤。

榆槐堪作荫,桃李自成蹊⑥。

投巫救女西门豹,赁浣逢妻百里奚⑦。

阙里门墙,陋巷规模原不陋;隋堤基址,迷楼踪迹已全迷⑧。

【注释】

①鸣对吠,泛对栖:鸣,鸟兽昆虫叫,一般指鸟叫,如《周易·中孚》"鹤鸣在阴,其子和之"。吠,一般指狗叫声。泛,浮游或乘船浮行,《诗经·鄘风·柏舟》"泛彼柏舟,在彼中河"。栖,禽鸟歇宿,如《诗经·王风·君子于役》"鸡栖于埘,日之夕矣,羊牛下来"。平仄上,"鸣""栖"是平声,"吠""泛"是仄声。语法上,"鸣""吠""泛""栖"都是动词。

②燕语对莺啼:燕语、莺啼,是指燕或莺的鸣叫。平仄上,"燕语"是仄仄,"莺啼"是平平。语法上,二者都是主谓结构。

③珊瑚(shān hú)对玛瑙(mǎ nǎo),琥珀(hǔ pò)对玻璃:珊瑚,根据《汉语大词典》,是由珊瑚虫分泌的石灰质骨骼聚结而成的东西,状如树枝,可做装饰品。许慎《说文解字》云:"珊瑚色赤,或生于海,或生于山。"贵族家庭以此作为一种奢侈的装饰品。《世说新语·汰侈》:"石崇与王恺争豪,并穷绮丽,以饰舆服。武帝,

恺之甥也，每助恺。尝以一珊瑚树高二尺许赐恺。枝柯扶疏，世罕其比。恺以示崇；崇视讫，以铁如意击之，应手而碎。恺既惋惜，又以为疾己之宝，声色甚厉。崇曰：'不足恨，今还卿。'乃命左右悉取珊瑚树，有三尺、四尺，条干绝世，光彩溢目者六七枚，如恺许比甚众。恺惘然自失。"西晋时期的大富豪石崇和王恺比富。晋武帝是王恺的外甥，曾经赐予他一棵高两尺多的珊瑚树。王恺自以为世间罕有，拿来给石崇看。石崇看完，随手用铁如意打碎了，王恺又惊又气。石崇说我还你一棵，就命令手下把自己的珊瑚树都拿出来，有的三尺，有的四尺，琳琅满目，远超王恺的珊瑚。珊瑚，琅环阁藏本作"碎磲"，是一种贝壳，也可以制作器物和首饰；今本多作"珊瑚"，可能是从通俗的角度考虑的。本书从今本"珊瑚"。玛瑙，矿物名，品类甚多，颜色光美，可制器皿及装饰品。琥珀，古代松柏树脂的化石，色淡黄、褐或红褐，唐李白《客中行》有"兰陵美酒郁金香，玉碗盛来琥珀光"。玻璃，根据《汉语大词典》，古为玉名，亦称水玉，或以为即水晶；今指一种质地硬而脆的透明物体。《太平广记》卷八一引《梁四公记》："扶南大舶从西天竺国来，卖碧玻璃镜，内外皎洁……置五色物于其上，向明视之，不见其质。"平仄上，"珊瑚""玻璃"是平平，"玛瑙""琥珀"是仄仄。语法上，四个词语都是联绵词。

④绛（jiàng）县老，伯州犁：绛县老，出自《左传·襄公三十年》："二月癸未，晋悼夫人食舆人之城杞者，绛县人或年长矣，无子而往与于食，有与疑年，使之年。曰：'臣，小人也，不知纪年。臣生之岁，正月甲子朔，四百有四十五甲子矣，其季于今三之一也。'吏走问诸朝。师旷曰：'鲁叔仲惠伯会郤成子于承匡之岁也。是岁也，狄伐鲁，叔孙庄叔于是乎败狄于咸，获长狄侨如及虺也、豹也，而皆以名其子。七十三年矣。'"这段话记载的是鲁襄公三十年的时候，晋悼公夫人犒食修筑杞地城墙的造车工人。绛县有

个没有儿子的老人家也去了,人家问他的年纪,他说"臣生之岁,正月甲子朔,四百有四十五甲子矣,其季于今三之一也",师旷算出来是七十三岁。伯州犁,其先祖本是春秋时期宋国人,后来其曾祖去了晋国为官,《左传·成公十五年》载"晋三郤害伯宗,谮而杀之,及栾弗忌",伯宗就是伯州犁的父亲,被晋国的三郤害死了。于是"伯州犁奔楚",去楚国做了太宰。因为他熟悉晋国的情况,楚国让他来帮助自己对付晋国。《左传·成公十六年》载,"楚子登巢车,以望晋军。子重使大宰伯州犁侍于王后",王问有关晋国的布阵情况,伯州犁都对答如流。鲁昭公元年,被谋逆的楚公子围杀死,他的孙子是伯嚭,后来去了吴国。平仄上,"绛县老"是仄仄仄,"伯州犁"是平平平。语法上,"绛县老"和"伯州犁"都是名词性短语。但是二者不甚相对。"绛县老"是一个定中结构,定语"绛县"是地名,"老"是老人家的意思;"伯州犁"却不是定中结构,"伯"是其氏,他父亲是伯宗,他祖父是伯纠,孙子是伯嚭,"州犁"当为其名字。可见"伯州犁"并不是伯州之犁,而是一个人名,与"绛县老"并不对仗。

⑤测蠡(lí)对燃犀(xī):测蠡,出自《汉书·东方朔传》"以筦窥天,以蠡测海",颜师古注引张晏曰"蠡,瓠瓢也",今人多说"蠡测"。用蠡来测量海,比喻见识短浅。燃犀,南朝宋刘敬叔《异苑》卷七载:"晋温峤至牛渚矶,闻水底有音乐之声,水深不可测。传言下多怪物。乃燃犀角而照之。须臾,水族覆火,奇形异状。"比喻能明察事物,洞察奸邪。平仄上,"测蠡"是仄仄,"燃犀"是平平。蠡,《广韵》有"卢启切"和"吕支切"二读,其中"瓠瓢"义当读平声,但读平声则与下联平仄失对,故而必须借其仄声读音方可。语法上,两个词语形式都是动宾结构,"蠡""犀"是工具宾语。

⑥榆槐堪(kān)作荫,桃李自成蹊(xī):上联典出晋陶渊明《归园田居》其一的"榆柳荫后檐,桃李罗堂前"。荫,遮盖、庇荫的意思。

下联典出《史记·李将军列传》："太史公曰：传曰'其身正，不令而行；其身不正，虽令不从'。其李将军之谓也？余睹李将军悛悛如鄙人，口不能道辞。及死之日，天下知与不知，皆为尽哀。彼其忠实心诚信于士大夫也？谚曰'桃李不言，下自成蹊'。此言虽小，可以谕大也。"李将军指西汉名将李广，他不善言辞，但勇猛善战。司马迁所谓"桃李不言，下自成蹊"的意思是，桃树李树虽然不说话，但因为它们的花香和果实，树下自然走出一条条小路来。借此说明李广虽然不善辞令，但他的品德和才能却受到人们的尊敬。平仄上，上联是平平平仄仄，下联是平仄仄平平。荫，《广韵》"于禁切"，去声。语法上，两句都是主谓结构。

⑦投巫救女西门豹，赁浣（huàn）逢妻百里奚（xī）：上联的典故出自《史记·滑稽列传》，说的是战国时魏国西门豹的故事。"魏文侯时，西门豹为邺令"，西门豹到了邺以后，就问当地的疾苦，得知百姓最大的忧患是给河伯娶媳妇，"邺三老、廷掾常岁赋敛百姓，收取其钱得数百万，用其二三十万为河伯娶妇，与祝巫共分其余钱持归"，官府常以河伯娶亲的名义收取百姓大量的钱财。河伯娶妇之日，西门豹也前去观看，"三老、官属、豪长者、里父老皆会，以人民往观之者三二千人"。西门豹就对主持此事的巫说，"呼河伯妇来，视其好丑"。西门豹看了以后说这个女子不漂亮，"烦大巫妪为入报河伯，得更求好女，后日送之"，于是把为首的女巫扔进了黄河。过了一会儿，又说："巫妪何久也？弟子趣之！"又把一个弟子扔进去了，连续扔了几个。这件事之后，没人再敢给河伯娶亲。下联说的是百里奚的故事，据说他是春秋时虞国人；晋灭虞时，百里奚做了晋国嫁女去秦国的媵，后入秦为官。《东周列国志》第二十五回对他的故事有很多渲染，"却说百里奚是虞国人，字井伯，年三十余，娶妻杜氏，生一子。奚家贫不遇，欲出游，念其妻于无依，恋恋不舍。杜氏曰：'妾闻"男子

志在四方"，君壮年不出图仕，乃区区守妻子坐困乎？妾能自给，毋想念也！'家只有一伏雌，杜氏宰之以饯行。厨下乏薪，乃取质序炊之。言黄苹，煮脱粟饭。奚饱餐一顿。临别，妻抱其子，牵袂而位曰：'富贵勿相忘！'奚遂去"。百里奚做官以后，一直未能把妻儿接到秦国。"百里奚之妻杜氏，自从其夫出游，纺绩度日。后遇饥荒，不能存活，携其子趁食他乡。展转流离，遂入秦国，以浣衣为活""及百里奚相秦，杜氏闻其姓名，曾于车中望见，未敢相认。因府中求浣衣妇，杜氏自愿入府浣衣，勤于捣濯，府中人皆喜"。后来夫妻父子终于团聚。赁，出卖劳力，受雇。浣，洗涤。平仄上，上联是平平仄仄平平仄，下联是仄仄平平仄仄平。语法上，两句都是定中结构，"投巫救女""赁浣逢妻"两个充当定语，修饰后面的"西门豹""百里奚"，作为两个人的典型事例，限定两个名词。

⑧阙（què）里门墙，陋巷规模原不陋；隋堤基址，迷楼踪迹已全迷：阙里门墙，典出《孔子家语·七十二弟子解》："颜由，颜回父，字季路，孔子始教学于阙里，而受学，少孔子六岁。"阙里，后人传此为孔子故里，在今山东曲阜城内阙里街，因有两石阙而得名。陋巷规模原不陋，出自《论语·雍也》："子曰：'贤哉！回也。一箪食，一瓢饮，在陋巷。人不堪其忧，回也不改其乐。贤哉！回也。'"以及《论语·子罕》："子欲居九夷。或曰：'陋，如之何！'子曰：'君子居之，何陋之有？'"隋堤，讲的是隋炀帝的故事。隋炀帝时沿通济渠、邗沟河岸修筑的御道，道旁植杨柳，后人谓之"隋堤"。迷楼，《夜航船·日用部》载："隋炀帝无日不治宫室，浙人项陛进新宫图，大悦，即日召有司庀材鸠工，经岁而就，帑藏为之一空。帝幸之，大喜曰：'使真仙游其中，亦当自迷也。'因署之曰'迷楼'。"隋炀帝所筑造的宫室，千门万户，曲折幽邃，连真仙都要迷路。"已全迷"，琅环阁藏本作"已"，今本多作"亦"。此处作

者想以贫窭的陋巷和奢华的迷楼相比较，以君子之德永昭而奢靡之楼速朽相对比，显然用"已"更贴切。平仄上，上联是仄仄平平，仄仄平平平仄仄；下联是平平平仄，平平平仄仄平平。迹，《广韵》"资昔切"，入声。语法上，"阙里门墙""隋堤基址"相对，二者都是定中结构；"陋巷规模原不陋""迷楼踪迹已全迷"都是主谓结构。

【译文】

鸟鸣和狗叫相对，漂游和栖居相对。

燕语和莺啼相对。

珊瑚和玛瑙相对，琥珀和玻璃相对。

绛县老人，伯家州犁。

以瓠瓢测量海的大小，用犀牛角点火照妖怪。

榆树和槐树的树荫可以让人乘凉，桃树和李树的下面自然就有道路。

西门豹将巫人投入河中救了童女，百里奚雇佣洗衣女却遇到了妻子。

孔子居阙里，颜回住陋巷，有君子在就显得并不简陋；隋炀建隋堤，建新宫迷楼，如今踪迹都迷失在荒草中。

其三

燕对赵，楚对齐^①。

柳岸对桃蹊^②。

纱窗对绣户，画阁对香闺^③。

修月斧，上天梯^④。

螮蝀对虹霓^⑤。

行乐游春圃，工谀病夏畦^⑥。

李广不封空射虎，魏明得立为存麂⑦。

按辔徐行，细柳功成劳主敬；闻声稍卧，临泾名震止儿啼⑧。

【注释】

① 燕对赵，楚对齐：燕、赵、楚、齐都是春秋战国时的国名。"燕"今本多作"越"，琅环阁藏本作"燕"。语义上，"燕""赵"皆为北方之国，经常并提。平仄上，"燕"作国名读平声，"越"读仄声，显然当以"燕"为是；"赵"为仄声，与"燕"相对，"楚"为仄声，"齐"为平声。语法上，四者皆为名词。

② 柳岸对桃蹊（xī）：桃蹊，指桃树众多的地方；蹊，小路。平仄上，"柳岸"是仄仄，"桃蹊"是平平。语法上，两个词都是定中结构。

③ 纱窗对绣户，画阁对香闺：纱窗，蒙纱的窗。绣户，雕绘华美的门户，多指妇女居室。画阁，彩绘华丽的楼阁。香闺，指青年女子的内室。"窗"与"户"、"闺"与"阁"古代常常并称，故而后来构成了两个词"窗户"与"闺阁"。平仄上，"纱窗"是平平，"绣户"是仄仄；"画阁"是仄仄，"香闺"是平平。阁，《广韵》"古落切"，入声。语法上，四个词语都是定中结构。

④ 修月斧，上天梯：修月斧，《酉阳杂俎·天咫》载："太和中，郑仁本表弟，不记姓名，常与一王秀才游嵩山，扪萝越涧，境极幽夐，遂迷归路。将暮，不知所之，徙倚间，忽觉丛中鼾睡声。披榛窥之，见一人布衣，衣甚洁白，枕一幞物，方眠熟。即呼之曰：'某偶入此径，迷路，君知向官道否？'其人举首略视，不应，复寝。又再三呼之，乃起坐，顾曰：'来此。'二人因就之，且问其所自。其人笑曰：'君知月乃七宝合成乎？月势如丸，其影，日烁其凸处也。常有八万二千户修之，予即一数。'因开幞，有斤凿数事，玉屑饭两裹，授与二人，曰：'分食此。虽不足长生，可一生无疾耳。'乃起，

与二人指一支径：'但由此，自合官道矣。'言已，不见。"讲的是两个人迷路遇仙的故事，仙人告诉他们：月亮乃是七宝合成的，有八万二千户在雕琢它，而他就是其中之一。上天梯，出自《楚辞·九思·悼乱》"缘天梯兮北上，登太一兮玉台"。天梯，古人想象中登天的阶梯。平仄上，"修月斧"是平仄仄，"上天梯"是仄平平。语法上，两个词语都是定中结构，修月之斧，上天之梯。

⑤螮蝀（dì dōng）对虹霓（ní）：螮蝀，是一个联绵词，"虹"的别名。琅环阁藏本作"蝃蝀"，今本多作"螮蝀"，二者实际是同一个词的不同写法。《诗经·鄘风》有《蝃蝀》诗。"虹霓"又作"虹蜺"，实际和"螮蝀"语义相同。平仄上，蝀，《广韵》"德红切"，平声；霓，《广韵》"五稽切"，也是平声。故而上联是仄平，下联是平平，第二字平仄相同，失对。此联语义雷同，平仄亦不相对。语法上，"螮蝀"是联绵词，"虹霓"则是并列结构，结构也不相对。

⑥行乐游春圃（pǔ），工谀病夏畦（qí）：春圃，春日的园圃；圃，种植蔬菜、花果或苗木的园地。下联出自《孟子·滕文公下》"胁肩谄笑，病于夏畦"，朱熹《集注》"夏畦，夏月治畦之人也"，指夏天在田地里劳动的人；"畦"是指有一定界限的长条田块。工，善于、擅长。谀，谄媚、谄谀。病，觉得辛苦。平仄上，上联是平仄平平仄，下联是平平仄仄平。语法上，"行乐""工谀"相对，都是动宾结构。"游春圃""病夏畦"都是动补结构，"游于春圃""病于夏畦"的意思。

⑦李广不封空射虎，魏明得立为存麑（ní）：李广，西汉时候的名将，《史记·李将军列传》载："李将军广者，陇西成纪人也。其先曰李信，秦时为将，逐得燕太子丹者也。故槐里，徙成纪。广家世世受射"，"广出猎，见草中石，以为虎而射之，中石没镞，视之石也。因复更射之，终不能复入石矣"。李广天生神力，射箭之术高明，见到草中有老虎，一箭没羽，走近才知道是石头。李广深

受部下爱戴，又为匈奴所敬畏，"广居右北平，匈奴闻之，号曰'汉之飞将军'，避之数岁，不敢入右北平"，却始终没能封侯。李广临死前说："广结发与匈奴大小七十余战，今幸从大将军出接单于兵，而大将军又徙广部行回远，而又迷失道，岂非天哉！且广年六十余矣，终不能复对刀笔之吏。"就此引刀自刭。唐王勃在《秋日登洪府滕王阁饯别序》中也说"嗟乎！时运不齐，命途多舛，冯唐易老，李广难封"。下联出自《三国志·魏书·明帝纪》裴松之注引《魏末传》曰："帝（明帝）常从文帝猎，见子母鹿。文帝射杀鹿母，使帝射鹿子，帝不从，曰：'陛下已杀其母，臣不忍复杀其子。'因涕泣。文帝即放弓箭，以此深奇之，而树立之意定。"魏文帝带着曹睿去打猎，看到了母鹿带着子鹿。文帝射杀了母鹿，让曹睿射死子鹿，曹睿不肯，说："陛下已经杀死了鹿妈妈，我不忍心再杀死它的孩子。"就是因为此事，文帝决定立曹睿为继承人。魏明，就是魏明帝曹睿，魏文帝曹丕的长子。麑，幼鹿。平仄上，上联是仄仄仄平平仄仄，下联是仄平仄仄仄平平。得，《广韵》"多则切"，入声。语法上，"李广""魏明"是指人名词相对；"不封"和"得立"是状中结构相对；"空射虎"对"为存麑"，前者是状中结构，后者是介宾结构，二者在结构上对仗不太工整。

⑧按辔（pèi）徐行，细柳功成劳主敬；闻声稍卧，临泾（jīng）名震止儿啼：上联的典故出自《汉书·周亚夫传》："文帝后六年，匈奴大入边。……以河内守亚夫为将军，军细柳，以备胡。上自劳军，至霸上及棘门军，直驰入，将以下骑出入送迎。已而之细柳军，军士吏被甲，锐兵刃，彀弓弩，持满。天子先驱至，不得入。先驱曰：'天子且至！'军门都尉曰：'军中闻将军之令，不闻天子之诏。'有顷，上至，又不得入。于是上使使持节诏将军曰：'吾欲劳军。'亚夫乃传言开壁门。壁门士请车骑曰：'将军约，军中不得

驱驰。'于是天子乃按辔徐行。至中营,将军亚夫揖,曰:'介胄之士不拜,请以军礼见。'天子为动,改容式车。使人称谢:'皇帝敬劳将军。'成礼而去。既出军门,群臣皆惊。文帝曰:'嗟乎,此真将军矣! 乡者霸上、棘门如儿戏耳,其将固可袭而虏也。至于亚夫,可得而犯邪!'称善者久之。月余,三军皆罢。乃拜亚夫为中尉。"汉文帝时,周亚夫为将军,驻扎在细柳,军纪严明。汉文帝到细柳营劳军,却因没有军令而不得入;好容易进去以后,又说军营中不能骑马奔驰,于是汉文帝就按辔徐行。对此,汉文帝并没有动怒,反而对周亚夫表达敬意,对他称赞有加。唐王维《观猎》利用此典,写下了"忽过新丰市,还归细柳营"的句子。下联的典故出自《新唐书·郝玭传》,"郝玭,不记其乡里。贞元中为临泾镇将","卒诏城临泾,为行原州,以玭为刺史,戍之。自是虏不敢过临泾","玭在边积三十年,每讨贼,不持糗粮,取之于敌。获虏必刳剔而归其尸,虏大畏,道其名以怖啼儿"。郝玭作为镇守临泾的大将,威名远震,吐蕃不敢过临泾。他讨贼的时候从来不带粮食,粮食都是从敌人那里夺取;抓获了俘虏,也用很残酷的方法处死,然后把尸体还给敌人,敌人对此非常害怕。如果有小孩子哭泣,就说"郝玭"的名字来吓唬他们,连孩子都不敢哭了。平仄上,上联是仄仄平平,仄仄平平平仄仄;下联是平平平仄,平平平仄仄平平。语法上,"按辔徐行""闻声稍卧"都是连谓结构。"细柳功成""临泾名震"都是状中结构,"细柳""临泾"作地点状语。"劳主敬""止儿啼"中的"劳""止"都是使动用法。这一联两句,结构上,"细柳功成劳主敬"可视为对"按辔徐行"的解释,汉文帝"按辔徐行",这是因为"细柳功成劳主敬";对句也是如此,"闻声稍卧"是由于"临泾名震止儿啼"。

【译文】

燕国与赵国相对,楚国和齐国相对。

柳岸与桃林相对。

蒙纱的窗户和华美的门户相对,彩绘华丽的楼阁和年轻姑娘的内室相对。

修月的斧头,登天的阶梯。

彩虹和虹霓相对。

行乐之人快乐地在春天的园囿里游玩,阿谀谄媚比夏天在田地里劳动还辛苦。

李广空有一身射虎的本事却终生未被封侯,曹睿之所以能继承皇位乃因不肯射杀小鹿。

汉文帝拉住缰绳缓缓行进,周亚夫治理细柳营有方让主上心怀敬意;临泾大将郝玼威名震边关,小孩子听到他的名字都会吓得止住哭声。

九　佳

【题解】

"佳"是"平水韵"中上平声的第九韵部。

"佳"在《广韵》中作"古膎切",平声,佳韵。

《笠翁对韵》所用到的韵脚字有街、荄、钗、淮、差、排、怀、柴、鞋、涯、埋、皑、斋、谐、槐、乖、牌、篩、楷、崖、阶、豺等22个。《声律启蒙》所用到的韵脚字有淮、崖、钗、喈、鞋、谐、斋、挨、差、娃、阶、哇、排、街、蜗、怀、柴、埋等18个。二书共同用到的韵脚字有街、钗、淮、差、排、怀、柴、鞋、埋、斋、谐、崖、阶等13个,其中《笠翁对韵》用到但《声律启蒙》没有用到的是荄、涯、皑、槐、乖、牌、篩、楷、豺等9个字,《声律启蒙》用到而《笠翁对韵》没有用的是喈、挨、娃、哇、蜗等5个字。其中《笠翁对韵》所用到的"皑"属于"十灰"韵部。

其一

门对户，陌对街^①。

枝叶对根荄^②。

斗鸡对挥麈，凤髻对鸾钗^③。

登楚岫，渡秦淮^④。

子犯对夫差^⑤。

石鼎龙头缩，银筝雁翅排^⑥。

百年诗礼延余庆，万里风云入壮怀^⑦。

莫辨名伦，死矣野哉悲季路；不由径窦，生乎愚也有高柴^⑧。

【注释】

①门对户，陌（mò）对街：门、户是同义词，古代双扇为门，单扇为户。陌，田间小路，如晋陶渊明《桃花源记》"阡陌交通，鸡犬相闻"。街，两边有房屋的较宽阔的路。平仄上，"门""户"是平和仄，"陌""街"是仄和平。语法上，四个词语都是名词。

②枝叶对根荄（gāi）：荄，草根。平仄上，"枝叶"是平仄，"根荄"是平平。语法上，"枝""叶"都是树上的构成部分，"根""荄"都是根的意思，两个词语都是名词性并列结构。

③斗鸡对挥麈（zhǔ），凤髻（jì）对鸾钗：挥麈，挥动麈尾；麈，古书上指鹿一类的动物，它的尾巴可以做拂尘。凤髻，凤形的发髻，属于高髻的一类。鸾钗，鸾形的钗子。平仄上，"斗鸡"是仄平，"挥麈"是平仄；"凤髻"是仄仄，"鸾钗"是平平。语法上，"斗鸡""挥麈"是动宾结构，"斗"在这里用作使动，故能带宾语；"凤髻""鸾钗"是定中结构。

④登楚岫（xiù），渡秦淮：楚岫，楚地山峦，唐韦迢《早发湘潭寄杜员外院长》"楚岫千峰翠，湘潭一叶黄"。秦淮，河名，流经南京。平仄上，"登楚岫"是平仄仄，"渡秦淮"是仄平平。语法上，两个词语都是动宾结构。

⑤子犯对夫差（chāi）：子犯，春秋时人，姬姓，狐氏，重耳的舅舅，跟随重耳流亡十九年，又辅佐他即位称霸。夫差，春秋时期吴国最后一代国君，姬姓，一度称霸，后被越王勾践灭国。平仄上，"子犯"是仄仄，"夫差"是平平。语法上，"子犯""夫差"都是人物名词；二者字面上亦都是主谓结构。

⑥石鼎（dǐng）龙头缩，银筝（zhēng）雁翅排：石鼎，陶制的烹茶用具。龙头，应该是石鼎壁上的龙头花纹，大概烹茶的时候，水的折射的作用，龙头看起来像缩回去了一样。银筝雁翅，就是指筝柱，因其斜列如雁行，故称，元张可久《迎仙客·春晚》曲"燕初忙，莺正懒。帘卷轻寒，玉手调筝雁"。平仄上，上联是仄仄平平仄，下联是平平仄仄平。石，《广韵》"常隻切"，入声；缩，《广韵》"所六切"，入声。语法上，两句都是主谓谓语句。谓语部分"龙头缩""雁翅排"都是主谓结构，陈述主语"石鼎""银筝"。

⑦百年诗礼延余庆，万里风云入壮怀：上联化用宋王之道的《哀周然明》"三荐渠能老一儒，班超投笔好从吾。功名到手身先死，诗礼传家道不孤。千里新封从马鬣，百年余庆萃鹓雏。西风哀挽桐川上，傥有青乌致奠无。"其中"诗礼传家"的典故出自《论语·季氏》"陈亢问于伯鱼曰：'子亦有异闻乎？'对曰：'未也。尝独立，鲤趋而过庭。曰："学《诗》乎？"对曰："未也。""不学《诗》，无以言。"鲤退而学《诗》。他日，又独立，鲤趋而过庭。曰："学礼乎？"对曰："未也。""不学礼，无以立。"鲤退而学礼。闻斯二者。'陈亢退而喜曰：'问一得三：闻《诗》，闻礼，又闻君子之远其子也。'"孔子对儿子孔鲤的教育是让他学《诗》、学礼，后来孔

鲤的儿子子思及其继承者孟子把儒学发扬光大，正是"诗礼传家"的体现。余庆，指留给子孙后辈的德泽，《周易·坤》"积善之家，必有余庆"。下联化自唐韩愈的《送石处士赴河阳幕》："长把种树书，人云避世士。忽骑将军马，自号报恩子。风云入壮怀，泉石别幽耳。钜鹿师欲老，常山险犹恃。岂惟彼相忧？固是吾徒耻。去去事方急，酒行可以起。"平仄上，上联是仄平平仄平平仄，下联是仄仄平平仄仄平。语法上，两句都是主谓结构：主语"百年诗礼""万里风云"都是定中结构，谓语"延余庆""入壮怀"都是动宾结构。对仗比较工整。

⑧莫辨名伦，死矣野哉悲季路；不由径窦（dòu），生乎愚也有高柴：上联典故出自《论语·子路》："子路曰：'卫君待子而为政，子将奚先？'子曰：'必也，正名乎！'子路曰：'有是哉，子之迂也！奚其正？'子曰：'野哉，由也！君子于其所不知，盖阙如也。名不正，则言不顺；言不顺，则事不成；事不成，则礼乐不兴；礼乐不兴，则刑罚不中；刑罚不中，则民无所措手足。故君子名之必可言也，言之必可行也。君子于其言，无所苟而已矣！'"名伦，名分伦常。季路就是子路，鲁国人，孔子的弟子，小孔子九岁。子路就是不辨名伦方死在卫国的。子路在卫国为官时，孔子来到卫国，子路问他如果卫君请他执政，他将首先做什么。当时卫国正处于内部纷争之时，卫灵公在位时，宠幸南子；太子蒯聩想除掉南子，结果被卫灵公赶出卫国；卫灵公死后，南子让蒯聩的儿子辄继承君位，就是当下的卫出公；而蒯聩则想趁机夺回权利。这样，卫出公对于蒯聩来说，是君上，也是儿子。因此，孔子的回答是"必也，正名乎"。子路不懂，所以嘲笑孔子"迂腐"，孔子批评他"野哉，由也"。君臣、父子关系正是古代最为重要的名伦关系，"名不正，则言不顺；言不顺，则事不成"。到最后，子路死的时候，也没悟到这个问题。所以孔子一早就预感到了，到后

来卫国果然发生动乱,《史记·仲尼弟子列传》载:"孔子闻卫乱,曰:'嗟乎,由死矣!'已而果死。"孔子推测子路可能要死在卫国了,事实果然如此。"死矣""野哉"都是孔子对子路的评价。下联的"不由径窦",出自《孔子家语》,评价高柴"避难而行,不径不窦"。径窦,门径;径,小路;窦,洞。高柴,也是孔子的弟子,字子羔,少孔子三十岁。高柴避难逃亡,也不会抄小路、钻小洞,行为方正,甚至有些迂腐,故而《论语·先进》谓之"柴也愚"。卫国发生动乱的时候,蒯聩登君位,卫出公出逃,当时子路和高柴都在卫国为官。《史记·仲尼弟子列传》载:"方孔悝作乱,子路在外,闻之而驰往。遇子羔出卫城门,谓子路曰:'出公去矣,而门已闭,子可还矣,毋空受其祸。'子路曰:'食其食者不避其难。'子羔卒去。有使者入城,城门开,子路随而入。造蒉聩(按,即蒯聩),蒉聩与孔悝登台。子路曰:'君焉用孔悝?请得而杀之。'蒉聩弗听。于是子路欲燔台,蒉聩惧,乃下石乞、壶黡攻子路,击断子路之缨。子路曰:'君子死而冠不免。'遂结缨而死。"子路本在城外,可是不愿意避难而战死,高柴本在城内却出逃而去。《史记·卫康叔世家》载,"孔子闻卫乱,曰:'嗟乎!柴也其来乎?由也其死矣。'"孔子听到卫国动乱,料定高柴大概是会活着回来的,而子路必然是会死在卫国了。可见子路与高柴同在卫国做事,同是孔子弟子,在同一个事情上,一死一生,二者的结局存在一定的对立性。"生乎愚也"是对高柴的评语。平仄上,上联是仄仄平平,仄仄仄平平仄仄;下联是仄平仄仄,平平平仄仄平平。语法上,"莫辨名伦""不由径窦"分别属于子路和高柴的事例,都是状中结构。"死矣""生乎"相对,"野哉""愚也"相对,前者皆为动词带语气词,后者为形容词带语气词,属于对子路和高柴的推测与评价。"悲季路""有高柴"都是动宾结构。从用典、语义、平仄、语法三个方面来看,这副对子应该算得上难得的佳联。

【译文】

门和户相对,田间小路和城市大道相对。

枝叶与草根相对。

斗鸡和挥麈相对,凤髻和鸾钗相对。

登楚地山峦,渡秦淮河水。

子犯和夫差相对。

石鼎煮茶的时候龙头花纹像缩了回去,银筝上的筝柱斜行排列像雁飞之阵形。

诗礼传承百年之家必有德泽留给后辈,壮丽的万里江山都在豪迈的胸怀之中。

不辨名分伦常,鲁莽的子路死于卫国之乱;避难也不苟且,愚笨的高柴自卫安全返回。

其二

冠对履,袜对鞋①。

海角对天涯②。

鸡人对虎旅,六市对三街③。

陈俎豆,戏堆埋④。

皎皎对皑皑⑤。

贤相聚东阁,良朋集小斋⑥。

梦里山川书越绝,枕边风月记齐谐⑦。

三径萧疏,彭泽高风怡五柳;六朝华贵,琅琊佳气毓三槐⑧。

【注释】

①冠(guān)对履(lǚ),袜对鞋:冠,帽子的统称。履,鞋子。"冠履"常常并称,《史记·儒林列传》"冠虽敝,必加于首;履虽新,必关

于足"。王力《古汉语字典》中说"屦、履、鞋"是"同一物","时代不同,名称亦异"。平仄上,"冠""鞋"都是平声,"履""袜"都是仄声。语法上,"冠""履""袜""鞋"都是服饰名词。

②海角对天涯:海角,本指突出于海中的狭长形陆地,常形容极远僻的地方。天涯,天边,也是指极远的地方,出自《古诗十九首·行行重行行》"相去万余里,各在天一涯"。平仄上,"海角"是仄仄,"天涯"是平平。语法上,二者都是处所名词,都是定中结构。

③鸡人对虎旅,六市对三街:鸡人,根据《汉语大词典》,指周代的官职名,掌供办鸡牲,凡举行大典,则报时以警夜;后指宫廷中专管更漏之人。虎旅,是虎贲氏与旅贲氏的并称,两者均掌王之警卫,后因以"虎旅"为卫士之称。六市、三街,指都市的大街闹市。"三街"琅环阁藏本作"三阶",然"三阶"是三层台阶的意思,在此与"六市"对仗不工稳,故此取今本之"三街"。古代常以"三街六市"泛指各街市,《西游记》第三回"风起处,惊散了那傲来国君王,三街六市,都慌得关门闭户,无人敢走"。平仄上,"鸡人"是平平,"虎旅"是仄仄;"六市"是仄仄,"三街"是平平。语法上,"鸡人"对"虎旅",都是与职务有关的名词。表面上,"鸡""人"是畜与人并列,"虎""旅"是两种警卫的并列;实质上,二者并不相同,"鸡人"是掌供办鸡牲之人,实为定中结构;"虎旅"是并列结构。故而二者并不对仗。"六市""三街"都是定中结构。

④陈俎(zǔ)豆,戏堆埋:上联出自《史记·孔子世家》:"孔子为儿嬉戏,常陈俎豆,设礼容。"陈,陈列,排列。俎豆,俎和豆,古代祭祀、宴飨时盛食物用的两种礼器,也泛指各种礼器。下联出自《列女传·母仪传》所载:"邹孟轲之母也,号孟母。其舍近墓。孟子之少也,嬉游为墓间之事,踊跃筑埋。孟母曰:'此非吾所以居处子。'乃去,舍市傍。其嬉戏为贾人衒卖之事。孟母又曰:'此非吾所以居处子也。'复徙舍学宫之傍。其嬉游乃设俎豆,揖

让进退。孟母曰:'真可以居吾子矣。'遂居。及孟子长,学六艺,卒成大儒之名。"这就是孟母三迁的故事。堆埋,埋人垒墓头。孟母一开始带着儿子住在离墓地比较近的地方,孟子就模仿大人,做埋人垒坟头的游戏。孟母觉得这不是儿子该学的东西,所以几经迁移,最终搬到了学宫的旁边。平仄上,"陈俎豆"是平仄仄,"戏堆埋"是仄平平。语法上,两个词语都是动宾结构,宾语"俎豆""堆埋"都是并列结构。

⑤皎皎(jiǎo)对皑皑(ái):皎皎,洁白的样子。皑皑,形容雪白的样子。平仄上,"皎皎"是仄仄,"皑皑"是平平。语法上,两者都是叠音词,且都是形容词。

⑥贤相聚东阁,良朋集小斋:上联的典故说的是汉代宰相公孙弘之事,《史记·平津侯主父列传》载:"丞相公孙弘者,齐菑川国薛县人也,字季。少时为薛狱吏,有罪,免。家贫,牧豕海上。年四十余,乃学《春秋》杂说。"《汉书·公孙弘传》则载:"时上方兴功业,娄举贤良。弘自见为举首,起徒步,数年至宰相封侯,于是起客馆,开东阁以延贤人。"东阁,古代称宰相招致、款待宾客的地方。下联所讲的内容来自唐柳公绰的故事。《家范·治家》载:"唐河东节度使柳公绰,在公卿间最名。有家法,中门东有小斋,自非朝谒之日,每平旦辄出,至小斋,诸子仲郢等皆束带。晨省于中门之北。公绰决公私事,接宾客,与弟公权及群从弟再食,自旦至暮,不离小斋。烛至,则以次命子弟一人执经史立烛前,躬读一过毕,乃讲议居官治家之法。或论文,或听琴,至人定钟,然后归寝,诸子复昏定于中门之北。凡二十余年,未尝一日变易。"柳公权的哥哥柳公绰,在他家中门东边有个小书斋,他平时处理公事私事、接待宾客、进食就餐都在小书斋里进行。平仄上,上联是平仄仄平仄,下联是平平仄仄平。阁,《广韵》"古落切",入声;集,《广韵》"秦入切",入声。语法上,两句都是主谓结构。

⑦梦里山川书越绝，枕边风月记齐谐（xié）：越绝，指《越绝书》，又名《越绝记》，东汉袁康撰，记吴、越二国史地及伍子胥、子贡、范蠡、文种等人的活动，多采传闻异说。齐谐，有人说是人名，也有人说是书名，《庄子·逍遥游》"齐谐者，志怪者也"；后志怪之书以及敷演此类故事的戏剧，多以"齐谐"为名，如《齐谐记》《续齐谐记》《新齐谐》等。此处的"齐谐"当为书名。平仄上，上联是仄仄平平平仄仄，下联是仄平平仄仄平平。绝，《广韵》"情雪切"，入声。语法上，整个句子是主谓结构：主语"梦里山川""枕边风月"相对，都是动作的受事，是"书""记"的对象与内容；谓语"书越绝""记齐谐"都是动宾结构，"越绝""齐谐"皆为书名作宾语，表示动作的结果。"书""记"本是两书的名称，作者调动它们的动词用法，嵌在两个名词词语之间，非常巧妙。

⑧三径萧（xiāo）疏，彭泽高风怡（yí）五柳；六朝华贵，琅琊（láng yá）佳气毓（yù）三槐：三径萧疏，语出晋陶渊明《归去来兮辞》的"三径就荒，松菊犹存"。彭泽，陶渊明曾做过彭泽令，《晋书·隐逸列传》载："以亲老家贫，起为州祭酒，不堪吏职，少日自解归。州召主簿，不就，躬耕自资，遂抱羸疾。复为镇军、建威参军，谓亲朋曰：'聊欲弦歌，以为三径之资可乎？'执事者闻之，以为彭泽令。在县公田悉令种秫谷，曰：'令吾常醉于酒足矣。'妻子固请种粳，乃使一顷五十亩种秫，五十亩种粳。素简贵，不私事上官。郡遣督邮至县，吏白应束带见之，潜叹曰：'吾不能为五斗米折腰，拳拳事乡里小人邪！'义熙二年，解印去县，乃赋《归去来》。"陶渊明不想为五斗米折腰，就辞去了官职，归隐田园。五柳，晋陶渊明《五柳先生传》有言曰"先生不知何许人也，亦不详其姓字。宅边有五柳树，因以为号焉"。他隐居的房屋旁边种有五棵柳树，所以自称"五柳先生"。下联出自《邵氏闻见录》所载："王晋公祐，事太祖为知制诰。……初，祐赴贬时，亲宾送于都门外，谓祐曰：'意

公作王溥官职矣。'祐笑曰：'某不做，儿子二郎必做。'二郎者，文正公旦也，祐素知其必贵，手植三槐于庭曰：'吾子孙必有为三公者。'已而果然。天下谓之三槐王氏。"北宋名相王旦的父亲王祐是琅琊世系，他在庭院里亲手种了三棵槐树，说："我的子孙一定有为三公之人。"六朝，指历史上三国至隋朝的南方六个朝代。三槐，相传周代宫廷外种有三棵槐树，三公朝天子时，面向三槐而立。后来人们用三槐喻三公。"毓"，今本多作"种"，琅环阁藏本作"毓"，从词义、平仄、语法上看，二者皆可。从典故来看，以"种"对应"手植"，更加合适；然若从上文"琅琊佳气"的语势、意境来看，又似以"毓"更佳；且以"毓"对"怡"，似更相宜。平仄上，上联是平仄平平，平仄平平平仄；下联是仄平平仄，平平平仄仄平平。泽，《广韵》"场伯切"，入声。语法上，上半句"三径萧疏""六朝华贵"，都是定中结构；下半句都是主谓结构：主语"彭泽高风""琅琊佳气"都是定中结构；谓语部分"怡五柳""毓三槐"都是动宾短语，"怡"在这里是意动用法，"以……为怡"的意思。

【译文】

帽子和鞋子相对，袜子和鞋子相对。

海角和天涯相对。

掌供办鸡牲的官员和掌王之警卫的卫士相对，六市和三街相对。

孔子小时候以陈列俎豆为游戏，孟子年少时模仿别人垒墓来玩。

皎皎和皑皑相对。

汉代宰相公孙弘在东阁聚集贤才，唐节度使柳公绰在小斋招待宾客。

梦里山川写成《越绝书》，枕边风月写成《齐谐记》。

庭院三径花木荒疏，高风亮节的陶渊明种下五棵柳树，以此怡悦自己的情感；六朝琅琊王姓后人，北宋名相王旦之父手植三棵槐树，断言后世有人为三公。

其三

勤对俭,巧对乖^①。

水榭对山斋^②。

冰桃对雪藕,漏箭对更牌^③。

寒翠袖,贵荆钗^④。

慷慨对诙谐^⑤。

竹径风声籁,花蹊月影筛^⑥。

携囊佳韵随时贮,荷锄沉酎到处埋^⑦。

江海孤踪,云浪风涛惊旅梦;乡关万里,烟峦云树切归怀^⑧。

【注释】

①勤对俭,巧对乖:"勤""俭"是一对褒义词,一形容勤快,一形容节俭,古人常提倡勤俭持家,二者经常并提。"巧""乖"今人也常并论,形容人机灵聪明。平仄上,"勤"是平,"俭"是仄;"巧"是仄,"乖"是平。语法上,四个词语都是形容词。

②水榭(xiè)对山斋:水榭,建筑在水边或水上、供人们游憩眺望的亭阁,唐崔湜《侍宴长宁公主东庄应制》"水榭宜时陟,山楼向晚看"。山斋,山中居室,南朝梁萧统《晚春》"风花落未已,山斋开夜扉"。平仄上,"水榭"是仄仄,"山斋"是平平。语法上,两个词语都是建筑类名词,都是定中结构。

③冰桃对雪藕(ǒu),漏箭对更(gēng)牌:冰桃、雪藕,"冰""雪"是形容桃和藕的新鲜脆嫩。漏箭,漏壶的部件,上刻时辰度数,随水浮沉以计时。更牌,夜间报更的竹签,也叫更筹、更签。平仄上,"冰桃"是平平,"雪藕"是仄仄;"漏箭"是仄仄,"更牌"是平平。

语法上,两组都是名词性词语,且都是定中结构。

④寒翠袖,贵荆钗(jīng chāi):寒翠袖,化用唐杜甫《佳人》中的"天寒翠袖薄,日暮倚修竹",这首诗写的是一个绝代佳人,本是富贵人家的女子,因为遭遇丧乱,兄弟被杀,自身被丈夫抛弃,不得不幽居山谷,艰难度日。后代诗人多用"寒翠袖"的意象描写佳人情态,宋苏轼《芍药》"倚竹佳人翠袖长,天寒犹着薄罗裳"。翠袖,指绿色的衣袖,为贵族女子所着服饰。荆钗,荆枝所做的钗,贫家妇女所戴,如唐李山甫《贫女》"平生不识绣衣裳,闲把荆钗亦自伤"。平仄上,"寒翠袖"是平仄仄,"贵荆钗"是仄平平。语法上,两个短语都是动宾结构,"寒""贵"两个形容词活用为使动和意动。

⑤慷慨(kāng kǎi)对诙谐(huī xié):慷慨,情绪激昂。诙谐,谈吐幽默风趣,《汉书·东方朔传》"其言专商鞅、韩非之语也,指意放荡,颇复诙谐"。平仄上,"慷慨"是平仄,"诙谐"是平平。语法上,二者都是联绵词,且皆为形容词。

⑥竹径风声籁(lài),花蹊(xī)月影筛(shāi):竹径,就是竹林中的小径。籁,《说文解字》"籁,三孔龠也"。龠,古作"龠",象形字,像编管之形,似为排箫之前身,有吹龠、舞龠两种,吹龠似笛而短小,三孔;舞龠长而六孔,可执作舞具。籁就是吹龠,后来引申为从孔穴里发出的声音,"天籁"就是指自然界的声响。因为籁原本就是竹制的,所以古人常常把风穿过竹林的声音谓之"竹籁",宋林逋《春夕》"微风引竹籁,斜月转花阴"。花蹊,就是花间小路。筛,据《汉语大词典》,就是筛子,一种竹丝或金属丝等编制成的器具,多小孔。月影映照树林、花叶、帘幕、窗格之间,光影参差,像过了筛一样,这个情景经常入诗,如宋方千里《满路花》有"帘筛月影金,风卷杨花雪"。平仄上,上联是仄仄平平仄,下联是平平仄仄平。竹,《广韵》"张六切",入声。语法上,两句都是主谓结构,主语、谓语皆为名词性结构,为判断句。

⑦携囊（náng）佳韵随时贮（zhù），荷（hè）锄沉酣到处埋：上联的典故出自唐李商隐所写的《李贺小传》："（李贺）恒从小奚奴骑驴，背一古破锦囊，遇有所得，即书投囊中。及暮归，太夫人使婢受囊出之，见所书多，辄曰：'是儿要当呕出心始已耳。'上灯与食，长吉从婢取书，研墨叠纸足成之，投他囊中。非大醉及吊丧日，率如此，过亦不复省。王、杨辈时复来探取写去。"李贺每次出游，都骑着驴，带着奴仆，让奴仆背一个锦囊，有什么锦句就投进去。下联的典故讲的是魏晋时期诗人刘伶的故事，《晋书·刘伶传》载："刘伶字伯伦，沛国人也。身长六尺，容貌甚陋。放情肆志，常以细宇宙齐万物为心。澹默少言，不妄交游，与阮籍、嵇康相遇，欣然神解，携手入林。初不以家产有无介意。常乘鹿车，携一壶酒，使人荷锸而随之，谓曰：'死便埋我。'其遗形骸如此。"刘伶为人放浪形骸，他常常带一壶酒出门，让人扛着铁锹跟着，说："如果我醉死了就埋掉我。"平仄上，上联是平平平仄平平仄，下联是仄平平平仄仄平。上下联第二字"囊""锄"皆为平声，失对；下联第二、四字"锄""酣"，亦平仄相同，失替。语法上，上下联皆由复句组成，表目的关系：携囊（以便）佳韵随时贮，荷锄（而为）沉酣到处埋。然二者有不甚对仗之处："佳韵"与"沉酣"，前者指好的诗句，名词性定中结构；后者是形容刘伶喝醉了酒的样子，形容词。

⑧江海孤踪，云浪风涛惊旅梦；乡关万里，烟峦（luán）云树切归怀：孤踪，孤独的踪迹，宋周紫芝《潇湘夜雨》"楼上寒深，江边雪满，楚台烟霭空濛。一天飞絮，零乱点孤篷。似我华颠雪领，浑无定、漂泊孤踪。空凄黯，江天又晚，风袖倚蒙茸"。惊旅梦，明杨爵《有感》有"天涯风景又将秋，想象西周已古丘。万里乡关惊旅梦，百年身世叹幽囚"。下联的典故应该是浓缩了唐崔颢《黄鹤楼》的句意："昔人已乘白云去，此地空余黄鹤楼。黄鹤一去不复返，白云千载空悠悠。晴川历历汉阳树，芳草萋萋鹦鹉洲。日暮

乡关何处是,烟波江上使人愁。"平仄上,上联是平仄平平,平仄平平平仄仄;下联是平平仄仄,平平平仄仄平平。语法上,"江海孤踪"和"乡关万里"不太相对:"江海孤踪"是定中结构,"江海"表示"孤踪"的所在;"乡关万里"是主谓结构,"万里"陈述"乡关"的距离。"云浪风涛惊旅梦""烟峦云树切归怀"都是主谓结构:主语"云浪风涛""烟峦云树"是名词性联合结构,谓语"惊旅梦""切归怀"都是动宾结构。

【译文】

勤和俭相对,巧和乖相对。

水中亭台和山中居室相对。

鲜桃和脆藕相对,漏箭和更牌相对。

被人抛弃的贵族女子悲伤落寞,使得翠袖也都寒意袭人;穿着朴素的贫家女子贤惠勤劳,连荆钗都让人觉得贵重。

慷慨和诙谐相对。

竹和竹之间的空隙似籁一般,风声穿过,奏出美妙动听的乐声;花和花之间的参差像筛一样,月影透过,洒下点点斑驳的光影。

带着锦囊,是为了随时随地贮藏佳句;扛着锄头,是便于醉死过去就地掩埋。

江海中只有孤单的身影,骇人的惊涛巨浪惊醒了旅人的思乡美梦;乡关有迢迢千万里之遥,眼前的山峦树木牵动着游子的归家情怀。

其四

柟对梓,桧对楷①。

水泊对山崖②。

舞裙对歌袖,玉陛对瑶阶③。

风入袂,月盈怀④。

虎兕对狼豺⑤。

马融堂上帐，羊侃水中斋⑥。

北面黉宫宜释菜，东巡岱畤定燔柴⑦。

锦缆春江，横笛洞箫通碧落；华灯夜月，遗簪堕翠遍香街⑧。

【注释】

①柟（nán）对梓（zǐ），桧（guì）对楷（jiē）：柟，琅环阁藏本作"柟"，今本多作"杞"。若作"杞"则第一组平仄相同，失对。柟，同"楠"，平声，刚好与"梓"平仄相对。故用"柟"为是。第二组"桧"为仄，"楷"为平，亦平仄相对。"楷"表树木名时读平声。语法上，两组都是指称树木的名词。

②水泊（pō）对山崖：水泊，湖泽。山崖，陡立的崖壁。平仄上，泊，《广韵》"傍各切"，入声，故而"水泊"是仄仄，"山崖"是平平。语法上，两个词语都表处所，都是定中结构。

③舞裙对歌袖，玉陛（bì）对瑶（yáo）阶：玉陛，帝王宫殿的台阶，所以古人称皇帝为"陛下"。瑶阶，玉砌的台阶，后来作为石阶的美称；瑶，美玉。平仄上，"舞裙"是仄平，"歌袖"是平仄；"玉陛"是仄仄，"瑶阶"是平平。语法上，四个词语都是定中结构。

④风入袂（mèi），月盈怀：风入袂，宋赵抃《寄谢云安知军王端屯田》"坐来风入袂，归去月流波"。袂，衣袖。月盈怀，月光满怀。平仄上，"风入袂"是平仄仄，"月盈怀"是仄平平。语法上，"风入袂""月盈怀"都是主谓结构。

⑤虎兕（sì）对狼豺（chái）：虎兕，出自《论语·季氏》"虎兕出于柙，龟玉毁于椟中，是谁之过与"。兕，犀牛的一种。豺，野兽名，狼的一种。平仄上，"虎兕"是仄仄，"狼豺"是平平。语法上，"虎兕"

和"狼豺"都是名词性的并列结构。

⑥马融堂上帐,羊侃(kǎn)水中斋:堂上帐,出自东汉著名经学家马融的典故,《后汉书·马融传》载:"融才高博洽,为世通儒,教养诸生,常有千数。涿郡卢植,北海郑玄,皆其徒也。善鼓琴,好吹笛,达生任性,不拘儒者之节。居宇器服,多存侈饰。常坐高堂,施绛纱帐,前授生徒,后列女乐,弟子以次相传,鲜有入其室者。"马融才华很高,是一位博学鸿儒,所带的弟子上千人。他常坐在高堂之上,堂上挂着绛色纱帐,前面教授徒弟,后面陈列女乐。水中斋,说的是南朝梁国名将羊侃的典故,《南史·羊侃传》载:"侃少雄勇,膂力绝人,所用弓至二十石,马上用六石弓。……初赴衡州,于两艖艜起三间通梁水斋,饰以珠玉,加之锦缋,盛设帷屏,列女乐。乘潮解缆,临波置酒,缘塘傍水,观者填咽。"羊侃勇力过人,他刚去衡州赴任的时候,在船上造了三间水斋,装饰华贵,设置了许多帷幕屏风,陈列女乐其上。乘着潮水解开船缆,在水波上饮酒作乐。平仄上,上联是仄平平仄仄,下联是平仄仄平平。语法上,上下联皆是定中结构。

⑦北面黉(hóng)宫宜释菜,东巡岱峙(dài zhì)定燔(fán)柴:北面,是面朝北方,古代臣见君、幼见长、徒见师,都是面向北方而拜。黉宫,学校的代称,也是纪念和祭祀孔子等先贤的祠庙。释菜,亦作"释采",是古代入学时祭祀先圣先师的一种典礼,如明归有光《顾夫人八十寿序》曰"公予告家居,率乡人子弟释菜于学宫"。释菜,今本多作"拾芥",出自《汉书·夏侯胜传》:"胜每讲授,常谓诸生曰:'士病不明经术;经术苟明,其取青紫(指高官显爵)如俛拾地芥耳。'"夏侯胜对学生说,士人多不明经学,若是明白,那么要获得官职是易如反掌的。拾芥,即拾地芥,形容取之容易。虽然两个词语皆与古代学子有关,但上联用"宜"字,说的是学宫的礼仪规则问题,故当以"释菜"为是。东巡,天子巡视东方,

《尚书·舜典》"岁二月,东巡守,至于岱宗"。岱,指岱宗,泰山的别名;古代封禅大典就是在泰山举行的。畤,古时帝王祭祀天地五帝的场所。燔柴,古代祭天仪式,将玉帛、牺牲等置于积柴上焚烧,《礼记·祭法》"燔柴于泰坛,祭天也"。平仄上,上联是仄仄平平平仄仄,下联是平平仄仄仄平平。语法上,"北面黉宫"对"东巡岱畤",都是动宾结构,"宜释菜"对"定燔柴",都是状中结构。

⑧锦缆春江,横笛洞箫(xiāo)通碧落;华灯夜月,遗簪(zān)堕翠遍香街:锦缆,用锦缎做缆绳,这是形容富贵人家的船非常奢侈豪华。横笛,笛子,即今七孔横吹之笛,与古笛之直吹者相对而言。洞箫,简称箫,古代的箫以竹管编排而成,称为排箫,排箫以蜡蜜封底,无封底者称洞箫,宋苏轼《前赤壁赋》"客有吹洞箫者,倚歌而和之"。碧落,天空、青天,唐白居易《长恨歌》中有"上穷碧落下黄泉,两处茫茫皆不见"。下联是描写元宵节的热闹场景,《梦粱录·元宵》载:"正月十五日元夕节,乃上元天官赐福之辰。……公子王孙,五陵年少,更以纱笼喝道,将带佳人美女,遍地游赏。人都道玉漏频催,金鸡屡唱,兴犹未已。甚至饮酒醺醺,倩人扶着,堕翠遗簪,难以枚举。"元宵节,花山灯海,游人如织,挤挤挨挨,故而珠翠首饰都掉得满地皆是。遗簪、堕翠指的都是女性掉落的首饰,如宋柳永《木兰花慢》"向路傍往往,遗簪堕珥,珠翠纵横"。平仄上,上联是仄仄平平,平仄仄平平仄仄;下联是平平仄仄,平平仄仄仄平平。笛,《广韵》"徒历切",入声。语法上,"锦缆春江""华灯夜月"相对,作整个句子的状语,二者都是名词性并列结构。"横笛洞箫通碧落""遗簪堕翠遍香街"是主谓结构:主语"横笛洞箫""遗簪堕翠"都是名词性并列结构,"通碧落""遍香街"都是动宾短语。

【译文】

楠树和梓树相对,桧树和楷树相对。

湖泊和山崖相对。

舞裙和歌袖相对,玉陛和瑶阶相对。

清风吹入衣袖,月光落满怀中。

虎兕和豺狼相对。

马融在堂中设置帷帐教授学徒,羊侃在水上建造居室饮酒听乐。

士子入学时要先行祭祀先圣先师之礼,向东巡游泰山定要燔烧木柴祭祀上天。

华丽的大船停泊在春江之上,笛声箫声吹彻云霄;精美的彩灯点亮在明月之下,金簪翠玉落满街道。

十　灰

【题解】

"灰"是"平水韵"中上平声的第十韵部。

"灰"在《广韵》中作"呼恢切",平声,灰韵。

《笠翁对韵》"十灰"所用到的韵脚字有哀、才、开、莱、台、钗、来、哉、腮、雷、梅、赅(该)、猜、杯、苔、栽等16个,《声律启蒙》用到的有开、苔、台、魋、莱、灾、雷、灰、隈、醅、梅、催、杯、荄、槐、哀等16个字。其中二书共同用到的韵脚字有哀、开、莱、台、雷、杯、苔等7个,《笠翁对韵》用到而《声律启蒙》没有用到的是才、钗、来、哉、腮、梅、赅(该)、猜、栽等9个字,《声律启蒙》用到而《笠翁对韵》没有用到的是魋、灾、灰、隈、醅、梅、催、荄、槐等9个字。其中《笠翁对韵》用到的"钗"属于"九佳"韵部。

其一

春对夏,喜对哀①。

大手对长才②。

风清对月朗,地辟对天开③。

游阆苑,醉蓬莱④。

七政对三台⑤。

青龙壶老杖,白燕玉人钗⑥。

香风十里望仙阁,明月一天思子台⑦。

玉橘冰桃,王母几因求道降;莲舟藜杖,真人原为读书来⑧。

【注释】

①春对夏,喜对哀:平仄上,"春""哀"是平声,"夏""喜"是仄声。语法上,"春""夏"都是季节名词,"喜""哀"是表心理活动的动词。

②大手对长才:大手,就是高手,指工于文辞的名家。长才,优异的才能。平仄上,"大手"是仄仄,"长才"是平平。语法上,二者都是定中结构。

③风清对月朗,地辟对天开:地辟,"辟"古写作"闢",有动词"打开"和形容词"开阔"两个意义,其动词意义和"开"的意义、用法相同,故而古代"开""辟"常常并说。此处"辟"当作动词,与"开"相对。"地辟""天开"还可以表述为"辟地""开天"。"地辟"今本多作"地阔",琅环阁藏本作"辟",从词义、词性来看,"辟"更佳。平仄上,"风清""天开"是平平,"月朗""地辟"是仄仄。语法上,"风清""月朗""地辟""天开"都是主谓结构,第一组皆由形容词作谓语,第二组皆由动词作谓语。

④游阆苑(làng yuàn),醉蓬莱:阆苑,阆风之苑,传说中仙人的住处,《红楼梦》中《枉凝眉》有"一个是阆苑仙葩,一个是美玉无瑕"的话。蓬莱,蓬莱山,古代传说中的神山名,也常泛指仙境,《史记·封禅书》"自威、宣、燕昭使人入海求蓬莱、方丈、瀛洲。此三神山者,其傅在勃海中"。平仄上,"游阆苑"是平仄仄,"醉

蓬莱"是仄平平。语法上,两个词语都是动宾结构。

⑤七政对三台:七政,古天文术语,或指日、月和金、木、水、火、土五行,或指天、地、人和四时,也有指北斗七星的。三台,星名,《晋书·天文志上》"在人曰三公,在天曰三台"。平仄上,"七政"是仄仄,"三台"是平平。七,《广韵》"亲吉切",入声。语法上,两个词语都是定中结构。

⑥青龙壶老杖,白燕玉人钗(chāi):上联的典故出自《后汉书·费长房传》:"费长房者,汝南人也。曾为市掾。市中有老翁卖药,悬一壶于肆头,及市罢,辄跳入壶中。市人莫之见,唯长房于楼上睹之,异焉,因往再拜奉酒脯。翁知长房之意其神也,谓之曰:'子明日可更来。'长房旦日复诣翁,翁乃与俱入壶中。……长房辞归,翁与一竹杖,曰:'骑此任所之,则自至矣。既至,可以杖投葛陂中也。'又为作一符,曰:'以此主地上鬼神。'长房乘杖,须臾来归,自谓去家适经旬日,而已十余年矣。即以杖投陂,顾视则龙也。家人谓其久死,不信之。长房曰:'往日所葬,但竹杖耳。'乃发冢剖棺,杖犹存焉。"讲的是费长房学仙的故事,壶公送给他一根竹杖,可以骑着任意来去。把竹杖抛到山坡上,竹杖化为龙,故曰"青龙壶老杖"。下联的典故出自《洞冥记》卷二:"神女留玉钗以赠帝,帝以赐赵婕妤。至昭帝元凤中,宫人犹见此钗。黄诔欲之。明日示之,既发匣,有白燕飞升天。后宫人学作此钗,因名玉燕钗,言吉祥也。"神女送给汉武帝一支玉钗,武帝赐予赵婕妤。到汉昭帝的时候,玉钗化作白燕飞走了。于是宫中人仿制这种玉钗,叫做玉燕钗。平仄上,上联是平平平仄仄,下联是仄仄仄平平。白,《广韵》"傍陌切",入声。语法上,上下联都属于判断句,因为青龙和白燕在典故里就是由壶老之竹杖、神女之玉钗所化,所以这两句的内部逻辑是"青龙,乃壶老之杖;白燕,是玉人之钗"。

⑦香风十里望仙阁,明月一天思子台:上联的典故出自《南史·张贵妃传》:"张贵妃名丽华,兵家女也。父兄以织席为业。后主为太子,以选入宫。……后主即位,拜为贵妃。性聪慧,甚被宠遇。……至德二年,乃于光昭殿前起临春、结绮、望仙三阁。高数十丈,并数十间。其窗牖、壁带、县楣、栏槛之类,皆以沉檀香为之。又饰以金玉,间以珠翠,外施珠帘。内有宝床宝帐,其服玩之属,瑰丽皆近古未有。每微风暂至,香闻数里;朝日初照,光映后庭。其下积石为山,引水为池,植以奇树,杂以花药。后主自居临春阁,张贵妃居结绮阁,龚、孔二贵嫔居望仙阁,并复道交相往来。"讲的是陈后主奢侈淫靡的生活,望仙阁是后主所建的楼阁之一,饰以宝物,极尽奢华,其目的就是为了和妃嫔们放纵淫乐。下联典故出自《汉书·武五子传》:"戾太子据,元狩元年立为皇太子,年七岁矣。……武帝末,卫后宠衰,江充用事。充与太子及卫氏有隙,恐上晏驾后为太子所诛,会巫蛊事起,充因此为奸。是时,上春秋高,意多所恶,以为左右皆为蛊道祝诅,穷治其事。丞相公孙贺父子,阳石、诸邑公主,及皇后弟子长平侯卫伉皆坐诛。……久之,巫蛊事多不信。上知太子惶恐无他意,而车千秋复讼太子冤,上遂擢千秋为丞相,而族灭江充家,焚苏文于横桥上,及泉鸠里加兵刃于太子者,初为北地太守,后族。上怜太子无辜,乃作思子宫,为归来望思之台于湖。天下闻而悲之。"汉武帝宠幸卫皇后的时候,立了卫皇后之子刘据为太子。后来卫皇后年老色衰,江充当权,和太子关系不好。江充就利用巫蛊诬陷太子,太子被冤死。后来汉武帝知道太子是无辜的,就建了思子宫、望思台。明月一天,是明月满天的意思,表达情感如月光一般绵绵不绝,无边无际。古人有许多诗句描写这样的情景,比如明陈继儒《小窗幽记·集情》的"千叠云山千叠愁,一天明月一天恨",清褚人获《坚瓠五集》卷一的"明月一天凉似水,

不堪重省旧时情"等。平仄上,上联是平平仄仄仄平仄,下联是平仄仄平平仄平。十,《广韵》"是执切",入声;阁,《广韵》"古落切",入声;一,《广韵》"於悉切",入声。语法上,作者从节奏、格律上考虑,在结构上作了一些调整,句义所表达的是"望仙阁外香风十里,思子台上明月一天"。"香风十里"对"明月一天",是主谓结构相对;"十里""一天"都是数量结构充当谓语,"一"在这里用了借对的手法,用数词的意义来与"十"构成对偶,实际是"满""全"的意思。"望仙阁"对"思子台",都是定中结构,其定语"望仙""思子"都是动宾结构。对仗工巧。

⑧玉橘(jú)冰桃,王母几因求道降;莲舟藜(lí)杖,真人原为读书来:玉橘,典出《仙传拾遗》:"(穆王)遂登于春山,又觞西王母于瑶池之上。……王造昆仑时,饮蜂山石髓,食玉树之实。又登群玉山,西王母所居。皆得飞灵冲天之道,而示迹托形者,盖所以示民有终耳。况其饮琬琰之膏,进甜雪之味,素莲黑枣,碧藕白橘,皆神仙之物,得不延期长生乎? 又云:西王母降穆王之宫,相与升云而去。"讲的是周穆王遇西王母,吃了碧藕白橘而得长生的故事。冰桃,典出《汉武帝内传》,故事讲汉武帝好长生不老之术,常常祭祀于名山大川,求仙访道。有一年七月七日,王母驾临。"因呼帝共坐,帝南面,向王母。母自设膳,膳精非常。……又命侍女更索桃,须臾,以盘盛桃七枚,大如鸭子,形圆,色青,以呈王母。母以四枚与帝,自食三桃。桃之甘美,口有盈味。帝食辄录核。王母问帝曰:'何谓?'帝曰:'欲种之耳。'母曰:'此桃三千岁一生实耳,中夏地薄,种之不生如何!'帝乃止。"王母赐了四颗仙桃给汉武帝,味道甘美。玉橘冰桃,都是形容水果的鲜嫩爽脆。两个故事里的周穆王和汉武帝很重视求仙访道,王母就是因为这个才几次降落凡间,所以上联说"王母几因求道降"。下联的典故出自《三辅黄图》卷六:"刘向于成帝之末,校书天禄阁,

专精覃思。夜有老人著黄衣，植青藜杖，叩阁而进。见向暗中独坐诵书，老父乃吹杖端，烟然，因以见向，授五行《洪范》之文。恐词说繁广忘之，乃裂裳及绅以记其言，至曙而去。请问姓名，云：'我是太乙之精，天帝闻卯金之子有博学者，下而观焉。'乃出怀中竹牒，有天文地图之书，曰：'余略授子焉。'至子歆，从授其术，向亦不悟此人焉。"西汉经学家、目录学家刘向在校书天禄阁的时候，某晚，有一位身穿黄衣的老人，拄着青藜杖造访。他吹了一下杖头，杖燃起烟火，于是给刘向传授了五行《洪范》，还怕他忘记，撕裂衣服和绅带记录下来。也有一种传说是说老人是乘莲舟而来的，故曰"莲舟藜杖"。后人因此典故而借"青藜"指夜读照明的灯烛，宋王安石《上元戏呈贡父》"不知太乙游何处，定把青藜独照公"。藜，一种草本植物，其茎直立，可以做拐杖。平仄上，上联是仄仄平平，平仄仄平平仄；下联是平平平仄，平平平仄仄平平。橘，《广韵》"居聿切"，入声；读，《广韵》"徒谷切"，入声。语法上，"玉橘冰桃"对"莲舟藜杖"，都是名词性并列结构；"王母几因求道降""真人原为读书来"都是主谓结构，谓语部分"几因求道降""原为读书来"都是状中结构。此联对仗比较工整。

【译文】

春和夏相对，喜与哀相对。

文采高妙和才能优异相对。

风清和月朗相对，辟地和开天相对。

游玩于仙宫，沉醉于蓬莱。

七政和三台相对。

青龙是壶老之杖所化，白燕是玉人之钗所变。

陈后主的望仙阁上香风十里，汉武帝的思子台上明月满天。

王母几次带着玉橘仙桃降落人间，赐予求仙访道的人们；太乙真人乘坐着莲舟来到天禄阁，点燃藜杖为刘向照明。

其二

朝对暮，去对来①。

庶矣对康哉②。

马肝对鸡肋，杏眼对桃腮③。

佳兴适，好怀开④。

朔雪对春雷⑤。

云移鸤鹊观，日丽凤凰台⑥。

河边淑气迎芳草，林下轻风待落梅⑦。

柳媚花明，燕语莺声浑是笑；松号柏舞，猿啼鹤唳总成哀⑧。

【注释】

①朝（zhāo）对暮，去对来：平仄上，"朝""来"是平声，"暮""去"是仄声。语法上，"朝""暮"都是表示时间的名词；"去""来"都是动词。

②庶（shù）矣对康哉：庶矣，语出《论语·子路》："子适卫，冉有仆。子曰：'庶矣哉！'冉有曰：'既庶矣，又何加焉？'曰：'富之。'曰：'既富矣，又何加焉？'曰：'教之。'"此处"庶矣"是说人很多。康哉，语出《尚书·益稷》："帝庸作歌，曰：'敕天之命，惟时惟几。'乃歌曰：'股肱喜哉，元首起哉，百工熙哉。'皋陶拜手稽首扬言曰：'念哉！率作兴事，慎乃宪，钦哉！屡省乃成，钦哉！'乃赓载歌曰：'元首明哉，股肱良哉，庶事康哉！'""庶矣""康哉"是形容国家安定，人口众多，百姓安康。平仄上，"庶矣"是仄仄，"康哉"是平平。语法上，"庶""康"都是形容词，"矣""哉"都是语气词。

③马肝对鸡肋（lèi），杏眼对桃腮：马肝，就是马的肝，相传马肝有毒，食之能致人于死，《史记·封禅书》"文成食马肝死耳"，司马

贞《索隐》"《论衡》云，气热而毒盛，故食走马肝杀人"。鸡肋，鸡的肋骨，比喻没什么用但丢弃又可惜的事物。《三国志·魏书·武帝纪》引《九州春秋》："时王欲还，出令曰'鸡肋'，官属不知所谓。主簿杨修便自严装，人惊问修：'何以知之？'修曰：'夫鸡肋，弃之如可惜，食之无所得，以比汉中，知王欲还也。'"有一次曹操进攻汉中被困，犹豫不决之际，下了一个"鸡肋"的命令，只有杨修猜到含义，他说："鸡肋，是那种弃之可惜，食之无味的食物。这跟汉中一样，所以魏王是要班师回朝了。"杏眼，如杏子形状的眼睛，形容眼睛很美。桃腮，形容女子粉红色的脸颊。平仄上，"马肝"是仄平，"鸡肋"是平仄；"杏眼"是仄仄，"桃腮"是平平。语法上，"马肝""鸡肋"都是定中结构；"杏眼""桃腮"也都是定中结构，其定语皆表比喻。

④佳兴适，好怀开：佳兴，饶有兴味的情趣，唐王维《崔濮阳兄季重前山兴》"秋色有佳兴，况君池上闲"；也指雅兴，宋秦观《雪斋记》"州倅太史苏公过而爱之，以为事虽类儿嬉，而意趣甚妙，有可以发人佳兴者"。文人雅士经常发佳兴而往，兴尽而归，如《世说新语·任诞》载："王子猷居山阴，夜大雪，眠觉，开室命酌酒，四望皎然。因起彷徨，咏左思招隐诗，忽忆戴安道。时戴在剡，即便夜乘小舟就之。经宿方至，造门不前而返。人问其故，王曰：'吾本乘兴而行，兴尽而返，何必见戴？'"适，往、到。好怀开，出自宋陈师道《绝句》："书当快意读易尽，客有可人期不来。世事相违每如此，好怀百岁几回开！"好怀，好兴致。开怀是形容心中无所拘束，十分畅快。平仄上，"佳兴适"是平仄仄，"好怀开"是仄平平。兴，此处当读去声。语法上，两个词语都是主谓结构，定中结构"佳兴""好怀"充当主语。

⑤朔（shuò）雪对春雷：朔雪，北方的雪，南朝宋鲍照《学刘公幹体诗》"胡风吹朔雪，千里度龙山"。平仄上，"朔雪"是仄仄，"春

雷"是平平。语法上,"朔雪""春雷"都是定中结构。

⑥云移鸡(zhī)鹊观(guàn),日丽凤凰台:鸡鹊,传说中的异鸟名。汉代有一个宫观亦名"鸡鹊",汉武帝建元中在长安甘泉宫外所建。《文选·司马相如〈上林赋〉》说"蹷石阙,历封峦过鸡鹊,望露寒",郭璞注引张揖曰"此四观,武帝建元中作,在云阳甘泉宫外"。丽,有"过"的意思,《淮南子·俶真训》"夫贵贱之于身也,犹条风之时丽也",高诱注曰"丽,过也";王力《古汉语字典》认为这个"丽"通"历","经过"的意思。"丽"今本多作"晒","晒"是晒物使干的意思,用在此处显然不合理;而"丽"作"经过"的意义和上联"移"恰构成对仗。繁体字"丽"作"麗","晒"作"曬",大约是形近而讹。凤凰台,古台名,在今江苏南京。唐李白《登金陵凤凰台》"凤凰台上凤凰游,凤去台空江自流",王琦注引《江南通志》曰:"凤凰台,在江宁府城内之西南隅,犹有陂陀,尚可登览。宋元嘉十六年,有三鸟翔集山间,文彩五色,状如孔雀,音声谐和,众鸟群附,时人谓之凤凰。起台于山,谓之凤凰台,山曰凤台山,里曰凤凰里。"平仄上,上联是平平平仄仄,下联是仄仄仄平平。"观",此处作名词,当读仄声。语法上,二者都是主谓结构,谓语部分都是动宾结构,"鸡鹊观""凤凰台"都是"移""丽"的处所宾语。

⑦河边淑气迎芳草,林下轻风待落梅:上下联语出唐孙逖《和左司张员外自洛使入京中路先赴长安逢立春日赠韦侍御等诸公》的诗:"忽睹云间数雁回,更逢山上正花开。河边淑气迎芳草,林下轻风待落梅。秋宪府中高唱入,春卿署里和歌来。共言东阁招贤地,自有西征谢傅才。"淑气,温和之气。平仄上,上联是平平仄仄平平仄,下联是平仄平平仄仄平。淑,《广韵》"殊六切",入声。语法上,两句都是主谓结构:主语"河边淑气""林下轻风"都是定中结构,由动宾结构"迎芳草""待落梅"充当谓语。

⑧柳媚花明，燕语莺声浑是笑；松号（háo）柏（bǎi）舞，猿啼鹤唳（lì）总成哀：柳媚花明，绿柳明媚、鲜花绽放，形容美好的景色。明朱有燉《神仙会》第一折："结此生欢娱境，倚玉偎香，柳媚花明，美景良辰，行乐意同情。"燕语莺声，燕子和黄莺的叫声，也是春天的景色。宋汪莘《杏花天》有"还忆潇湘风度，幸自是，断肠无处。怎强作，莺声燕语"。也可以形容女子动听的声音，如元关汉卿《杜蕊娘智赏金线池》楔子："袅娜复轻盈，都是宜描上翠屏。语若流莺声似燕，丹青，燕语莺声怎画成？"啼，猿的叫声，唐李白《早发白帝城》有"两岸猿声啼不住，轻舟已过万重山"的句子。唳，鹤鸣，汉王充《论衡·变动》"夜及半而鹤唳，晨将旦而鸡鸣"。猿啼鹤唳总给人哀怨的感觉，如唐李商隐《和友人戏赠二首》"猿啼鹤怨终年事，未抵熏炉一夕间"，宋吴潜《贺新郎》"奈江南、猿啼鹤唳，怨怀如此"。平仄上，上联是仄仄平平，仄仄平平平仄仄；下联是平平仄仄，平平仄仄仄平平。语法上，"柳媚花明""松号柏舞"都是并列结构；"燕语莺声浑是笑""猿啼鹤唳总成哀"都是主谓结构：其主语"燕语莺声""猿啼鹤唳"是并列结构，状中结构"浑是笑""总成哀"充当谓语。

【译文】

早和晚相对，去和来相对。

人口众多和百姓安康相对。

马肝和鸡肋相对，杏眼和桃腮相对。

兴致来到，心情畅快。

北方的雪和春天的雷相对。

白云飘到了鸬鹚观上空，太阳照到了凤凰台之上。

河边温和的气息轻拂着芳草，林中微微的轻风吹落了梅花。

柳树成荫鲜花明媚，流莺和燕子的叫声里充满着欢笑；松树呼号柏树起舞，猿猴和白鹤的叫声让人感到悲伤。

其三

忠对信,博对赅^①。

忖度对疑猜^②。

香消对烛暗,鹊喜对蛩哀^③。

金花报,玉镜台^④。

倒罞对衔杯^⑤。

岩巅横老树,石磴覆苍苔^⑥。

雪满山中高士卧,月明林下美人来^⑦。

绿柳沿堤,皆因苏子来时种;碧桃满观,尽是刘郎去后栽^⑧。

【注释】

①忠对信,博对赅(gāi):"忠""信"是古代儒家提倡的两种理念,常常并提,如《论语·卫灵公》中的"言忠信,行笃敬,虽蛮貊之邦,行矣"。博,大、丰富。赅,完备、齐备,或作"该",皆可。平仄上,"忠""赅"是平,"信""博"是仄。博,《广韵》"补各切",入声。语法上,两组都是形容词。

②忖度(cǔn duó)对疑猜:忖度,推测,《诗经·小雅·巧言》"他人有心,予忖度之"。平仄上,"忖度"是仄仄,"疑猜"是平平。度,《广韵》"徒落切",入声。语法上,两个词语都是表心理活动的动词。

③香消对烛暗,鹊喜对蛩(qióng)哀:香,这里是指有香味或香料做成的物品。蛩,蝗、蟋蟀的别名。古人认为秋天的蟋蟀叫声哀怨,借此表达自己悲秋的情怀,如宋吴文英《新雁过妆楼》"夜阑心事,灯外败壁哀蛩"。平仄上,"香消"是平平,"烛暗"是仄仄;"鹊喜"是仄仄,"蛩哀"是平平。烛,《广韵》"之欲切",入声。语

法上,四个词语都是主谓结构。

④金花报,玉镜台:金花报,根据《汉语大词典》,唐宋以来科举考试登第者的榜帖叫金花帖子,宋洪迈《容斋续笔·金花帖子》"唐进士登科,有金花帖子……以素绫为轴,贴以金花",宋赵彦卫《云麓漫钞》卷二"国初,循唐制,进士登第者,主文以黄花笺,长五寸许,阔半之,书其姓名,花押其下,护以大帖,又书姓名于帖面,而谓之榜帖,当时称为金花帖子"。状元寄家信报喜的帖子,就称为金花报,类似今天的喜报。玉镜台,《世说新语·假谲》:"温公丧妇。从姑刘氏家值乱离散,唯有一女,甚有姿慧。姑以属公觅婚,公密有自婚意,答云:'佳婿难得,但如峤比,云何?'姑云:'丧败之余,乞粗存活,便足慰吾余年,何敢希汝比?'却后少日,公报姑云:'已觅得婚处,门地粗可,婿身名宦尽不减峤。'因下玉镜台一枚,姑大喜。既婚,交礼,女以手披纱扇,抚掌大笑曰:'我固疑是老奴,果如所卜!'玉镜台,是公为刘越石长史,北征刘聪所得。"温峤死了妻子,看上了堂姑刘氏的女儿。堂姑托他寻觅女婿,温峤就问堂姑:"找一个跟我差不多的女婿可以吗?"对方说:"正值离乱之际,能勉强生活就不错了,哪里敢奢求你这样的女婿呢?"之后温峤就说已经看好了,还送了玉镜台作为聘礼。到婚礼的时候,新娘大笑说:"我本来就疑心是你这老家伙,果然不出所料。"玉镜台,就是玉制的镜台。平仄上,"金花报"是平平仄,"玉镜台"是仄仄平。语法上,两个都是定中结构。但二者存在不对仗之处:"金花报"是"金花"修饰"报","玉镜台"是"玉"修饰"镜台"。二者虽在结构层次上存在差异,但在字面形式上是可以形成对仗的:"玉"对"金",是材质之物名;"镜"对"花",是事物之名;"台"对"报",也是事物名词相对。且前者用的是金榜题名之典,后者用的是洞房花烛的故事,作者的用心也是比较巧妙的。

⑤倒斝（jiǎ）对衔（xián）杯：斝，商代和周代流行的青铜制贮酒器，后指酒杯、茶杯。衔杯，口含酒杯，饮酒的意思。平仄上，"倒斝"是仄仄，"衔杯"平平。语法上，两个词语都是动宾短语。

⑥岩巅横老树，石磴（dèng）覆苍苔：巅，山顶，唐韦庄《雨霁晚眺（庚子年冬大驾幸蜀后作）》"入谷路萦纤，岩巅日欲晡"。石磴，石台阶，南朝梁萧统《开善寺法会诗》"牵萝下石磴，攀桂陟松梁"。苍苔，青色苔藓，晋潘岳《河阳庭前安石榴赋》"壁衣苍苔，瓦被驳藓，处悴而荣，在幽弥显"。两句都是形容道路艰险难走。平仄上，"岩巅横老树"是平平平仄仄，"石磴覆苍苔"是仄仄仄平平。石，《广韵》"常隻切"，入声。语法上，两句都是主谓结构。"横"在这里用作动词，"横伸""横长"的意思。"苍"有"苍老""青色"两个意义，这里用的是"青色"义，而借"苍老"义来与"老树"之"老"构成对仗，是为借对。

⑦雪满山中高士卧，月明林下美人来：这两句出自明高启《梅花六首》其一："琼姿只合在瑶台，谁向江南处处栽。雪满山中高士卧，月明林下美人来。寒依疏影萧萧竹，春掩残香漠漠苔。自去何郎无好咏，东风愁寂几回开？"《红楼梦》中的"终身误"也化用了这两句诗："都道是金玉良姻，俺只念木石前盟。空对着，山中高士晶莹雪；终不忘，世外仙姝寂寞林。叹人间，美中不足今方信。纵然是齐眉举案，到底意难平。"《后汉书·袁安传》载："袁安字邵公，汝南汝阳人也。……为人严重有威，见敬于州里。"李贤注引《汝南先贤传》曰："时大雪，积地丈余。洛阳令身出案行，见人家皆除雪出，有乞食者。至袁安门，无有行路。谓安已死，令人除雪入户，见安僵卧。问：'何以不出？'安曰：'大雪，人皆饿，不宜干人。'令以为贤，举为孝廉。"有一次大雪，城里人都没饭吃，大家都扫雪出门去乞食，而袁安却在家僵卧，因为不想和别人争食。下联出自唐柳宗元《龙城录》："隋开皇中，赵师雄迁

罗浮。一日天寒日暮,在醉醒间,因憩仆车于松林间。酒肆傍舍,见一女子,淡妆素服,出迓师雄。时已昏黑,残雪对月色微明,师雄喜之,与之语。但觉芳香袭人,语言极清丽。因与之扣酒家门,得数杯,相与饮。少顷,有一绿衣童来,笑歌戏舞,亦自可观。顷醉寝,师雄亦懵然,但觉风寒相袭。久之,时东方已白,师雄起视,乃在大梅花树下,上有翠羽啾嘈相须,月落参横,但惆怅而尔。"赵师雄有一次在松林间的酒店旁休息,看到一个女子淡妆素服出来迎接,于是赵师雄就和她一起饮酒谈笑。醒来以后发现自己是在大梅树下,顿觉惆怅不已。平仄上,上联是仄仄平平平仄仄,下联是仄平平仄仄平平。语法上,"雪满山中""月明林下"是主谓结构,是整个句子的环境描写;"高士卧""美人来"也是主谓结构。

⑧绿柳沿堤,皆因苏子来时种;碧桃满观(guàn),尽是刘郎去后栽:上联的典故和宋代文人苏轼有关,据《宋史·河渠志·东南诸水下》载,苏轼在杭州做知府的时候,疏浚西湖,堆泥筑堤,人谓"苏公堤"。"轼既开湖,因积葑草为堤,相去数里,横跨南、北两山,夹道植柳,林希榜曰'苏公堤',行人便之,因为轼立祠堤上。"下联的典故和唐代诗人刘禹锡有关,《元和十年自朗州承召至京戏赠看花诸君子(玄都观桃花)》诗曰"紫陌红尘拂面来,无人不道看花回。玄都观里桃千树,尽是刘郎去后栽"。写这首诗的时候,刘禹锡被贬朗州司马十年后刚被朝廷"以恩召还"。他去京郊玄都观赏桃花,写下了这首诗,结果又因为"玄都观里桃千树,尽是刘郎去后栽"这一句触怒权贵,被贬为连州刺史。十四年后,刘禹锡"复为主客郎中",再次回到了长安,又写了一篇《再游玄都观绝句》"百亩中庭半是苔,桃花净尽菜花开。种桃道士归何处?前度刘郎今又来"。平仄上,上联是仄仄平平,平平平仄平平仄;下联是仄平仄仄,仄仄平平仄仄平。语法上,"绿柳沿

堤""碧桃满观"为主谓结构;"皆因苏子来时种""尽是刘郎去后栽"是状中结构,其主语分别指"绿柳""碧桃",承上省。

【译文】

忠和信相对,丰富和完备相对。

忖度和猜疑相对。

香燃尽和烛暗淡相对,鹊报喜和蛩哀鸣相对。

金花帖报喜,玉镜台聘妻。

倒酒和干杯相对。

岩石顶上老树歪斜,石阶上面绿苔覆盖。

大雪满山时候,袁邵公在家中高卧不起;明月照耀林下,赵师雄和美人饮酒谈笑。

西湖苏堤绿柳成荫,都是苏轼来杭州的时候所种;玄都观里碧桃绽放,皆为刘郎离开京城以后所栽。

十一 真

【题解】

"真"是"平水韵"中上平声的第十一韵部。

"真"在《广韵》中作"职邻切",平声,真韵。

《笠翁对韵》中所用到的韵脚字有麟、贫、茵、民、珍、人、宾、尘、臣、寅、仁、巾、伦、秦、闉、陈、筠、蓁、唇、神、鼙等21个;《声律启蒙》中所用到的韵脚字有真、麟、椿、人、秦、春、粼、神、贫、宾、鳞、尘、巾、薪、津、嫔、邻、钧、绅等19个。其中二书共同用到的有麟、贫、人、宾、尘、巾、秦、神8个字。《笠翁对韵》中用到而《声律启蒙》没有用到的有茵、民、珍、臣、寅、仁、伦、闉、陈、筠、蓁、唇、鼙等13字,《声律启蒙》中用到而《笠翁对韵》没有用的有真、椿、春、粼、鳞、薪、津、嫔、邻、钧、绅等11字。

其一

莲对菊,凤对麟①。

浊富对清贫②。

渔庄对蟹舍,松盖对花茵③。

萝月叟,葛天民④。

国宝对家珍⑤。

草迎金埒马,花醉玉楼人⑥。

巢燕三春尝唤友,塞鸿八月始来宾⑦。

古往今来,谁见泰山曾作砺;天长地久,人传沧海几扬尘⑧。

【注释】

①莲对菊,凤对麟(lín):平仄上,"莲""麟"都是平声,"菊""凤"
　都是仄声。菊,《广韵》"居六切",入声。语法上,"莲""菊"都是
　花卉名词,"凤""麟"都是动物名词。

②浊富对清贫:浊富,指不义而富,与"清贫"相对。清贫,生活清寒
　贫苦。《文苑英华》引唐姚崇《冰壶诫》"与其浊富,宁比清贫",意
　思大概等同《论语》中孔子所谓"不义而富且贵,于我如浮云"。
　平仄上,"浊富"是仄仄,"清贫"是平平。浊,《广韵》"直角切",入
　声。语法上,两个词都是偏正结构。

③渔庄对蟹(xiè)舍,松盖对花茵(yīn):渔庄,就是渔村。蟹舍,今
　本多作"佛舍",以"蟹舍"为是。蟹,即"蟹"的异体字,亦指渔
　村、渔家,如宋范成大《倪文举奉常将归东林出示绮川西溪二赋
　辄赋长句为谢且以赠行》"我亦吴松一钓舟,蟹舍漂摇几风雨"。
　古代文献中,"渔村""渔庄"多与"蟹舍"并提,如清吴振棫《养

吉斋丛录》"迤南则蟹舍渔庄,烟波一碧"等。松盖,指乔松茂密的枝叶,状如伞盖,古人常以此入诗,如唐白居易《香山寺二绝》中的"爱风岩上攀松盖,恋月潭边坐石棱"。花茵,语出五代王仁裕《开元天宝遗事》卷上"花裀":"学士许慎选,放旷不拘小节,多与亲友结宴于花圃中,未尝具帷幄、设坐具,使仆童辈聚落花铺于座下。慎选曰:'吾自有花裀,何消坐具?'"唐学士许慎选为人不拘小节,经常与亲友在花圃中宴会,不备坐具,把落花聚在一起当坐垫。他还说:"我自有花裀,何需坐具?"茵,本来指垫子、褥子,又作"裀",故"花茵"又作"花裀"。平仄上,"渔庄"是平平,"蟹舍"是仄仄;"松盖"是平仄,"花茵"是平平。语法上,两组词语都是定中结构。

④萝月叟(sǒu),葛(gě)天民:萝月叟,南朝宋鲍照在《月下登楼连句》中已有"髯髻萝月光,缤纷篁雾阴"的句子。至唐沈佺期的《入少密溪》则详细描写了一位隐居山林的老叟的生活:"游鱼瞥瞥双钓童,伐木丁丁一樵叟。自言避喧非避秦,薜衣耕凿帝尧人。相留且待鸡黍熟,夕卧深山萝月春。"青萝、明月、老叟,皆是隐逸诗中常见的意象,这首诗还借用了《论语·微子》中一位隐居的老人杀鸡为黍招待孔子的弟子子路的典故来描写隐士的生活。"葛天民"是指葛天氏之民;葛天氏,传说中的远古帝名,一说为远古时期的部落名。晋陶渊明《五柳先生传》曰:"黔娄之妻有言:'不戚戚于贫贱,不汲汲于富贵。'其言兹若人之俦乎?衔觞赋诗,以乐其志。无怀氏之民欤?葛天氏之民欤?""葛天民"与"萝月叟"一样,表达的是隐逸情怀。平仄上,"萝月叟"是平仄仄,"葛天民"是仄平平。语法上,两个词语都是定中结构。

⑤国宝对家珍:平仄上,"国宝"是仄仄,"家珍"是平平。国,《广韵》"古或切",入声。语法上,"国宝""家珍"都是定中结构。

⑥草迎金埒(liè)马,花醉玉楼人:两句都出自唐张子容(一作孟浩然)《长安早春》:"开国维东井,城池起北辰。咸歌太平日,共乐建寅春。云静青山树,冰开黑水滨。草迎金埒马,花伴玉楼人。鸿渐看无数,莺声听欲频。何当桂枝擢,归及柳条新。"金埒,典出《世说新语·汰侈》:"王武子被责,移第北邙下。于时人多地贵,济好马射,买地作埒,编钱匝地竟埒。时人号曰'金沟(一作"金埒")'。"王济喜欢与人斗富,他移居北邙山时,土地十分昂贵。可是因为他喜欢骑马射箭,就买了一块地,筑了矮墙当跑马场。这矮墙用铜钱串起来,环绕整个马场。这就是"金埒"这个典故的由来,后来人们多借此表示豪侈的骑射场。埒,矮墙。玉楼,华丽的楼,也用来形容传说中天帝或仙人的居所。唐代诗人白居易的《长恨歌》有"金屋妆成娇侍夜,玉楼宴罢醉和春"的句子,则以"金屋"和"玉楼"相对。这和本联中"金埒"与"玉楼"相对类似,皆表示当事人极尽奢华与侈靡的生活,具有讽刺意义。平仄上,上联是仄平平仄仄,下联是平仄仄平平。语法上,两个句子都是主谓结构,主语为"草""花",谓语"迎金埒马""醉玉楼人"都是动宾结构。"醉"在这里是使动用法,可带宾语"玉楼人",故而"醉"的不是主语"花",而是宾语"玉楼人",花的美丽使得玉楼之人心醉。

⑦巢燕三春尝唤友,塞鸿八月始来宾:上联的典故出自《诗经·小雅·伐木》:"伐木丁丁,鸟鸣嘤嘤。出自幽谷,迁于乔木。嘤其鸣矣,求其友声。"后人将"求其友声"化为"唤友",比如宋李之仪《踏莎行》有"紫燕衔泥,黄莺唤友"。巢燕,燕子喜欢在人家房檐下筑巢,故谓燕为"巢燕"。三春,即指春天。每个季节包括三个月,春季三个月是农历正月(孟春)、农历二月(仲春)、农历三月(季春)。塞鸿,塞外的鸿雁,塞鸿秋季南来,春季北去,古人把鸿雁到南方过冬视为"作宾",则其飞回北方就是"归家"。《礼记·月

令》有"季秋之月,日在房,昏虚中,旦柳中。其日庚辛。……
鸿雁来宾,爵入大水为蛤"。八月,指农历的八月,已经是秋天。
平仄上,上联是平仄平平平仄仄,下联是仄平仄仄仄平平。八,
《广韵》"博拔切",入声。语法上,两句都是主谓结构。"巢燕"
"塞鸿"充当主语。"三春尝唤友""八月始来宾"是状中结构充
当谓语:状语是时间名词"三春"与"八月"、副词"尝"与"始"相对;
谓语中心"唤友""来宾"表面上都是动词和名词的组合,但在结
构上不完全对仗,因为"唤友"是动宾结构,"来宾"是连谓结构,
前来作宾的意思,"宾"用作动词。

⑧古往今来,谁见泰山曾作砺(lì);天长地久,人传沧海几扬尘:上
联出自《史记·高祖功臣侯者年表》:"古者人臣功有五品,以德
立宗庙定社稷曰勋,以言曰劳,用力曰功,明其等曰伐,积日曰
阅。封爵之誓曰:'使河如带,泰山若厉。国以永宁,爰及苗裔。'
始未尝不欲固其根本,而枝叶稍陵夷衰微也。"明高启《唐昭宗
赐钱武肃王铁券歌》诗曰:"人生富贵知几时,泰山作砺徒相期。"
意思是,人生富贵没有多少时间,期待泰山变成砺石是徒然的,
所以说"古往今来,谁见泰山曾作砺",没人见过泰山变成砺石。
砺,砺石,可作磨刀石和石磨的一种粗石。下联出自东晋葛洪
《神仙传·王远》:"麻姑来,来时亦先闻人马之声,既至,从官当
半于方平也。麻姑至,蔡经亦举家见之,是好女子,年十八九许,
于顶中作髻,余发散垂至腰。其衣有文章而非锦绮,光彩耀日,
不可名字,皆世所无有也。入拜方平,方平为之起立。……麻姑
自说:'接待以来,已见东海三为桑田,向到蓬莱,水又浅于往昔,
会时略半也,岂将复还为陵陆乎?'方平笑曰:'圣人皆言,海中
行复扬尘也。'"麻姑说已经看见东海三次变为桑田,而蓬莱的水又
在变浅,少了一半,不知道是不是要变成丘陵陆地呢。方平(即王
远)说圣人都在说,海中又在扬起尘土了。平仄上,上联是仄仄

平平,平仄仄平平仄仄;下联是平平仄仄,平平平仄仄平平。语法上,"古往今来""天长地久"都是并列结构,是整个句子的时间状语。"谁见泰山曾作砺""人传沧海几扬尘"都是主谓结构:"谁""人"充当主语,"见泰山曾作砺""传沧海几扬尘"是动宾结构充当谓语,其宾语"泰山曾作砺""沧海几扬尘"又是主谓结构。上下联结构复杂而对仗工稳,语义上时间与空间、高山与大海两相对偶,境界阔大,充满邈远的哲思。

【译文】

莲和菊相对,凤和麟相对。

不义之富贵和清廉的贫寒相对。

渔村和蟹舍相对,如同伞盖的松树和用作坐垫的落花相对。

月下藤萝拂衣的老人,传说中葛天氏的百姓。

国宝和家珍相对。

草地迎来曾在铜钱围筑的跑马场上奔跑过的骏马,美丽的鲜花使得玉楼上的人们都忍不住为它陶醉。

屋檐下的燕子在春天嘤嘤鸣叫呼唤朋友,塞外鸿雁从秋天八月开始飞到南方作客。

古往今来,谁也没见过泰山变成磨刀石;天长地久,人们说起沧海曾几度变桑田。

其二

兄对弟,吏对民①。

父子对君臣②。

勾丁对补甲,赴卯对同寅③。

折桂客,簪花人④。

四皓对三仁⑤。

王乔云外舄，郭泰雨中巾^⑥。

人交好友来三益，士有贤妻备五伦^⑦。

文教南宣，武帝平蛮开百越；义旗西指，韩侯扶汉卷三秦^⑧。

【注释】

①兄对弟，吏对民：平仄上，"兄""民"是平声，"弟""吏"是仄声。语法上，四个词语都是名词。

②父子对君臣："父子"是家庭关系词，"君臣"是国家政府机构里的地位关系词。二者都是古代伦理关系中最重要的内容。《论语·颜渊》曰："齐景公问政于孔子，孔子对曰：'君君、臣臣、父父、子子。'公曰：'善哉！信如君不君，臣不臣、父不父、子不子，虽有粟，吾得而食诸？'"孔子认为国家想要管理得好，必须君行君之事，臣行臣之事，父行父之道，子行子之道。平仄上，"父子"是仄仄，"君臣"是平平。语法上，这一组都是并列式名词结构。

③勾丁对补甲，赴卯（mǎo）对同寅（yín）：勾丁，征调到了服役年龄的男子，《明史·志第六十九·刑法一》载"明初法严，县以千数，数传之后，以万计矣。有丁尽户绝，止存军产者，或并无军产，户名未除者，朝廷岁遣御史清军，有缺必补。每当勾丁，逮捕族属、里长，延及他甲，鸡犬为之不宁"。丁，旧时指到了服劳役年龄的人，《隋书·食货志》"男女三岁已下为黄，十岁已下为小，十七已下为中，十八已上为丁"；也指成年男子。补甲，补充兵员，过去常有"挑补甲缺""顶补甲兵""补甲缺"的说法。"补"今本多作"甫"，"补"繁体作"補"，当因形近而讹。赴卯，当为去办公、去上班的意思。赴，赶赴，前往，去。卯，地支的第四位，古代用以纪年、月、日、时；可以表时辰，指早晨五时至七时；旧时官署办公从卯时始，故点名称点卯，签到应名为画卯、应卯。同寅，就

是同僚，语出《尚书·皋陶谟》"同寅协恭，和衷哉"，还常说"寅谊""寅僚"。寅，地支的第三位，和"卯"一样，古代用以纪年、月、日、时；又为十二时辰之一，相当于今北京时间凌晨三点钟至五点钟。平仄上，"勾丁"是平平，"补甲"是仄仄；"赴卯"是仄仄，"同寅"是平平。语法上，"勾丁""补甲"都是动宾结构。"赴卯""同寅"这两个词语对仗比较勉强："赴卯"是动宾结构，"同寅"当属定中结构。

④折桂客，簪（zān）花人：折桂，典故出自《晋书·郗诜传》："武帝于东堂会送，问诜曰：'卿自以为何如？'诜对曰：'臣举贤良对策，为天下第一，犹桂林之一枝，昆山之片玉。'"晋武帝问郗诜："你认为你自己怎样？"郗诜说自己举贤良对策是天下第一，好比桂树林中的一枝花，昆山的一片玉。后来就以"折桂"谓科举及第。比如《红楼梦》第九回："彼时黛玉才在窗下对镜理妆，听宝玉说上学去，因笑道：'好！这一去，可定是要蟾宫折桂去了。我不能送你了。'"簪花，谓插花于冠，宋代皇帝还将各色花赐予百官佩戴，《宋史·舆服志》载："簪戴。幞头簪花，谓之簪戴。中兴，郊祀、明堂礼毕回銮，臣僚及扈从并簪花，恭谢日亦如之。大罗花以红、黄、银红三色，栾枝以杂色罗，大绢花以红、银红二色。罗花以赐百官，栾枝，卿监以上有之；绢花以赐将校以下。太上两宫上寿毕，及圣节、及锡宴、及赐新进士闻喜宴，并如之。"平仄上，"折桂客"是仄仄仄，"簪花人"是平平平。折，《广韵》"旨热切"，入声。语法上，两个词语都与古代的科举取士有关，都是定中结构。

⑤四皓（hào）对三仁：四皓，指秦末隐居商山的东园公、甪里先生、绮里季、夏黄公，四人须眉皆白，故称商山四皓。《史记·留侯世家》载，汉高祖要废长立幼，吕后向张良求计，张良说："此难以口舌争也。顾上有不能致者，天下有四人。四人者年老矣，皆以为上慢侮人，故逃匿山中，义不为汉臣。然上高此四人。今公诚能

无爱金玉璧帛,令太子为书,卑辞安车,因使辩士固请,宜来。来,以为客,时时从入朝,令上见之,则必异而问之。问之,上知此四人贤,则一助也。"张良提议让人卑辞厚礼把隐匿在山中的四位老者请来辅助太子。果然刘邦见了此四人,就放弃了废太子的打算。西汉司马迁的《史记》中尚未称此四人为"四皓",到东汉班固的《汉书·外戚恩泽侯表》中就有"高帝拨乱诛暴,庶事草创,日不暇给,然犹修祀六国,求聘四皓,过魏则宠无忌之墓,适赵则封乐毅之后",此当出自西汉扬雄的《解嘲》"蔺生收功于章台,四皓采荣于南山"。三仁,三位仁人,指殷末之微子启、箕子和比干,《论语·微子》:"微子去之,箕子为之奴,比干谏而死。孔子曰:'殷有三仁焉。'"平仄上,"四皓"是仄仄,"三仁"是平平。语法上,"四皓""三仁"都是定中结构。

⑥ 王乔云外舄(xì),郭泰雨中巾:上联典出《后汉书·方术列传》所载:"王乔者,河东人也。显宗世,为叶令。乔有神术,每月朔望,常自县诣台朝。帝怪其来数,而不见车骑,密令太史伺望之。言其临至,辄有双凫从东南飞来。于是候凫至,举罗张之,但得一只舄焉。乃诏尚方诊视,则四年中所赐尚书官属履也。"王乔有神仙之术,每次他从县里到朝廷,都没有见到他乘车马。皇帝感到非常奇怪,就密令太史探查,发现每次都有两只水鸟(野鸭)从东南方飞来。于是就用罗网捕下来,发现是一只舄,正是四年中所赐的尚书官靴。舄,古代一种以木为复底的鞋,也可以作为鞋的通称。郭泰雨中巾,语出《后汉书·郭太传》:"尝于陈梁间行遇雨,巾一角垫,时人乃故折巾一角,以为'林宗巾'。"郭泰,字林宗。他有一次外出遇到下雨,头巾的一个角因雨而折起来了。当时的人就故意将头巾的一角折起来,叫作"林宗巾"。平仄上,上联是平平平仄仄,下联是仄仄仄平平。郭,《广韵》"古博切",入声。语法上,上下联都是定中结构。

⑦人交好友来三益，士有贤妻备五伦：三益，《论语·季氏》曰："孔子曰：'益者三友，损者三友：友直，友谅，友多闻，益矣；友便辟，友善柔，友便佞，损矣。'"有益于人的朋友有三种，正直的朋友，讲诚信的朋友，见多识广的朋友。孔子认为，和这样的人交朋友是有益的。五伦，旧指君臣、父子、兄弟、夫妻、朋友之间五种伦理关系，也称五常、人伦。《孟子·滕文公上》载："设为庠序学校以教之。庠者养也，校者教也，序者射也。夏曰校，殷曰序，周曰庠，学则三代共之，皆所以明人伦也"，"圣人有忧之，使契为司徒，教以人伦：父子有亲，君臣有义，夫妇有别，长幼有序，朋友有信"。孟子认为学校的一种重要功能是教人明白人伦关系，让人懂得父子之间必须亲爱，君臣之间有道义，夫妇有差别，长幼有顺序，朋友有诚信。平仄上，上联是平平仄仄平平仄，下联是仄仄平平仄仄平。语法上，"人交好友"与"士有贤妻"相对，都是主谓结构；"来三益"与"备五伦"相对，都是动宾结构。

⑧文教南宣，武帝平蛮（mán）开百越；义旗西指，韩侯扶汉卷三秦：蛮，古代把四方的少数民族称为"东夷""南蛮""西戎""北狄"，蛮是我国古代对长江中游及其以南地区少数民族的泛称。百越，我国古代南方越人的总称，因部落众多，故总称百越，又叫南越，《通考·舆地考·古南越》"自山岭而南，当唐虞三代为蛮夷之国，是百越之地，亦谓之南越"。《史记·孝武本纪》记载了汉武帝平定南越的事情，"其秋，为伐南越，告祷泰一，以牡荆画幡日月北斗登龙，以象天一三星，为泰一锋，名曰'灵旗'"。"其年，既灭南越，上有嬖臣李延年以好音见"，"于是塞南越，祷祠泰一、后土，始用乐舞，益召歌儿，作二十五弦及箜篌瑟自此起"。三秦，根据《史记·秦始皇本纪》，秦亡以后，项羽三分关中，封秦降将章邯为雍王，司马欣为塞王，董翳为翟王，合称三秦。韩侯，指韩信，《史记·淮阴侯列传》中记载韩信帮助刘邦出谋划策，

带兵平定三秦的过程。刘邦封韩信为大将以后，问他有什么计策。韩信说："且三秦王为秦将，将秦子弟数岁矣，所杀亡不可胜计，又欺其众降诸侯，至新安，项王诈阬秦降卒二十余万，唯独邯、欣、翳得脱，秦父兄怨此三人，痛入骨髓。今楚强以威王此三人，秦民莫爱也。大王之入武关，秋豪无所害，除秦苛法，与秦民约，法三章耳，秦民无不欲得大王王秦者。于诸侯之约，大王当王关中，关中民咸知之。大王失职入汉中，秦民无不恨者。今大王举而东，三秦可传檄而定也。"韩信认为三秦王本是秦将，项羽坑杀投降的秦兵二十多万人，只有他们三王不曾遭患，当地的百姓都对他们怀恨在心。且刘邦深得民心，要是带兵攻打三秦的话，应该易如反掌。"于是汉王大喜，自以为得信晚。遂听信计，部署诸将所击。八月，汉王举兵东出陈仓，定三秦"，果然刘邦很快得到了三秦之地，有了打败项羽的根据地。平仄上，上联是平仄平平，仄仄平平平仄仄；下联是仄平平仄，平平平仄仄平平。语法上，"文教南宣""义旗西指"都是主谓结构；"武帝平蛮开百越""韩侯扶汉卷三秦"也是主谓结构，谓语由两个并列的动宾结构充当，"平蛮""开百越"是汉武帝的功业，"扶汉""卷三秦"是韩信的功绩。

【译文】

兄和弟相对，吏和民相对。

父子和君臣相对。

征调成年的男子和补充作战的士兵相对，上班和同僚相对。

科举高中之士，为官取士之人。

汉初四位隐居的老人和殷商末期的三位贤者相对。

王乔有两只水鸟变的鞋子，郭泰有下雨时折角的头巾。

人要与有益于己的三种朋友结交，士要和懂得五伦关系的贤妻结婚。

教化南蛮，武帝平定南方的百越各族；挥旗西征，韩信辅助刘邦夺取三秦地。

其三

申对午，侃对訚①。

阿魏对茵陈②。

楚兰对湘芷，碧柳对青筠③。

花馥馥，草蓁蓁④。

粉颈对朱唇⑤。

曹公奸似鬼，尧帝智如神⑥。

南阮才郎羞北富，东邻丑女效西颦⑦。

色艳北堂，草号忘忧忧甚事；香浓南国，花名含笑笑何人⑧。

【注释】

①申对午，侃（kǎn）对訚（yín）：申、午，都是十二地支之一，地支包括子、丑、寅、卯、辰、巳、午、未、申、酉、戌、亥。侃，刚直、和乐。訚，说话和悦而持正不阿。侃、訚，语出《论语·乡党》："孔子于乡党，恂恂如也，似不能言者。其在宗庙朝廷，便便言，唯谨尔。朝，与下大夫言，侃侃如也；与上大夫言，訚訚如也。"孔子上朝的时候，和下大夫们说话态度坦诚和悦，和上大夫们说话则显得正直而恭敬。"侃""訚"都是形容人的态度面貌。平仄上，"申""訚"读平声，"午""侃"读仄声。语法上，"申""午"都是跟历法有关的名词，"侃""訚"都是形容词。

②阿魏对茵（yīn）陈：阿魏，一种有臭气的植物。茵陈，蒿类的一种，有香气，唐杜甫《陪郑广文游何将军山林》诗之七："棘树寒云色，茵陈春藕香。"平仄上，"阿魏"是平仄，"茵陈"是平平。语法

上，两个都是植物名词。

③楚兰对湘芷（zhǐ），碧柳对青筠（yún）：楚兰，兰是香草名，古代男女都佩用，以祓除不祥，因盛产于楚地，故名。唐杜牧《将赴湖州留题亭菊》有"陶菊手自种，楚兰心有期"。芷，即白芷，香草名，《楚辞·离骚》"畦留夷与揭车兮，杂杜衡与芳芷"。筠，竹子。平仄上，"楚兰"是仄平，"湘芷"是平仄；"碧柳"是仄仄，"青筠"是平平。语法上，"楚兰""湘芷""碧柳""青筠"都是定中结构。

④花馥馥（fù），草蓁蓁（zhēn）：馥馥，形容香气浓郁。蓁蓁，草木茂盛貌，《诗经·周南·桃夭》"桃之夭夭，其叶蓁蓁"，朱熹注曰"蓁蓁，叶之盛也"。平仄上，"花馥馥"是平仄仄，"草蓁蓁"是仄平平。语法上，两个词语都属于主谓结构，谓语都是形容性的叠音词。

⑤粉颈对朱唇：平仄上，"粉颈"是仄仄，"朱唇"是平平。语法上，两个词语都属于定中结构。

⑥曹公奸似鬼，尧（yáo）帝智如神：曹公是指曹操，位至三公，人皆称曹公。人评价他是"治世之能臣，乱世之枭雄"，在《三国演义》里更被塑造成为一个非常奸诈的人物形象。奸似鬼，这是古代俗语里的说法，俗语有"饶你奸似鬼，也吃洗脚水"。尧帝智如神，出自《史记·五帝本纪》："帝尧者，放勋。其仁如天，其知（智）如神。就之如日，望之如云。富而不骄，贵而不舒。黄收纯衣，彤车乘白马。能明驯德，以亲九族。九族既睦，便章百姓。百姓昭明，合和万国。"尧，传说中古帝陶唐氏之号，是与舜、禹并称的圣王贤君。平仄上，"曹公奸似鬼"是平平平仄仄，"尧帝智如神"是平仄仄平平。语法上，两个句子都是主谓结构，谓语"奸似鬼""智如神"也都是主谓结构，陈述主语"曹公""尧帝"的情况或特点。

⑦南阮（ruǎn）才郎羞北富，东邻丑女效西颦（pín）：上联的典故出自《晋书·阮咸传》："咸字仲容，父熙，武都太守。咸任达不拘，与叔父籍为竹林之游，当世礼法者讥其所为。咸与籍居道南，诸

阮居道北,北阮富而南阮贫。七月七日,北阮盛晒衣服,皆锦绮
粲目,咸以竿挂大布犊鼻于庭。人或怪之,答曰:'未能免俗,聊
复尔耳!'"阮籍、阮咸同属竹林七贤,阮籍是阮咸的叔叔,二者并
称大小阮。阮籍、阮咸住在道南,其他阮氏成员住在道北,被称
为南阮和北阮。南阮贫穷,北阮富裕。七月初七,北阮拿出家
里的衣服出来晾晒,都是绫罗绸缎,琳琅满目;阮咸也拿个犊鼻
裤挂在竹竿上。别人觉得很奇怪,他就说"我也不能免俗啊,就
拿这个晒晒吧",以示自己并不在意贫富。"羞"在这里是使动
用法。阮咸在诸阮晾晒华丽服饰的时候挂出犊鼻裤,对富有阮
氏家族成员们也有一层羞辱的含义,故而上联说"羞北富"。下
联典出《庄子·天运》"故西施病心而颦其里,其里之丑人见而美
之,归亦捧心而颦其里。其里之富人见之,坚闭门而不出;贫人
见之,挈妻子而去之走"。西施是越国的美女,她心脏有病,发作
时会捧心皱眉,神态很美。她的邻居看了也模仿着做,结果只能
增加她的丑陋。后人把这个效颦的人称为东施,这个典故就叫
"东施效颦"。颦,皱眉的意思。平仄上,上联是平仄平平平仄
仄,下联是平平仄仄仄平平。语法上,上下联都是主谓结构:主
语"南阮才郎""东邻丑女"都是定中结构,谓语"羞北富""效西
颦"都是动宾结构。

⑧色艳北堂,草号忘忧忧甚事;香浓南国,花名含笑笑何人:宋丁谓
《山居》"草解忘忧忧底事,花能含笑笑何人",正是此联的出处。
北堂,根据《汉语大词典》,是古代居室东房的后部,为妇女盥洗
之所,《仪礼·士昏礼》"妇洗在北堂",郑玄注"北堂,房中半以
北",因此用来表示妇女所居之处;后也用来指母亲的居室,《诗
经·卫风·伯兮》"焉得谖草,言树之背",毛传"背,北堂也"。
草,指忘忧草,也就是萱草,亦写作"谖草",古人以为萱草可以使
人忘忧,唐李建勋《春日尊前示从事》有"最觉此春无气味,不如

庭草解忘忧"。古人称母亲的居室为"萱堂",因此以"萱"为母亲或母亲居处的代称。含笑,花名,初夏开花,开时如含笑状,有香蕉气味,产地在我国南部,故曰"香浓南国"。平仄上,上联是仄仄仄平,仄仄仄平平仄仄;下联是平平平仄,平平平仄仄平平。国,《广韵》"古或切",入声。语法上,"色艳北堂""香浓南国",皆为主谓结构;"草号忘忧"对"花名含笑",也是主谓结构,谓语"号忘忧""名含笑"是动宾结构,其宾语"忘忧""含笑"在形式上也还是个动宾结构;"忧甚事""笑何人"也是动宾结构。有意思的是,"忘忧"和"含笑"串联起前后的词语,形成一种顶真(联珠)的效果,非常巧妙。如果分解为普通的句子,可以表示为:色艳北堂,草号忘忧,忘忧(草)忧甚事;香浓南国,花名含笑,含笑(花)笑何人。此联在音韵、用典、语义、结构、修辞上,都颇见巧思。

【译文】

申时和午时相对,和乐与庄重相对。

阿魏和茵陈相对。

楚地产的兰草与湘江边的白芷相对,绿柳和翠竹相对。

花香馥郁,草叶茂盛。

粉嫩的脖子和红润的嘴唇相对。

曹操奸诈如鬼,帝尧智慧如神。

住在道南的阮氏才子晒犊鼻裤来嘲笑住在道北的阮氏族人,住在东边的邻居也学西施捧心皱眉只能更增加自己的丑陋。

北堂的草长得正茂,此草名叫忘忧草,不知它在担忧什么事;南国的花开得正香,此花名为含笑花,不知它正在笑什么人。

十二　文

【题解】

"文"是"平水韵"中上平声的第十二韵部。

"文"在《广韵》中作"无分切",平声,文韵。

《笠翁对韵》中所用到的韵脚字有欣、坟、耘、芹、云、裙、纹、熏、勤、分、芸、文、闻、军、勋、蕡、羵、殷、君等19个。《声律启蒙》中所用的韵脚字有文、军、芬、熏、分、云、闻、曛、欣、君、殷、蕡、坟、群等14个。其中二书共用的韵脚字有欣、坟、云、熏、分、文、闻、军、蕡、君10个。《笠翁对韵》用到而《声律启蒙》没有用到的是耘、芹、裙、纹、勤、芸、勋、羵、殷等9字,《声律启蒙》用到而《笠翁对韵》没有用的是芬、曛、殷、群等4字。

其一

忧对喜,戚对欣①。

二典对三坟②。

佛经对仙语,夏耨对春耘③。

烹早韭,剪春芹④。

暮雨对朝云⑤。

竹间斜白接,花下醉红裙⑥。

掌握灵符五岳箓,腰悬宝剑七星纹⑦。

金锁未开,上相趋听宫漏永;珠帘乍卷,群僚仰对御炉熏⑧。

【注释】

①忧对喜,戚(qī)对欣:戚,忧愁、悲哀。欣,快乐、喜欢。平仄上,"忧""欣"是平声,"喜""戚"是仄声。戚,《广韵》"仓历切",入声。语法上,"忧""喜""戚""欣"都是表心理活动的动词。

②二典对三坟:二典,《尚书》中《尧典》《舜典》的合称。三坟,《左传·昭公十二年》有"是能读三坟、五典、八索、九丘",孔颖达《春秋左传正义》:"孔安国《尚书序》云:'伏牺、神农、黄帝之书,谓之

《三坟》，言大道也。'……贾逵云：'《三坟》，三王之书。'《尔雅》曰：坟，大防也。……马融说：'《三坟》，三气，阴阳始生，天、地、人之气也。'此诸家者，各以意言，无正验，杜所不信，故云'皆古书名'。"可见"三坟"到底是什么，说法很多，莫衷一是。平仄上，"二典"是仄仄，"三坟"是平平。语法上，二者都是定中短语，由数词修饰名词，指称特定的书籍或篇章。

③佛经对仙语，夏耨（nòu）对春耘（yún）：耨，本指古代锄草的农具，引申为锄草的意思。平仄上，"佛经"是仄平，"仙语"是平仄；"夏耨"是仄仄，"春耘"是平平。佛，《广韵》"符弗切"，入声。语法上，第一组都是定中结构，第二组都是状中结构。

④烹（pēng）早韭，剪春芹：早韭，初春新生的韭菜芽，《南齐书·周颙》："文惠太子问颙：'菜食何味最胜？'颙曰：'春初早韭，秋末晚菘。'"宋苏轼《和陶西田获早稻》："早韭欲争春，晚菘先破寒。"春芹，春天的嫩芹菜。平仄上，"烹早韭"是平仄仄，"剪春芹"是仄平平。语法上，两个词语都是动宾结构。

⑤暮雨对朝云：出自战国宋玉《高唐赋》序："昔者先王尝游高唐，怠而昼寝。梦见一妇人，曰：'妾巫山之女也，为高唐之客。闻君游高唐，愿荐枕席。'王因幸之。去而辞曰：'妾在巫山之阳，高丘之阻，旦为朝云，暮为行雨，朝朝暮暮，阳台之下。'旦朝视之，如言，故为之立庙，号曰朝云。"当日楚王游高唐的时候，白天因为倦怠睡着了，梦见一个女子自称是巫山女神，愿意与他交好。临走时说她在巫山南面，旦为朝云暮为行雨。楚王就给她立了一个庙叫"朝云"。后来常用"朝云暮雨""云雨""巫山云雨"等作为男女幽会的典故。平仄上，"暮雨"是仄仄，"朝云"是平平。语法上，两个词语都是定中结构。

⑥竹间斜白接，花下醉红裙：上联典故出自《世说新语·任诞》："山季伦为荆州，时出酣畅。人为之歌曰：'山公时一醉，径造高阳

池,日莫倒载归,酩酊无所知。复能乘骏马,倒着白接䍦,举手问葛强,何如并州儿?'高阳池在襄阳。强是其爱将,并州人也。"山季伦就是山简,他做荆州刺史的时候,经常出去畅饮,有人还专门为他编了一首歌谣,大意是山先生经常醉倒,径直造访高阳。太阳落山了睡倒在车中回来,酩酊大醉中一无所知。醉红裙,指为美女而醉,如唐韩愈《醉赠张秘书》诗"不解文字饮,惟能醉红裙"。红裙,指女子穿的红色裙子,也指美女。平仄上,"竹间斜白接"是仄平平仄仄,"花下醉红裙"是平仄仄平平。竹,《广韵》"张六切";白,《广韵》"傍陌切";接,《广韵》"即叶切"。三个字都是入声。语法上,两句都是状中结构。"竹间""花下"充当地点状语,中心语"斜白接""醉红裙"都是动宾结构,"斜"是斜戴的意思,"醉"是为动用法,为红裙而醉。

⑦掌握灵符五岳箓(lù),腰悬宝剑七星纹:灵符,道教的符箓。五岳,根据明杨慎《丹铅总录·地理》引《道经》,当指道教谓五座仙山,即东岳广乘山、南岳长离山、西岳丽农山、北岳广野山、中岳昆仑山。箓,古称上天赐予帝王的符命文书。道教中符、箓义同。宝剑七星纹,一般认为是宝剑上有北斗七星的图纹,过去叫七星剑,《吴越春秋·王僚使公子光传》:"二人饮食毕,欲去,胥乃解百金之剑以与渔者:'此吾前君之剑,中有七星,价直百金,以此相答。'"伍子胥用七星剑答谢渔父的救命之恩。在不少古典文献中,七星剑都是用来降妖除魔的宝剑,比如《红线传》"田亲家翁止于帐内,鼓跃酣眠,头枕文犀,髻包黄縠,枕前露七星剑",《北游记》卷四"众精见水干,滚上岸看时,却是祖师于岸上手持七星剑作法,众精一见便走"。平仄上,上联是仄仄平平仄仄仄,下联是平平仄仄仄平平。七,《广韵》"亲吉切",入声。语法上,两句皆为主谓结构:主语是"掌""腰",谓语"握灵符五岳箓""悬宝剑七星纹"是动宾结构,宾语部分的语义结构未构成

严格对仗："灵符"与"五岳篆"之间是对等的,构成复指关系;"宝剑"和"七星纹"不对等,"七星纹"则是说明宝剑特点的,二者构成主谓关系。

⑧金锁未开,上相趋听宫漏永;珠帘乍卷,群僚仰对御炉熏(xūn):上相,上古指天子举行大典时,主持礼仪的官员;后来也用来作为对宰相的尊称,泛指大臣。宫漏,古代宫中计时器,用铜壶滴漏,故称。唐李商隐《龙池》:"龙池赐酒敞云屏,羯鼓声高众乐停。夜半宴归宫漏永,薛王沉醉寿王醒。"永,指时间长。珠帘乍卷,是群臣们上朝时候的情景,据《晋书·苻坚传》"坚自平诸国之后,国内殷实,遂示人以侈,悬珠帘于正殿,以朝群臣"。珠帘,珍珠缀成的帘子。乍卷,刚刚卷起来,今本多作"半卷",朝堂之上不当如是。且上联"未开"是形容时间上尚未发生,而"乍卷"表示事情刚刚开始,已经发生,正好相对。故当从琅环阁藏本,作"乍卷"为是。御炉熏,也是朝堂之上方可见的情形,如宋范祖禹《又和张给事喜雨》之"禁漏深迷天阙晓,朝衣凉带御炉熏。时清封奏何妨简,献纳赓歌见爱君"。御炉,御用的香炉,唐柳宗元《省试观庆云图诗》"抱日依龙衮,非烟近御炉"。平仄上,上联是平仄仄平,仄仄平平平仄仄;下联是平平仄仄,平平仄仄仄平平。语法上,"金锁未开""珠帘乍卷",都是主谓结构。"上相趋听宫漏永""群僚仰对御炉熏"也是主谓结构,其谓语部分"趋听宫漏永""仰对御炉熏"都是状中结构,"趋""仰"都是动词作状语,"听""对"的宾语"宫漏永""御炉熏"亦皆为主谓结构。两句结构复杂,而对仗工整。

【译文】

忧虑和喜悦相对,悲伤和欢欣相对。

二典和三坟相对。

佛经和仙语相对,夏天锄草和春天耕耘相对。

烹新长的韭菜,剪春天的芹菜。

傍晚的雨和早晨的云相对。

山简在竹林骑行,醉了倒戴着帽子;人们在花下饮酒,醉倒在红裙之下。

手中拿着五岳灵符作法,腰上悬着七星宝剑降妖。

朝臣来到宫门,宫门尚未打开,宫中铜壶的滴漏声长长久久;群僚站于朝堂,珠帘刚刚卷起,殿上御炉烧的熏香烟雾缭绕。

其二

词对赋,懒对勤①。

类聚对群分②。

鸾箫对凤笛,带草对香芸③。

燕许笔,柳韩文④。

旧话对新闻⑤。

赫赫周南仲,翩翩晋右军⑥。

六国说成苏子业,两京收复郭公勋⑦。

汉阙陈书,侃侃忠言推贾谊;唐廷对策,岩岩直谏有刘蒉⑧。

【注释】

①词对赋(fù),懒对勤:平仄上,"词""勤"是平声,"赋""懒"是仄声。语法上,"词"和"赋"都是古代的两种体裁,名词;"懒""勤"是一组反义形容词。

②类聚对群分:"类聚""群分"出自《周易·系辞上》"方以类聚,物以群分",谓将同类的事物汇聚在一起,不同类别的就区分开来了,二者互文。平仄上,"类聚"是仄仄,"群分"是平平。语法上,

"类聚""群分"都是状中结构。

③鸾箫（luán xiāo）对凤笛，带草对香芸：鸾箫，是箫的美称，宋刘壎《西湖明月引·用白云翁韵送客游行都》"目断京尘，何日听鸾箫"。凤笛，笛的美称，宋葛长庚《瑶台月》"念陈迹，虎殿虬宫。记往事，龙箫凤笛"。带草，草名，据明张岱《夜航船·植物部·书带草》载："郑玄，字康成，居城南山中教授。山下有草如薤，叶长而细，坚韧异常，时人名为'康成书带'。"郑玄曾经居住在城南山中教授学生。他所居住的山下，有一种草长得和薤草很像，叶子细长，非常坚韧，当时的人给它起名叫"康成书带"。香芸，香草名，古代藏书家用之以防蠹虫。宋刘克庄《鹊桥仙》"香芸辟蠹，青藜烛阁，天上宝书万轴"。平仄上，"鸾箫"是平平，"凤笛"是仄仄；"带草"是仄仄，"香芸"是平平。笛，《广韵》"徒历切"，入声。语法上，两组都是定中结构。

④燕许笔，柳韩文：燕许，唐时名臣燕国公张说、许国公苏颋的合称。两人皆以文章显世，《新唐书·苏颋传》："颋性廉俭，奉禀悉推散诸弟亲族，储无长赀。自景龙后，与张说以文章显，称望略等，故时号'燕许大手笔'。"柳韩，指唐代古文家柳宗元和韩愈，他们都名列唐宋八大散文家之内。宋晁公武《郡斋读书志·楚辞类·别集类上》引《李翱集》苏舜钦序云"唐之文章称韩柳"。二人一般并称"韩柳"，此处因为平仄的问题而倒作"柳韩"。今本《笠翁对韵》多作"韩柳"，则第二字平仄失对了，误。琅环阁藏本正作"柳韩"。平仄上，"燕许笔"是平仄仄，"柳韩文"是仄平平。"燕"作国名，读平声。语法上，"燕许笔"和"柳韩文"都是定中结构，定语"燕许""柳韩"都是名词性并列结构。

⑤旧话对新闻：平仄上，"旧话"是仄仄，"新闻"是平平。语法上，两个词语都是定中结构。

⑥赫赫（hè）周南仲，翩翩（piān）晋右军：上联出自《诗经·小雅·出

车》"赫赫南仲,薄伐西戎""赫赫南仲,猃狁于夷"。赫赫,显赫盛大貌、显著貌。南仲,周宣王时期的人,曾经带兵讨伐西戎。翩翩,形容风度或文采的优美,《史记·平原君虞卿列传》"平原君,翩翩浊世之佳公子也"。晋右军指的是王羲之,东晋时期著名书法家,他曾做过右军将军,人称"王右军"。《晋书·王羲之传》载:"尤善隶书,为古今之冠,论者称其笔势,以为飘若浮云,矫若惊龙。深为从伯敦、导所器重。时陈留阮裕有重名,为敦主簿。敦尝谓羲之曰:'汝是吾家佳子弟,当不减阮主簿。'裕亦目羲之与王承、王悦为王氏三少。时太尉郗鉴使门生求女婿于导,导令就东厢遍观子弟。门生归,谓鉴曰:'王氏诸少并佳,然闻信至,咸自矜持。惟一人在东床坦腹食,独若不闻。'鉴曰:'正此佳婿邪!'访之,乃羲之也,遂以女妻之。"王羲之的书法翩若惊鸿、矫若游龙,其行事、气度、做派亦有翩翩佳公子的风范。平仄上,"赫赫周南仲"是仄仄平平仄,"翩翩晋右军"是平平仄仄平。语法上,上下联都是定中结构。

⑦六国说(shuì)成苏子业,两京收复郭公勋:上联说的是苏秦的典故,据《战国策·秦策》载,苏秦一开始是去秦国游说秦惠王连横的,结果"说秦王书十上而说不行。黑貂之裘弊,黄金百斤尽,资用乏绝,去秦而归"。回到家乡,穷困潦倒,妻不以为夫,嫂不以为叔,父母不以为子。于是发奋读书,"引锥自刺其股,血流至足"。之后去游说赵王,"赵王大悦,封为武安君。受相印,革车百乘,锦绣千纯,白璧百双,黄金万溢,以随其后,约从散横,以抑强秦",苏秦得到了赵王的欣赏和封爵,与六国合纵抗秦。自此之后,名声大噪。"当此之时,天下之大,万民之众,王侯之威,谋臣之权,皆欲决苏秦之策","横历天下,廷说诸侯之王,杜左右之口,天下莫之能伉"。六国,这里特指战国时期的韩、赵、魏、楚、燕、齐六国。下联说的是唐朝大将郭子仪的典故。《旧唐书·郭

子仪传》详细记录了郭子仪收复两京的过程："七月，肃宗即位，以贼据两京，方谋收复，诏子仪班师"，"九月，从元帅广平王率蕃汉之师十五万进收长安"，"十月，……子仪奉广平王入东都，陈兵于天津桥南，士庶欢呼于路"。书中评价他是"七八年间，其勤至矣，再造王室，勋高一代"。两京，这里指的唐时东都洛阳、西都长安。平仄上，上联是仄仄仄平平仄仄，下联是仄平平仄仄平平。国，《广韵》"古或切"；郭，《广韵》"古博切"。都是入声。语法上，两句都是名词充当谓语的判断句，表达"六国说成乃苏子之业，两京收复是郭公之勋"的意思。其主语"六国说成""两京收复"都是主谓结构，谓语"苏子业""郭公勋"都是定中结构，对主语进行判断。今本"苏子业"多作"苏子贵"，则两句对仗就存在问题了，因为"勋"是名词，"贵"是形容词，"苏子贵"是主谓结构，"郭公勋"是定中结构。故当从琅环阁藏本作"苏子业"为是。

⑧汉阙（què）陈书，侃侃（kǎn）忠言推贾谊；唐廷对策，岩岩直谏有刘蕡（fén）：上联说的是贾谊的典故，贾谊是西汉政论家、文学家，世称贾生，与屈原并称"屈贾"。贾谊的作品主要在政论方面，代表作有《过秦论》《论积贮疏》《治安策》《陈政事疏》。《过秦论》总结了秦兴起和灭亡的原因，提出了"仁义不施而攻守之势异也"的观点，希图给汉文帝作为政治改革的借鉴；《论积贮疏》提出重农抑商的经济政策，主张发展农业生产，加强粮食贮备，提倡节俭，反对奢靡之风。故而上联说"侃侃忠言"。汉阙，指汉家朝廷，后引申泛指朝廷，唐刘湾《李陵别苏武》"李陵不爱死，心存归汉阙"。下联的典故出自《旧唐书·文苑下》，刘蕡"宝历二年进士擢第。博学善属文，尤精《左氏春秋》。与朋友交，好谈王霸大略，耿介嫉恶。言及世务，慨然有澄清之志"。文宗即位以后，于太和二年策试贤良，刘蕡极力劝谏文宗诛杀宦官，"言论激切，士林感动"。但是当时的考官不敢录用刘蕡，"物论

喧然不平之",当时登科的李郃对人说:"刘蕡不第,我辈登科,实厚颜矣!"请求把自己的官授与刘蕡。岩岩,本义是高大、高耸,引申为威严。上联是仄仄平平,仄仄平平平仄仄;下联是平平仄仄,平平仄仄仄平平。直,《广韵》"除力切",入声。语法上,"汉阙陈书""唐廷对策",都是状中结构;"侃侃忠言推贾谊""岩岩直谏有刘蕡",都是主谓结构。

【译文】

词和赋相对,懒和勤相对。

按类的不同而聚集与按群的不同而区分相对。

鸾箫和凤笛相对,带草和香芸相对。

燕、许之文笔,韩、柳之篇章。

旧事和新闻相对。

周代的南仲战功赫赫,晋代王羲之风度翩翩。

成功说服了六国合纵,这是苏秦的大功劳;收复两京长安和洛阳,乃是郭子仪的功勋。

汉宫陈书之时,忠言侃侃该当首推贾谊;唐廷对策之时,直谏岩岩唯有刘蕡为先。

其三

言对笑,绩对勋^①。

鹿豕对羊羵^②。

星冠对月扇,把袂对书裙^③。

汤事葛,说兴殷^④。

萝月对松云^⑤。

西池青鸟使,北塞黑鸦军^⑥。

文武成康为一代,魏吴蜀汉定三分^⑦。

桂苑秋宵，明月三杯邀曲客；松亭夏日，薰风一曲奏桐君^⑧。

【注释】

①言对笑，绩对勋（xūn）：平仄上，"言""勋"都是平声，"笑""绩"是仄声。绩，《广韵》"则历切"，入声。语法上，"言""笑"皆为动词；"绩""勋"都是名词。

②鹿豕（shǐ）对羊羵（fén）：鹿豕，鹿和猪，比喻山野无知之物，《孟子·尽心上》"舜之居深山之中，与木石居，与鹿豕游，其所以异于深山之野人者，几希"。羊羵，古籍中不见，有"羵羊"，古代传说谓土中所生的精怪，《国语·鲁语下》载："季桓子穿井，如获土缶，其中有羊焉。使问之仲尼曰：'吾穿井而获狗，何也？'对曰：'以丘之所闻，羊也。丘闻之：木石之怪曰夔、蝄蜽，水之怪曰龙、罔象，土之怪曰羵羊。'"又作"坟羊"。平仄上，"鹿豕"是仄仄，"羊羵"是平平。语法上，二者对仗并不工稳。"鹿豕"是两个动物名词并列的结构；"羊羵"中"羵"这类动物并不存在，"羵"亦不单独使用。

③星冠（guān）对月扇，把袂（mèi）对书裙：星冠，道士的帽子，唐戴叔伦《汉宫人入道》"萧萧白发出宫门，羽服星冠道意存"。月扇，团扇，形如满月，故称，出自汉班婕妤《怨歌行》"裁为合欢扇，团团似明月"。把袂，拉住衣袖，表示二者关系亲密，唐崔宗之《赠李十二》"思见雄俊士，共话今古情。李侯忽来仪，把袂苦不早"；袂，衣袖。书裙，作书于裙，《宋书·羊欣传》载，"羊欣，字敬元，泰山南城人也。曾祖忱，晋徐州刺史。祖权，黄门郎。父不疑，桂阳太守。欣少靖默，无竞于人，美言笑，善容止。泛览经籍，尤长隶书。不疑初为乌程令，欣时年十二，时王献之为吴兴太守，甚知爱之。献之尝夏月入县，欣着新绢裙昼寝，献之书裙数幅而

去"。羊欣博览群书，擅长隶书，王献之非常喜欢他。十二岁时，有一次羊欣穿着新做的绢裙在睡午觉，王献之前来造访，在他裙上写了字后离开了。后来，"书裙"也表示造访好友的意思。平仄上，"星冠"是平平，"月扇"是仄仄；"把袂"是仄仄，"书裙"是平平。语法上，"星冠""月扇"都是定中结构；"把袂""书裙"都是动宾结构，"把""书"这里都是动词。

④汤事葛（gě），说（yuè）兴殷：上联的典故与商汤有关，"汤事葛"语出《孟子·梁惠王下》："齐宣王问曰：'交邻国有道乎？'孟子对曰：'有。惟仁者为能以大事小，是故汤事葛，文王事混夷；惟智者为能以小事大，故大王事獯鬻，勾践事吴。'"而"汤事葛"的具体情况出自《孟子·滕文公下》："孟子曰：'汤居亳，与葛为邻，葛伯放而不祀。汤使人问之曰："何为不祀？"曰："无以供牺牲也。"汤使遗之牛羊。葛伯食之，又不以祀。汤又使人问之曰："何为不祀？"曰："无以供粢盛也。"汤使亳众往为之耕，老弱馈食。葛伯率其民，要其有酒食黍稻者夺之，不授者杀之。有童子以黍肉饷，杀而夺之。《书》曰"葛伯仇饷"，此之谓也。为其杀是童子而征之，四海之内皆曰："非富天下也，为匹夫匹妇复仇也。"'"商汤，商朝的开国之君，又称成汤、武汤等。葛伯不祭祀，汤问他为什么不祭祀，他说没有牺牲，汤就派人提供牛羊给他作牺牲；葛伯把牛羊吃了，还是不祭祀。汤又去问他为什么不祭祀，他说没有粮食，汤又派人去给他耕种、送饭；葛伯去抢夺这些粮食，还杀了送饭的童子。于是商汤就把葛灭掉了，意思是为匹夫匹妇复仇。下联说的是傅说的故事，傅说是商王武丁时候的大臣，相传原是傅岩地方从事版筑的奴隶，后被武丁任用，治理国政，复兴了殷商。《尚书·说命》曰"说筑傅岩之野，惟肖。爰立作相，王置诸其左右"，《史记·殷本纪》有更详细的记载："武丁夜梦得圣人，名曰说。以梦所见视群臣百吏，皆非也。于是乃使百工营

求之野,得说于傅险中。是时说为胥靡,筑于傅险。见于武丁,武丁曰是也。得而与之语,果圣人,举以为相,殷国大治。故遂以傅险姓之,号曰傅说”,“武丁修政行德,天下咸驩,殷道复兴”。平仄上,“汤事葛”是平仄仄,“说兴殷”仄平平。说,《广韵》“弋雪切”,入声。语法上,上下联都是主谓结构。

⑤萝月对松云:萝月,唐李白《赠嵩山焦炼师》“萝月挂朝镜,松风鸣夜弦。潜光隐嵩岳,炼魄栖云幄”。“萝月”“松风”或“松云”往往指隐逸之士所看到的风景,如唐李白《赠孟浩然》“吾爱孟夫子,风流天下闻。红颜弃轩冕,白首卧松云”。平仄上,“萝月”是平仄,“松云”是平平。语法上,两个词语都是定中结构。

⑥西池青鸟使,北塞(sài)黑鸦军:上联的典故出自《汉武故事》:“七月七日,上于承华殿斋,正中,忽有一青鸟从西方来,集殿前。上问东方朔,朔曰:‘此西王母欲来也。’有顷,王母至,有二青鸟如乌,侠侍王母旁。”西池,即西王母所居瑶池的别称,清龚自珍《梦玉人引》词“陡然闻得,青凤下西池”。青鸟或青鸟使,神话传说西王母有三青鸟代为取食报信,后都用来作为信使的代名词,唐李商隐《无题》“蓬山此去无多路,青鸟殷勤为探看”。下联出自《新五代史·唐庄宗纪上》:“克用少骁勇,军中号曰‘李鸦儿’……(中和)三年正月,出于河中,进屯干坑。巢党惊曰:‘鸦儿军至矣!’”说的就是李克用的典故,李克用在唐朝平定黄巢起义时战功赫赫,曾常年拥军割据,与朱温政权对峙。他本姓朱邪(一作朱耶),由唐皇赐姓李氏,别号“李鸦儿”,骁勇善战,其军队则称“鸦军”。黑鸦军,就是指鸦儿军。李克用是沙陀族人,属于北方的少数民族人,故而称“北塞”。平仄上,“西池青鸟使”是平平平仄仄,“北塞黑鸦军”是仄仄仄平平。黑,《广韵》“呼北切”,入声。语法上,两句都是定中结构。

⑦文武成康为一代,魏吴蜀汉定三分:文武成康,指的是周初几位明

君：周文王、周武王、周成王、周康王。《尚书·君牙》："王若曰：'呜呼！君牙，惟乃祖乃父，世笃忠贞，服劳王家。厥有成绩，纪于太常。惟予小子，嗣守文、武、成、康遗绪。亦惟先正之臣，克左右乱四方。'"周穆王命令君牙担任大司徒一职，说他自己继守文、武、成、康的遗业，也希望先王的臣子能够辅助他治理四方。魏吴蜀汉，是汉末割据的三方，当时曹魏、孙吴、刘蜀各占一方，三国鼎立。而在此之前，汉献帝被曹魏所操控，最后被取而代之。蜀汉，公元221年，刘备在成都称帝，国号汉，史称"蜀"或"蜀汉"。平仄上，上联是平仄平平平仄仄，下联是仄平仄仄仄平平。一，《广韵》"於悉切"，入声。语法上，两句都是主谓结构："文武成康""魏吴蜀汉"充当主语，"为一代""定三分"是动宾结构充当谓语。此联有对仗不工整之处，"文武成康"是周的四个天子，四者并列；而"魏吴蜀汉"实际上只有三国，是"魏""吴""蜀汉"三词并列，并不整齐。

⑧桂苑（yuàn）秋宵（xiāo），明月三杯邀曲客；松亭夏日，薰（xūn）风一曲奏桐君：上联当出自唐李白《月下独酌》："花间一壶酒，独酌无相亲。举杯邀明月，对影成三人。"桂苑，亦作"桂菀"，指栽有桂树的林园。秋宵，秋夜。曲客，琅环阁藏本作"麴客"，也有版本作"麯客"，今本多作"曲客"。"麯"是"麴"的后起字，二字今简化作"曲"，意思是"酒母"，《尚书·说命下》"若作酒醴，尔惟麴糵"。故而此处"曲客"当是酒客的意思。下联典出《孔子家语》卷八："昔者舜弹五弦之琴，造南风之诗，其诗曰：'南风之薰兮，可以解吾民之愠兮；南风之时兮，可以阜吾民之财兮。'唯修此化，故其兴也勃焉，德如泉流，至于今，王公大人述而弗忘。殷纣好为北鄙之声，其废也忽焉，至于今，王公大人举以为诫。夫舜起布衣，积德含和而终以帝。纣为天子，荒淫暴乱而终以亡，非各所修之致乎。"这段话据说是因子路鼓瑟有杀伐之声而起，以舜弹琴来说明音乐温柔中和的重要性。松亭，松间之亭。桐君，是琴的别称，宋陈师道

《次韵苏公西湖观月听琴》"人生亦何须,有酒与桐君"。古人以桐木制琴,《后汉书·蔡邕传》载:"吴人有烧桐以爨者,邕闻火烈之声,知其良木,因请而裁为琴,果有美音,而其尾犹焦,故时人名曰'焦尾琴'焉。"平仄上,上联是仄仄平平,平仄平平平仄仄;下联是平平仄仄,平平仄仄仄平平。一,《广韵》"於悉切",入声。此联两个"曲",本不是同一个字,第一个本是"麹"简化而来,《广韵》"驱匊切";第二个"曲"《广韵》"丘玉切"。二者都是入声。语法上,"桂苑秋宵""松亭夏日"两个并列结构充当句子的状语;中心语"明月三杯邀曲客""薰风一曲奏桐君"为主谓结构,它采用了倒置的修辞手法,当为"曲客三杯邀明月""桐君一曲奏薰风",这在古典诗词里是很常见的现象,倒置之后,句式会显得颇为新颖生动。

【译文】

言和笑相对,业绩和功勋相对。

鹿豕和羊羵相对。

道士的帽子和月形的团扇相对,拉着对方衣袖和在裙子上写字相对。

商汤帮助葛国,傅说复兴殷商。

藤萝上所悬挂之月和松树间所飘荡之云相对。

西池王母所派来的使者是青鸟,北部边塞李克用带的是鸦儿军。

文王、武王、成王、康王使周成就强盛的一代,魏国、吴国、蜀国形成了三国鼎足而立的天下。

秋夜的桂花园中,诗人举杯邀请明月和影子共饮美酒;夏日的松间亭下,虞舜弹奏五弦琴赋诵一曲南风之诗。

十三　元

【题解】

"元"是"平水韵"中上平声的第十三韵部。

"元"在《广韵》中作"愚袁切",平声,元韵。

《笠翁对韵》所用到的韵脚字有昆、门、屯、墩、尊、坤、豚、村、孙、暾、魂、恩、根、昏等14个,《声律启蒙》所用到的有喧、源、暄、轩、魂、门、村、言、孙、猿、原、塬、园、恩、豚、屯、昏等17个。其中门、屯、豚、村、孙、魂、恩、昏等8个字是二书共用的。《笠翁对韵》用到而《声律启蒙》没有用到的有昆、墩、尊、坤、暾、根等6字,后者用到而前者没用到的是喧、源、暄、轩、言、猿、原、塬、园等9字。

其一

卑对长,季对昆[①]。

永巷对长门[②]。

山亭对水阁,旅舍对军屯[③]。

杨子渡,谢公墩[④]。

德重对年尊[⑤]。

承乾对出震,习坎对重坤[⑥]。

志士报君思犬马,仁王养老察鸡豚[⑦]。

远水平沙,有客放舟桃叶渡;斜风细雨,何人携榼杏花村[⑧]。

【注释】

①卑(bēi)对长(zhǎng),季对昆:季,兄弟姊妹排行最小的,《诗经·魏风·陟岵》"母曰:嗟!予季行役,夙夜无寐",毛传"季,少子也"。昆,兄,《诗经·王风·葛藟》"终远兄弟,谓他人昆",毛传"昆,兄也"。平仄上,"卑""昆"是平声,"长""季"是仄声。语法上,"卑""长"是表示地位低与高的形容词,"季""昆"是表示兄弟排行的名词,皆相对。

②永巷对长门:永巷,宫中长巷,《史记·吕太后本纪》"吕后最怨戚

夫人及其子赵王,乃令永巷囚戚夫人,而召赵王",刘邦的皇后吕雉非常妒忌戚夫人,在刘邦死后,就把戚夫人囚禁在永巷中。永,长的意思。长门,汉宫名,汉司马相如《长门赋》序曰:"孝武皇帝陈皇后时得幸,颇妒,别在长门宫,愁闷悲思。闻蜀郡成都司马相如天下工为文,奉黄金百斤,为相如、文君取酒,因于解悲愁之辞。而相如为文以悟主上,陈皇后复得亲幸。"汉武帝刘彻的皇后陈阿娇被废以后,幽禁在长门宫中。"永巷""长门"都指宫廷中失宠女子所居之处,唐李华《长门怨》诗"每忆椒房宠,那堪永巷阴"。平仄上,"永巷"是仄仄,"长门"是平平。语法上,两个都是专有名词,是汉宫的地名;且皆为定中结构。

③山亭对水阁,旅舍对军屯:旅舍,旅馆。军屯,军队驻扎的戍所、防区。平仄上,"山亭"是平平,"水阁"是仄仄;"旅舍"是仄仄,"军屯"是平平。阁,《广韵》"古落切",入声。语法上,"山亭""水阁""旅舍""军屯"都是定中结构。

④杨子渡,谢公墩(dūn):杨子渡,古津渡名,即杨子津,"津"也是渡口的意思;也作"扬子渡",在今江苏邗江南,古时在长江北岸,由此南渡京口,为江滨要津。《北史》卷四十一载:"贼朱莫问自称南徐州刺史,以盛兵据京口。素舟师入自杨子津,进击破之。"《资治通鉴》卷第一百七十七:"炀皇帝上之下,大业七年春,……二月,己未,上升钓台,临杨子津,大宴百僚。"或曰"杨子渡"乃因杨素而得名,未知其详,就史书记载而言,杨素和隋炀帝时期,杨子津之名已经存在。谢公墩,即谢安墩,晋谢安与王羲之登临处,在今江苏南京,唐李白《登金陵冶城西北谢安墩》"冶城访古迹,犹有谢安墩"。平仄上,"杨子渡"是平仄仄,"谢公墩"是仄平平。语法上,二者都是定中结构。

⑤德重对年尊:平仄上,"德重"是仄仄,"年尊"是平平。德,《广韵》"多则切",入声。语法上,两个词语都是主谓结构。

⑥承乾对出震，习坎对重坤："乾""震""坎""坤"都是《周易》中的卦名，既是八卦中的卦名，也是六十四卦中的卦名。"承""出""习""重"皆表示这几个卦之上再重叠一个一样的符号：乾是☰，承乾就是䷀；震☳，出震就是䷲；坎☵，习坎就是䷜；坤是☷，重坤就是䷁。"习坎"，今本多作"叠坎"，琅环阁藏本作"习坎"，出自《周易·坎》"《象》曰：习坎，重险也"，高亨注曰"本卦乃二坎相重，是为'习坎'。习，重也；坎，险也"，后人因此用"习坎"表险阻之意。"叠坎""习坎"义同，从用典上考虑，"习坎"更佳。平仄上，"承乾"是平平，"出震"是仄仄；"习坎"是仄仄，"重坤"是平平。出，《广韵》"赤律切"，习，《广韵》"似入切"，皆为入声字。语法上，四个词语都是动宾结构。

⑦志士报君思犬马，仁王养老察鸡豚（tún）：志士，有远大志向的人，《孟子·滕文公下》"志士不忘在沟壑，勇士不忘丧其元"。犬马，即狗和马，旧时用于臣子对君上的自卑之称，《汉书·孔光传》："书奏，上说，赐光束帛，拜为光禄大夫，秩中二千石，给事中，位次丞相。诏光举可尚书令者封上，光谢曰：'臣以朽材，前比历位典大职，卒无尺寸之效，幸免罪诛，全保首领，今复拔擢，备内朝臣，与闻政事。臣光智谋浅短，犬马齿载（耋），诚恐一旦颠仆，无以报称……'"孔光唯恐自己智谋短少，自己年纪又大了，怕万一有不测，不能报答皇帝对他的提拔。仁王，指的是实行仁政之君王，战国时期儒家的代表人物孟子提倡仁政，主张实行王道，《孟子·梁惠王上》曰："不违农时，谷不可胜食也；数罟不入洿池，鱼鳖不可胜食也。斧斤以时入山林，材木不可胜用也。谷与鱼鳖不可胜食，材木不可胜用，是使民养生丧死无憾也。养生丧死无憾，王道之始也。五亩之宅，树之以桑，五十者可以衣帛矣。鸡豚狗彘之畜，无失其时，七十者可以食肉矣。百亩之田，勿夺其时，数口之家可以无饥矣。谨庠序之教，申之以孝悌

之义，颁白者不负戴于道路矣。七十者衣帛而食肉，黎民不饥不寒，然而不王者，未之有也。"孟子劝谏梁惠王施行仁政，建议君主不要违背农时，让老百姓可以从容养生丧死。平仄上，上联是仄仄仄平平仄仄，下联是平平仄仄仄平平。察，《广韵》"初八切"，入声。语法上，两句都是主谓结构：主语"志士""仁王"都是定中结构，二者是古代人伦关系的臣与君，正好相对；谓语"报君思犬马""养老察鸡豚"相对，其中"报君"对"养老"，"思犬马"对"察鸡豚"，都是动宾结构。

⑧远水平沙，有客放舟桃叶渡；斜风细雨，何人携榼（kē）杏花村：远水平沙，形容江边广阔的风景，唐白居易《杂曲歌辞·浪淘沙》有"白浪茫茫与海连，平沙浩浩四无边"。放舟，开船、行船，宋梅尧臣《鬼火赋》有"放舟于颖水之上，夜憩于项城之野"。今本多作"泛舟"，从典故和意境来看，"放舟"更佳，"泛舟"亦无不可。桃叶渡，渡口名，在今江苏南京秦淮河畔，相传因晋王献之在此送其爱妾桃叶而得名。《隋书·五行志》："陈时，江南盛歌王献之《桃叶》之词曰：'桃叶复桃叶，渡江不用楫。但度无所苦，我自迎接汝。'"斜风细雨，出自唐张志和《渔歌子》"青箬笠，绿蓑衣，斜风细雨不须归"。杏花村，典出唐杜牧《清明》"借问酒家何处有，牧童遥指杏花村"。榼，古代盛酒或贮水的器具，唐皎然《酬秦山人出山见呈》诗有"手携酒榼共书帏，回语长松我即归"的句子。平仄上，上联是仄仄平平，仄仄仄平平仄仄；下联是平平仄仄，平平平仄仄平平。榼，《广韵》"苦盍切"，入声。语法上，"远水平沙""斜风细雨"两个并列结构描写环境；"有客泛舟桃叶渡""何人携榼杏花村"两句从今天的语法角度看是不大对仗的，不过古人却常用来对仗。"有客泛舟桃叶渡"是兼语结构，"何人携榼杏花村"是主谓结构。

【译文】

卑和长相对，弟和兄相对。

永巷和长门相对。

山上的亭子和临水的楼阁相对,旅客寄居之房舍和军队驻扎之戍所相对。

杨子渡,谢公墩。

德高和年长相对。

承乾和出震相对,习坎和重坤相对。

有志之士希望对君上效犬马之劳,仁德之王善于养老不违鸡豚之时。

远水迢迢,平沙漫漫,有人驾着船从桃叶渡出发;清风斜吹,细雨绵绵,是谁带着酒器来到杏花村?

其二

君对相,祖对孙①。

夕照对朝暾②。

兰台对桂殿,海岛对山村③。

碑堕泪,赋招魂④。

报怨对怀恩⑤。

陵埋金吐气,田种玉生根⑥。

相府珠帘垂白昼,边城画角对黄昏⑦。

枫叶半山,秋去烟霞堪倚杖;梨花满地,夜来风雨不开门⑧。

【注释】

①君对相,祖对孙:平仄上,"君""孙"都是平声,"相""祖"都是仄声。语法上,"君""相"都是表地位的名词;"祖""孙"则是表辈分的名词,亦常用来相对。

②夕照对朝暾（zhāo tūn）：朝暾，指初升的太阳，《隋书·音乐志下》"扶木上朝暾，嵫山沉暮景"。暾，日初出貌，也指代太阳，《楚辞·九歌·东君》"暾将出兮东方，照吾槛兮扶桑"；也可以表示温暖、明亮的意思。今本"暾"或作"曛""曦"，皆于韵不合；且"曛"是"黄昏""傍晚"之义，于义亦不合。平仄上，"夕照"是仄仄，"朝暾"是平平。夕，《广韵》"祥易切"，入声。语法上，二者都是定中结构。

③兰台对桂殿，海岛对山村：兰台，战国时楚台名，《文选·宋玉〈风赋〉》"楚襄王游于兰台之宫，宋玉、景差侍"；也指宫廷藏书处。桂殿，对寺观殿宇的美称，也指后妃所住的深宫。平仄上，"兰台"是平平，"桂殿"是仄仄；"海岛"是仄仄，"山村"是平平。语法上，四个词语都是定中结构。

④碑堕泪，赋招魂：碑堕泪，语出《晋书·羊祜传》："羊祜，字叔子，泰山南城人也。世吏二千石，至祜九世，并以清德闻。……襄阳百姓于岘山祜平生游憩之所建碑立庙，岁时飨祭焉。望其碑者莫不流涕，杜预因名为堕泪碑。"羊祜是魏晋时期的著名大将、文学家。他博学能文，清廉正直，百姓在他平时游玩休憩的地方建碑立庙，碑名"晋征南大将军羊公祜之碑"，祭拜的人看到碑无不落泪怀念。羊祜的继任者杜预就把这座碑命名为"堕泪碑"。赋招魂，即指《招魂赋》，据说是屈原所作，《史记·屈原贾生列传》："太史公曰：余读离骚、天问、招魂、哀郢，悲其志。适长沙，观屈原所自沉渊，未尝不垂涕，想见其为人。及见贾生吊之，又怪屈原以彼其材，游诸侯，何国不容，而自令若是。读《鵩鸟赋》，同死生，轻去就，又爽然自失矣。"平仄上，"碑堕泪"是平仄仄，"赋招魂"是仄平平。语法上，两个词语都可理解为复指结构，碑即指"堕泪碑"，赋即谓《招魂赋》；或可理解为主谓结构，碑让人落泪，赋用来招魂。"碑""赋"是名词相对，"堕泪""招魂"是动宾结构

相对。对仗工稳。

⑤报怨对怀恩：平仄上，"报怨"是仄仄，"怀恩"是平平。语法上，两个结构都是动宾形式。

⑥陵埋金吐气，田种玉生根：上联说的是金陵的典故，《三国志》裴松之注引《江表传》曰："秣陵，楚武王所置，名为金陵。地势冈阜连石头，访问故老，云昔秦始皇东巡会稽经此县，望气者云金陵地形有王者都邑之气，故掘断连冈，改名秣陵。今处所具存，地有其气，天之所命，宜为都邑。"金陵本是楚武王所置，山势连绵。而秦始皇东巡的时候经过此地，发现金陵有王者之气，于是挖断其相连的山岗，以消除其王气。金陵即现在的南京，三国吴、东晋、宋、齐、梁、陈六朝皆建都于此，被称为六朝古都。陵，大土山。下联的典故出自晋干宝《搜神记》："杨公伯雍，雒阳县人也，本以侩卖为业，性笃孝，父母亡，葬无终山，遂家焉。山高八十里，上无水，公汲水作义浆于阪头，行者皆饮之。三年，有一人就饮，以一斗石子与之，使至高平好地有石处种之，云：'玉当生其中。'杨公未娶，又语云：'汝后当得好妇。'语毕，不见。乃种其石，数岁，时时往视，见玉子生石上，人莫知也。有徐氏者，右北平著姓，女甚有行，时人求，多不许；公乃试求徐氏，徐氏笑以为狂，因戏云：'得白璧一双来，当听为婚。'公至所种玉田中，得白璧五双，以聘。徐氏大惊，遂以女妻公。天子闻而异之，拜为大夫。乃于种玉处四角作大石柱，各一丈，中央一顷地名曰'玉田。'"孝子杨伯雍住在父母的墓旁，因为山上无水，他就从八十里的高山上下来打水，免费给路人喝。有一个人喝了他的水，给了他一斗石头，让他种在田里，居然长出玉来，他还用这玉作为聘礼娶到了媳妇。这种玉之地便叫作"玉田"。平仄上，"陵埋金吐气"是平平平仄仄，"田种玉生根"是平仄仄平平。语法上，"陵埋金"和"田种玉"相对，都是主谓结构；"吐气"和"生根"相对，

都是动宾结构。后一个结构的主语即承上一个结构的宾语而省略，"陵埋金，（金）吐气"，"田种玉，（玉）生根"。有一种联珠的修辞效果，宛如两环相扣，非常巧妙。

⑦ 相府珠帘垂白昼，边城画角对黄昏：上联典出《宋书·顾觊之传》："顾觊之，字伟仁，吴郡吴人也。……复为东迁、山阴令。山阴民户三万，海内剧邑，前后官长，昼夜不得休，事犹不举。觊之理繁以约，县用无事，昼日垂帘，门阶闲寂。自宋世为山阴，务简而绩修，莫能尚也。"南朝宋顾觊之担任山阴县令时，其县事务繁多，他就"理繁以约"，制定出了一套简单易行的规则，从而显得繁冗之政事极少，大白天相府的珠帘也静静低垂着，达到了"昼日垂帘"的效果。边城，指靠近国界的城市。画角，据《汉语大词典》，这是一种传自西羌的古管乐器，形如竹筒，本细末大，以竹木或皮革等制成，因表面有彩绘，故称"画角"；发声哀厉高亢，古时军中多用以警昏晓，振士气，肃军容。"画角"这个意象经常和黄昏、夜晚联系在一起，如宋周邦彦《满庭芳·花扑鞭梢》"凝眸处，黄昏画角，天远路岐长"等等。对黄昏，琅环阁藏本作"动黄昏"，今本多作"对黄昏"，皆无不可。平仄上，上联是仄仄平平仄，下联是平平仄仄仄平平。白，《广韵》"傍陌切"，入声。语法上，两句都是主谓结构。主语"相府珠帘""边城画角"都是定中结构。"垂白昼"和"对黄昏"严格来说不甚相对："白昼"不是"垂"的对象，而是"垂"的时间补语，即"相府珠帘垂于白昼"；"对黄昏"中"黄昏"是"对"的对象，动宾短语，画角对着黄昏而吹响。

⑧ 枫叶半山，秋去烟霞堪（kān）倚杖；梨花满地，夜来风雨不开门：烟霞，本指烟雾和云霞，明张居正《潇湘道中》"我前拥烟霞，我后映松竹"；也指山水、山林，南朝梁萧统《锦带书十二月启·夹钟二月》"敬想足下，优游泉石，放旷烟霞"。上联是形容秋天之后，半山枫叶，此景值得倚杖观赏。下联的"梨花满地"出自唐刘方

平《春怨》"寂寞空庭春欲晚,梨花满地不开门"。"夜来风雨不开门"则化用"雨打梨花深闭门"。宋吴聿《观林诗话》说"半山酷爱唐乐府'雨打梨花深闭门'之句",可见此句出现较早。而历代文人都爱将此句用到自己的诗文中,比如《西厢记》"风袅篆烟不卷帘,雨打梨花深闭门"等。平仄上,上联是平仄仄平,平仄平平平仄;下联是平平仄仄,仄平平仄仄平平。语法上,"枫叶半山""梨花满地"是主谓结构相对,描写环境;谓语"半山""满地"陈述"枫叶""梨花"二者之多。"秋去烟霞堪倚仗""夜来风雨不开门"都是状中结构,"秋去""夜来"作时间状语。"烟霞堪倚杖""风雨不开门"两个结构不太对仗:前者是话题主语句,意谓烟霞之景可堪欣赏;后者是状中结构,"风雨"与"不开门"是原因和结果的关系,意谓因风雨而不开门。古人在字面形式上的追求有时会超过对语义逻辑的重视,因为"烟霞"与"风雨"、"堪倚杖"和"不开门"单从字面形式上看还是一一对应的。这是我们阅读古代的韵文时要注意的。

【译文】

君和相相对,祖和孙相对。

夕照和朝阳相对。

兰台和桂殿相对,海岛和山村相对。

堕泪碑,招魂赋。

报怨和怀恩相对。

楚王在金陵埋金,其地显出王者之气;杨伯雍田中种石,此石生根长出美玉。

本该忙碌的相府,大白天珠帘也是静静低垂;面对边城的黄昏,画角声勾起士兵淡淡乡愁。

秋天到了,枫叶宛若烟霞染红了半山,此景足可倚杖欣赏;夜晚来临,梨花被无情风雨打落满地,此情堪伤不愿开门。

十四 寒

【题解】

"寒"是"平水韵"中上平声的第十四韵部。

"寒"在《广韵》中作"胡安切",平声,寒韵。

《笠翁对韵》中所用到的韵脚字有安、官、盘、寒、弹、单、珊、杆(干)、宽、鸾、竿、冠、栏、丹、看、滩、蟠、漫、酸、端、斓等21个,《声律启蒙》所用的有难、蟠、鸾、溥、鞍、滩、弹、端、干(乾)、桓、餐、冠、郸、寒、坛、盘、宽、丸、栏、阑、官、般、肝、安等24个。其中两书都用到的韵脚字有安、官、盘、寒、弹、宽、鸾、冠、栏、滩、蟠、端等12个。《笠翁对韵》用到而《声律启蒙》没用的是单、珊、杆(干)、竿、丹、看、漫、酸、斓等9个,后者用到而前者没用的是难、溥、鞍、干(乾)、桓、餐、郸、坛、丸、阑、般、肝等12个。《笠翁对韵》中所用的"斓"实际属于"十五删"。

其一

家对国,治对安①。

地主对天官②。

坎男对离女,周诰对殷盘③。

三三暖,九九寒④。

杜撰对包弹⑤。

古壁蛩声匝,闲亭鹤影单⑥。

燕出帘边春寂寂,莺闻枕上漏珊珊⑦。

池柳烟飘,日夕郎归青琐闼;砌花雨过,月明人倚玉栏杆⑧。

【注释】

① 家对国,治对安:"家""国"在上古是一组相对的概念。治,太平,古代把太平盛世叫"治世"。安,安定。平仄上,"家""安"是平声,"国""治"是仄声。国,《广韵》"古或切",入声。语法上,"家""国"都是名词,"治""安"是同义形容词。

② 地主对天官:地主,神名。《国语·越语下》"皇天后土,四乡地主正之",韦昭注"乡,方也。天神地祇,四方神主,当征讨之"。天官,天上仙、神居官者。二者是相对的概念。平仄上,"地主"是仄仄,"天官"是平平。语法上,二者都是定中结构。

③ 坎(kǎn)男对离女,周诰(gào)对殷(yīn)盘:坎,《周易》卦名,八卦之一,也是八卦组合之后的六十四卦之一;坎象征险难,代表水,为北方之卦。离,也是八卦之一,又为六十四卦之一,《周易·说》"离为火,为日,为电,为中女,为甲胄,为戈兵。其于人也,为大腹,为乾卦,为鳖,为蟹,为蠃,为蚌,为龟。其于木也,为科上槁"。八卦在家庭观念上也各有对应,依次是:乾对应父,坤对应母,震对应长男,巽对应长女,坎对应中男,离对应中女,艮对应少男,兑对应少女。故曰"坎男""离女"。周诰,指《尚书·周书》中的《大诰》《康诰》《酒诰》《召诰》《洛诰》等篇。殷盘,指《尚书》中的《盘庚》篇,唐韩愈《进学解》"周《诰》殷《盘》,佶屈聱牙"。平仄上,"坎男"是仄平,"离女"是平仄;"周诰"是平仄,"殷盘"是平平。语法上,"坎男""离女"相对,二者都是并列结构;"周诰""殷盘"都是定中结构。

④ 三三暖,九九寒:三三,指夏历的三月初三,是上巳节,正是暮春时候,天气回暖,古代有许多庆祝活动。《梦粱录》卷二:"三月三日上巳之辰,曲水流觞故事,起于晋时。唐朝赐宴曲江,倾都禊饮踏青,亦是此意。右军王羲之《兰亭序》云:'暮春之初,修禊事。'杜甫《丽人行》云:'三月三日天气新,长安水边多丽人。'形

容此景，至今令人爱慕。兼之此日正遇北极佑圣真君圣诞之日，佑圣观侍奉香火，其观系属御前去处，内侍提举观中事务，当日降赐御香，修崇醮录，午时朝贺，排列威仪，奏天乐于墀下，羽流整肃，谨朝谒于陛前，吟咏洞章陈礼。士庶烧香，纷集殿庭。诸宫道宇，俱设醮事，上祈国泰，下保民安。诸军寨及殿司衙奉侍香火者，皆安排社会，结缚台阁，迎列于道，观睹者纷纷。贵家士庶，亦设醮祈恩。贫者酌水献花。杭城事圣之虔，他郡所无也。"九九，又称"重九"，指夏历的九月九日，这一天是重阳节，天气逐渐寒冷，魏晋后，人们习惯在此日登高游宴，佩戴茱萸祛邪辟恶，《西京杂记》卷三"九月九日，佩茱萸，食蓬饵，饮菊华酒，令人长寿"，唐王维《九月九日忆山东兄弟》"独在异乡为异客，每逢佳节倍思亲。遥知兄弟登高处，遍插茱萸少一人"。《旧唐书·德宗本纪下》载："九月丙午，诏：'比者卿士内外，左右朕躬，朝夕公门，勤劳庶务。今方隅无事，烝庶小康，其正月晦日、三月三日、九月九日三节日，宜任文武百僚选胜地追赏为乐。'"可见"三三""九九"是古代很重要的两个节日，朝廷也都允许大家宴饮游乐。平仄上，"三三暖"是平平仄，"九九寒"是仄仄平。语法上，两个词语都是主谓结构，"三三""九九"都是主语，"暖""寒"陈述其天气状况。

⑤杜撰（zhuàn）对包弹（tán）：杜撰，就是没有根据地编造、虚构，语出宋王楙《野客丛书·杜撰》"杜默为诗，多不合律。故言事不合格者为杜撰……然仆又观俗有杜田、杜园之说，杜之云者，犹言假耳"。包弹，批评、指责，语出《南词叙录》"包拯为中丞，善弹劾，故世谓物有可议者曰'包弹'"。平仄上，"杜撰"是仄仄，"包弹"是平平。语法上，两个词语都是动词，都是主谓结构。

⑥古壁蛩（qióng）声匝（zā），闲亭鹤影单：上联形容蟋蟀叫声满耳的情形，唐孟郊《西斋养病夜怀多感因呈上从叔子云》有"一床空月色，四壁秋蛩声"，唐白居易《禁中闻蛩》"西窗独暗坐，满耳新

蛩声"。蛩,蟋蟀。匝,环绕、遍及的意思,南朝梁沈约《三月三日率尔成篇》"花开已匝树,流嘤复满枝"。关于下联,《杭州志》中有一副对联:"泉冷古梅花可与盟心惟白水,亭空孤鹤影居然埋骨共青山。"其中"亭空孤鹤影"与此下联意境类似。在文学作品里,鹤影经常是很孤单的,如唐齐己《湖西逸人》"琴前孤鹤影,石上远僧题"。平仄上,上联是仄仄平平仄,下联是平平仄仄平。匝,《字汇》"作答切",入声。语法上,两句都是主谓结构,定中结构"古壁蛩声""闲亭鹤影"充当主语,谓语由形容词"匝""单"充当。

⑦燕出帘边春寂寂,莺闻枕上漏珊珊(shān):上联当化用唐魏承班《玉楼春》的"寂寂画堂梁上燕,高卷翠帘横数扇"。春寂寂,唐杜甫《涪城县香积寺官阁》"小院回廊春寂寂,浴凫飞鹭晚悠悠"。莺,黄莺,又叫黄鹂、仓庚等,常与"燕"并提,如唐白居易《钱塘湖春行》"几处早莺争暖树,谁家新燕啄春泥"等。古代诗人常描写莺儿在枕边床前啼叫的情景,唐金昌绪《春怨》"打起黄莺儿,莫教枝上啼。啼时惊妾梦,不得到辽西"。漏,古代计时器,即漏壶。珊珊,本是玉佩声,也可用来形容滴漏的声音,唐莫宣卿《百官乘月早朝听残漏》"候晓车舆合,凌霜剑佩寒。星河犹皎皎,银箭尚珊珊"。上下联都在描写一种寂静的场景:上联的春寂寂是燕儿从帘边飞过所衬托出来的,因为假如人声沸腾,熙熙攘攘,燕子不可能从人家的门帘飞过;下联写人一觉醒来,听到门外黄莺啼叫,屋内漏声珊珊,也正是清晨寂静的状态。平仄上,上联是仄仄平平平仄仄,下联是平平仄仄仄平平。出,《广韵》"赤律切",入声。语法上,上下联都由两个主谓结构组成。"燕出帘边""莺闻枕上"相对,"春寂寂""漏珊珊"相对,都是主谓结构。

⑧池柳烟飘,日夕郎归青琐(suǒ)闼(tà);砌(qì)花雨过,月明人倚玉栏杆:日夕,傍晚,语出《诗经·王风·君子于役》"日之夕矣,羊

牛下来"。青琐闼,宫门,借指皇宫、朝廷,南朝梁范云《古意赠王中书》"摄官青琐闼,遥望凤凰池";青琐,本指装饰皇宫门窗的青色连环花纹,后借指宫廷;闼,门。砌,台阶。月明人倚玉栏杆,典出唐崔橹《华清宫三首》之"明月自来还自去,更无人倚玉栏干"。"杆"或作"干",皆可。平仄上,上联是平仄平平,仄仄平平平仄仄;下联是仄平仄仄,仄平平仄仄平平。夕,《广韵》"祥易切",入声。语法上,"池柳烟飘"与"砌花雨过"都是主谓结构,为后面两句提供环境描写。"日夕郎归青琐闼""月明人倚玉栏杆"都是状中结构,"日夕""月明"充当时间状语,中心语"郎归青琐闼""人倚玉栏杆"为主谓结构。"青琐闼""玉栏杆"是"归""倚"的处所宾语,皆为定中结构;这两个词语严格来说不太对仗,其节奏前者是"青琐/闼",后者是"玉/栏杆",前者的定语是"青琐",后者的定语是"玉"。

【译文】

家和国相对,治和安相对。

地祇和天神相对。

坎男和离女相对,周《诰》和殷《盘》相对。

三月初三大地回暖,九月初九天气降温。

凭空瞎编和正言批评相对。

古老的墙壁下蟋蟀的叫声四处皆是,寂静的水亭边仙鹤的影子孤孤单单。

春日寂寂,燕子从屋下门帘悄然掠过;滴漏珊珊,人在枕上听到黄莺的啼鸣。

池塘边的杨柳烟雾缭绕,黄昏时官员从雕有青色花纹的宫门内归家;台阶上的花瓣滴着雨珠,明月下女子倚在玉石砌的栏杆上思念远人。

其二

肥对瘦,窄对宽^①。

黄犬对青鸾^②。

指环对腰带,洗钵对投竿^③。

诛佞剑,进贤冠^④。

画栋对雕栏^⑤。

双垂白玉箸,九转紫金丹^⑥。

陕右棠高怀召伯,河南花满忆潘安^⑦。

陌上芳春,弱柳当风披彩线;池中清晓,碧荷承露捧珠盘^⑧。

【注释】

①肥对瘦,窄对宽:平仄上,"肥""宽"是平声,"瘦""窄"是仄声。语法上,"肥""瘦"和"宽""窄"是两组反义形容语。

②黄犬对青鸾(luán):黄犬,《晋书·陆机传》载:"初,机有骏犬,名曰黄耳,甚爱之。既而羁寓京师,久无家问,笑语犬曰:'我家绝无书信,汝能赍书取消息不?'犬摇尾作声。机乃为书以竹筒盛之而系其颈,犬寻路南走,遂至其家,得报还洛。其后因以为常。"陆机家里有一只狗,名叫黄耳。陆机在洛阳做官,很久没有家里的消息,就把书信放在竹筒里系在黄耳的脖子上,让它把书信带回南方,又回到洛阳。青鸾,古代传说中凤凰一类的神鸟,赤色多者为凤,青色多者为鸾,也指传递信息的青鸟,宋赵令畤《蝶恋花》"废寝忘餐思想遍。赖有青鸾,不必凭鱼雁"。平仄上,"黄犬"是平仄,"青鸾"是平平。语法上,两个词语都是定中结构。

③指环对腰带,洗钵(bō)对投竿:指环,以金属或宝石制成的小

环，作为饰物或信物，今称戒指，《晋书·四夷传·大宛国》："其俗娶妇，先以金同心指镮（环）为娉。"腰带，用来束腰的带子，也是古人服装中必不可少的饰物。钵，梵语钵多罗的省称，僧人餐具。投竿，投钓竿于水，谓垂钓，《庄子·外物》"任公子……投竿东海，旦旦而钓，期年不得鱼"。古人以洗钵、垂钓表达一种隐逸超脱的情怀，如唐郑谷《水（西蜀净众寺五题）》"洗钵老僧临岸久，钓鱼闲客卷纶迟"。平仄上，"指环"是仄平，"腰带"是平仄；"洗钵"是仄仄，"投竿"是平平。钵，《广韵》"北末切"，入声。结构上，"指环""腰带"是定中结构，"洗钵""投竿"都是动宾结构。

④诛佞（nìng）剑，进贤冠（guān）：诛佞剑，典出《汉书·朱云传》："朱云字游，鲁人也，徙平陵。少时通轻侠，借客报仇。长八尺余，容貌甚壮，以勇力闻。年四十，乃变节从博士白子友受《易》，又事前将军萧望之受《论语》，皆能传其业。好倜傥大节，当世以是高之。……至成帝时，丞相故安昌侯张禹以帝师位特进，甚尊重。云上书求见，公卿在前。云曰：'今朝廷大臣上不能匡主，下亡以益民，皆尸位素餐，孔子所谓"鄙夫不可与事君""苟患失之，亡所不至"者也。臣愿赐尚方斩马剑，断佞臣一人以厉其余。'上问：'谁也？'对曰：'安昌侯张禹。'上大怒，曰：'小臣居下讪上，廷辱师傅，罪死不赦。'御史将云下，云攀殿槛，槛折。云呼曰：'臣得下从龙逢、比干游于地下，足矣！未知圣朝何如耳？'御史遂将云去。于是左将军辛庆忌免冠解印绶，叩头殿下曰：'此臣素著狂直于世。使其言是，不可诛；其言非，固当容之。臣敢以死争。'庆忌叩头流血。上意解，然后得已。及后当治槛，上曰：'勿易！因而辑之，以旌直臣。'"朱云是一个豪侠耿直之士，成帝的时候，他上书求见，当着公卿的面要求皇帝赐予尚方斩马剑，杀死佞臣安昌侯张禹。皇帝大怒，骂他"罪死不赦"，御史把他拉下去，他攀扯殿上的栏杆，把栏杆都拉断了。后来成帝决定

留下折断的栏杆，作为对直臣的表彰和纪念。进贤冠，古时朝见皇帝的一种礼帽，原为儒者所戴，唐时百官皆戴用，《后汉书·舆服志下》："进贤冠，古缁布冠也，文儒者之服也。前高七寸，后高三寸，长八寸。公侯三梁，中二千石以下至博士两梁，自博士以下至小史私学弟子，皆一梁。"《新唐书·车服志》："进贤冠者，文官朝参、三老五更之服也。"平仄上，"诛佞剑"是平仄仄，"进贤冠"是仄平平。语法上，两个词语都是定中结构，其定语"诛佞""进贤"皆为动宾结构。

⑤画栋对雕栏：画栋，有彩绘装饰的栋梁，唐王勃《滕王阁》"画栋朝飞南浦云，珠帘暮卷西山雨"。雕栏，雕花彩饰的栏杆，南唐李煜《虞美人》词"雕阑（栏）玉砌应犹在，只是朱颜改"。平仄上，"画栋"是仄仄，"雕栏"是平平。语法上，两个词语都是定中结构，且其定语"画""雕"都是跟艺术行为有关的动词。

⑥双垂白玉箸（zhù），九转紫金丹：玉箸，此指佛家坐化时垂下的鼻涕，明陶宗仪《辍耕录·嗓》载："王（王和卿）忽坐逝，而鼻垂双涕尺余，人皆叹骇。关（关汉卿）来吊唁，询其由，或对云：'此释家所谓坐化也。'复问鼻悬何物，又对云：'此玉箸也。'"九转，指九次提炼，道教认为丹的炼制有一至九转之别，而以九转为贵，晋葛洪《抱朴子·金丹》"九转之丹服之，三日得仙"。紫金丹，古代方士所谓服之可以长生的丹药；紫金，一种珍贵矿物。平仄上，上联是平平仄仄仄，下联是仄仄仄平平。白，《广韵》"傍陌切"，入声。语法上，"双垂"对"九转"，都是状中结构；"白玉箸"对"紫金丹"，为定中结构。

⑦陕右棠高怀召（shào）伯，河南花满忆潘（pān）安：上联典出《诗经·召南·甘棠》："蔽芾甘棠，勿翦勿伐，召伯所茇。蔽芾甘棠，勿翦勿败，召伯所憩。蔽芾甘棠，勿翦勿拜，召伯所说。"郑玄笺云："召伯听男女之讼，不重烦劳百姓，止舍小棠之下而听断焉。

国人被其德，说其化，思其人，敬其树。"朱熹《诗集传》云："召伯循行南国，以布文王之政，或舍甘棠之下。其后人思其德，故爱其树而不忍伤也。"据说召伯曾在棠树下听讼决狱，国人受其恩泽，因为怀念召伯，就对那棵树非常尊敬，作了《甘棠》这首诗来称颂他。召伯，即召公，姬姓，名奭，周代燕国始祖，召（今陕西岐山西南）是其采邑。召公曾辅佐武王灭商，被封于燕。周成王时召公担任太保，与周公旦分陕而治，陕以西由召公治理。古代以东为左，以西为右，则陕以西即陕右。下联说的是潘安的典故。潘安，河南中牟人，西晋时文学家。本名潘岳，因字安仁，故称潘安，此称始于唐杜甫《花底》诗"恐是潘安县，堪留卫玠车"。明代蒋一葵《尧山堂外纪》载"后为河阳令，植桃李满城，人号'河阳一县花'"。古诗文中常以"河阳一县花"或"潘岳县花"作典，如唐郎士元《酬王季友题半日村别业兼呈李明府》"欲待主人林上月，还思潘岳县中花"，唐李商隐《县中恼饮席》"若无江氏五色笔，争奈河阳一县花"。平仄上，上联是仄仄平平平仄仄，下联是平平平仄仄平平。伯，《广韵》"博陌切"，入声。语法上，"陕右棠高""河南花满"都是主谓结构；"怀召伯""忆潘安"是动宾结构，主语省略。

⑧陌（mò）上芳春，弱柳当风披彩线；池中清晓，碧荷承露捧珠盘：陌上，田间路上，《苏东坡全集》卷五《陌上花三首》（并引）曰："游九仙山，闻里中儿歌《陌上花》。父老云：吴越王妃每岁春必归临安，王以书遗妃曰：'陌上花开，可缓缓归矣。'"陌，《史记·秦本纪》"为田开阡陌，东地渡洛"，《索隐》《风俗通》曰："南北曰阡，东西曰陌。河东以东西为阡，南北为陌。"芳春，春天花木复苏，香气浓郁，故称"芳春"，唐陈子昂《送东莱王学士无竞》"孤松宜晚岁，众木爱芳春"。弱柳，柳条柔弱，故称"弱柳"，宋杨万里《送彭元忠县丞北归》"三春弱柳三秋月，半溪清水半峰雪"。披彩线，指带着春光的柳线在春风中飘拂摇漾，唐刘兼《贵

游》"风飘柳线金成穗,雨洗梨花玉有香"。披,披拂,吹拂、飘动的意思。彩线,柳条细长下垂如线,所以亦常被称为"柳线"或"柳丝",《张用禧词》"陌头柳线万千条,可能绾得游骢住"。清晓,天刚亮时,宋欧阳修《渔家傲》词之七"人语悄,那堪夜雨催清晓"。承露捧珠盘,汉武帝好求仙访道,他在建章宫筑神明台,立铜仙人舒掌捧铜盘承接甘露,希望得以益寿延年。唐颜师古注《汉书·郊祀志》云:"《三辅故事》云:建章宫承露盘高二十丈,大七围,以铜为之,上有仙人掌承露,和玉屑饮之。"平仄上,上联是仄仄平平,仄仄平平平仄仄;下联是平平平仄,仄平平仄仄仄平平。语法上,"陌上"对"池中",表地点,为方位短语;"芳春"对"清晓",皆为定中短语,表时间。"弱柳当风披彩线"与"碧荷承露捧珠盘"都是主谓结构,其谓语部分"当风"与"承露"相对、"披彩线"与"捧珠盘"相对,皆为动宾结构。

【译文】

胖和瘦相对,窄和宽相对。

黄狗和青鸟相对。

指环和腰带相对,洗钵和垂钓相对。

诛佞剑,进贤冠。

有彩绘装饰的栋梁,有雕花修饰的栏杆。

僧人坐化时流下的两根玉箸般的鼻涕,道家炼制的转数很多的紫金做的仙丹。

陕西人民在高高的甘棠树下怀念召伯,河阳百姓在满城的桃李花中回忆潘安。

春正芳菲,田间路上,柔弱的柳条在轻风中披拂如彩线;清晨时节,池塘之中,碧绿的荷叶如珠盘托着颗颗露珠。

其三

行对卧,听对看[①]。

鹿洞对鱼滩②。

蛟腾对豹变,虎踞对龙蟠③。

风凛凛,雪漫漫④。

手辣对心酸⑤。

莺莺对燕燕,小小对端端⑥。

蓝水远从千涧落,玉山高并两峰寒⑦。

至圣不凡,嬉戏六龄陈俎豆;老莱大孝,承欢七秩舞斑斓⑧。

【注释】

①行对卧,听对看:平仄上,"行""听"是平声,"卧""看"是仄声。语法上,四个词语都是动词。

②鹿洞对鱼滩:鹿洞,指白鹿洞,朱熹讲学之处。鱼滩,此指严滩、严陵濑,相传为东汉严光隐居垂钓处,《后汉书·严光传》"除为谏议大夫,不屈,乃耕于富春山,后人名其钓处为严陵濑焉"。平仄上,"鹿洞"是仄仄,"鱼滩"是平平。语法上,都是表地点的名词,定中结构,为了对仗,作者将常用的"严滩"换成"鱼滩",以"鱼"与"鹿"相对。

③蛟(jiāo)腾对豹变,虎踞(jù)对龙蟠(pán):蛟腾,形容人才奋发,如蛟龙飞腾。这里用了唐王勃《滕王阁序》里的典故:"腾蛟起凤,孟学士之词宗;紫电青霜,王将军之武库。"豹变,出自《周易·革》"上六,君子豹变,其文蔚也",孔颖达疏"上六居'革'之终,变道已成,君子处之,虽不能同九五革命创制,如虎文之彪炳,然亦润色鸿业,如豹文之蔚缛"。豹变就是说如豹纹那样发生显著的变化,借以形容人的成长变化。"虎踞""龙蟠",语出《太平御览》所引晋张勃《吴录》:"刘备曾使诸葛亮至京,因睹秣陵山阜,乃

叹曰：‘钟山龙蟠，石城虎踞，帝王之宅也。’”虎踞，如虎之蹲踞，比喻人物威武或地形险要；龙蟠，亦作“龙盘”，如龙之盘卧状，形容雄壮绵延的样子。平仄上，“蛟腾”是平平，“豹变”是仄仄；“虎踞”是仄仄，“龙蟠”是平平。语法上，两组四个词语都是主谓结构。

④风凛凛（lǐn），雪漫漫：平仄上，“风凛凛”平仄仄，“雪漫漫”是仄平平。漫，《广韵》“莫半切”，去声，列于“十五翰”；不过在平水韵中“漫”还有平声一读，归入“十四寒”，《经籍纂诂》即列此音。故而此取其平声，与“凛凛”相对。语法上，两个词都是主谓结构。

⑤手辣对心酸：手辣，手段毒辣。心酸，心中悲痛。平仄上，“手辣”是仄仄，“心酸”是平平。语法上，两个词语都是主谓结构。

⑥莺莺对燕燕，小小对端端：莺莺、燕燕，指莺和燕，唐杜牧《为人题赠》诗之二“绿树莺莺语，平江燕燕飞”。此处指姬妾，宋苏轼《张子野年八十五尚闻买妾述古令作诗》“诗人老去莺莺在，公子归来燕燕忙”，王文诰辑注曰：“李厚曰：‘唐贞元中，有张生者，遇崔氏女于蒲，小名莺莺……’任居实曰：‘或说张祜妾名燕燕。’”小小，本是很小、很少的意思，此指妓女，宋晁冲之《都下追感往昔因成二首》诗之一“少年使酒走京华，纵步曾游小小家”。《玉台新咏》最早提及苏小小的故事：“《钱唐苏小歌》一首：妾乘油壁车，郎骑青骢马。何处结同心，西陵松柏下。”《乐府广题》有更详细的说明：“苏小小，钱塘名妓也。南齐时人。”故而后来用小小泛指妓女。端端，本是端正的意思，这里用的是名妓李端端的典故。据《太平广记·嘲诮四》引《云溪友议》载：“唐崔涯，吴楚狂士也，与张祜齐名。每题诗于倡肆，无不诵之于衢路。誉之则车马继来，毁之则杯盘失措。……”唐朝诗人崔涯是一个狂士，常在妓馆题诗，好嘲弄人，“又嘲李端端：‘黄昏不语不知行，鼻似烟窗耳似铛。独把象牙梳插髻，昆仑山上月初生。’端端得诗，忧心如病。”这首诗把端端写成了一个丑八怪，害得她忧心忡忡。后来，

因为端端见了崔涯十分恭敬，崔涯又写诗赞美她。结果她家又门庭若市起来。平仄上，"莺莺"是平平，"燕燕"是仄仄；"小小"是仄仄，"端端"是平平。语法上，两组四个词语都是名词。"莺莺""燕燕"本义指鸟名，引申义都可以指姬妾。"小小"和"端端"本来都是形容性重叠词，这里都是古代妓女之名，皆可相对。

⑦蓝水远从千涧落，玉山高并两峰寒：此联直接取自唐杜甫《九日蓝田崔氏庄》："老去悲秋强自宽，兴来今日尽君欢。羞将短发还吹帽，笑倩旁人为正冠。蓝水远从千涧落，玉山高并两峰寒。明年此会知谁健？醉把茱萸仔细看。"蓝水，蓝溪，在蓝田山下。玉山，即蓝田山，产玉，《汉书·地理志》载"蓝田，山出美玉，有虎候山祠，秦孝公置也"，唐李商隐《锦瑟》有"沧海月明珠有泪，蓝田日暖玉生烟"的句子。平仄上，上联是平仄仄平平仄仄，下联是仄平平仄仄平平。语法上，两句都是主谓结构。主语"蓝水""玉山"都是定中结构，"蓝"本是草名而可指颜色，"玉"本是美石名，亦可形容洁白；状语是"远"对"高"、"从千涧"对"并两峰"，说明水来之远、山立之高；谓语中心是"落"和"寒"，陈述主语的状态，与"远""高"相应，非常有气势。此联对仗用字考究，对仗工稳。

⑧至圣不凡，嬉（xī）戏六龄陈俎（zǔ）豆；老莱大孝，承欢七秩（zhì）舞斑斓（bān lán）：上联出自《史记·孔子世家》的记载："孔子为儿嬉戏，常陈俎豆，设礼容。"至圣，指道德智能最高的人，后专指孔子。俎豆，俎和豆，古代祭祀、宴飨时盛食物用的两种礼器，亦泛指各种礼器。下联是有关"老莱衣"的典故，《艺文类聚》引《列女传》云"老莱子孝养二亲，行年七十，婴儿自娱，着五色采衣。尝取浆，上堂跌仆，因卧地为小儿啼，或弄乌鸟于亲侧"。此典又叫"斑衣戏彩"，皆指孝顺父母，引逗父母开心。老莱，亦称老莱子，春秋末年楚国隐士，《史记·老子韩非列传》"或曰：老莱子亦

楚人也，著书十五篇，言道家之用，与孔子同时云"。七秩，七十；秩，十年为一秩。平仄上，上联是仄仄仄平，平仄仄平平仄仄；下联是仄平仄仄，平平仄仄仄平平。七，《广韵》"亲吉切"，入声。语法上，"至圣不凡""老莱大孝"是主谓结构，"嬉戏六龄陈俎豆""承欢七秩舞斑斓"也是主谓结构，后者解释说明前者。其中"陈俎豆""舞斑斓"充当后一句的谓语中心语，二者在结构上未能严格对仗：因为"俎豆"是并列结构，而"斑斓"是一个联绵词，不可拆分理解，并不是并列结构。

【译文】

行和卧相对，听和看相对。

白鹿洞和严陵滩相对。

蛟龙飞腾和豹纹变化相对，猛虎蹲踞和青龙盘卧相对。

寒风凛凛，大雪漫漫。

手段毒辣和心情酸楚相对。

莺莺和燕燕相对，小小和端端相对。

蓝水远远地由无数溪涧流淌而来，垂落山谷之中；玉山上高高的两座山峰相对而立，峰顶寒气逼人。

至圣孔子不同凡俗，六岁的时候就以陈列祭祀礼器为游戏；孝子老莱善于养亲，七十岁了还穿着斑斓彩衣逗父母开心。

十五　删

【题解】

"删"是"平水韵"中上平声的第十五韵部。

"删"在《广韵》中作"所奸切"，平声，删韵。

《笠翁对韵》中所用到的韵脚字有湾、闲、艰、珊、关、弯、顽、间、悭、蛮、鬟、山、颜、还、斑等15个，《声律启蒙》中用到的有攀、菅、颜、潺、环、删、关、山、悭、鬟、鹇、环、还、斑、奸、顽、蛮、间等18个。其中两书共同用到的韵脚字有关、顽、间、悭、蛮、鬟、山、颜、还、斑等10个,《笠翁对韵》用到而《声律启蒙》没用的是湾、闲、艰、珊、弯等5个字,后者用到而前者没有用到的是攀、菅、潺、环、删、鹃、环、奸等8个字。《笠翁对韵》所用的"珊"属于十四寒。

其一

林对坞,岭对湾①。

昼永对春闲②。

谋深对望重,任大对投艰③。

裾袅袅,佩珊珊④。

守塞对当关⑤。

密云千里合,新月一钩弯⑥。

叔宝君臣皆纵逸,重华父母是嚚顽⑦。

名动帝畿,西蜀三苏来日下;壮游京洛,东吴二陆起云间⑧。

【注释】

①林对坞(wù),岭对湾:坞,指四面高中间低的地方、村落,唐羊士谔《山阁闻笛》"临风玉管吹参差,山坞春深日又迟";也指四面如屏的花木深处,或四面挡风的建筑物,如花坞、竹坞、船坞。岭,指高大的山脉,也指相连的山。湾,河水弯曲的地方。今本"湾"多作"峦",然"峦"属十四寒,当从琅嬛阁藏本作"湾"为是。平仄上,"林""湾"都是平声,"坞""岭"皆为仄声。语法上,两组四个词语都是名词。

②昼永对春闲:昼永,指白昼漫长,出自宋洪迈《容斋三笔》所引李元亮诗:"元亮亦工诗,如'人闲知昼永,花落见春深'。"人在悠闲时候,又遇白天时间漫长,最难消遣,故而宋李清照《醉花阴》有

"薄雾浓云愁永昼，瑞脑消金兽"。平仄上，"昼永"是仄仄，"春闲"是平平。语法上，二者都是主谓结构。

③谋深对望重，任大对投艰：谋深，古人经常说"深谋远虑"，深谋是形容深远周密的谋划，《国语·晋语一》："谗言益起，狐突杜门不出。君子曰：'善深谋也。'"狐突是晋文公重耳的外祖父，晋国太子申生被谗毁而死，重耳被诬陷而至流亡在外，狐突就闭门不出，君子称赞他擅长深远的谋划。望重，古人常说"德高望重"，形容道德高尚，名望很大，宋司马光《辞入对小殿札子》"臣窃惟富弼三世辅臣，德高望重"。任大，担之以重大的责任，《读通鉴论·宣帝》曰"见善若惊，见不善如仇，君子犹谓其量之有涯而不可以任大；况其所谓善者不必善，所谓不善者非不善乎"。投艰，赋予重任，《尚书·大诰》"予造天役，遗大投艰于朕身"，孔颖达疏"投掷此艰难之事于我身"。平仄上，"谋深"是平平，"望重"是仄仄；"任大"是仄仄，"投艰"是平平。语法上，"谋深""望重"都是主谓结构；"任大""投艰"都是赋予人以重大的担子，动宾结构。

④裾（jū）袅袅（niǎo），佩珊珊（shān）：上联语出《先秦汉魏晋南北朝诗》所载《楚妃吟》："窗中曙，花早飞。林中明，鸟早归。庭前日，暖中闺，香气亦霏霏。香气飘，当轩清唱调。独顾慕，含怨复含娇。蝶飞兰复熏，袅袅轻风入翠裾。春可游，歌声梁上浮。春游方有乐，沉沉下罗幕。"裾袅袅，轻风吹入裙裾之中，使之随风摇曳摆动，姿态动人。下联化自唐杜甫《郑驸马宅宴洞中》"自是秦楼压郑谷，时闻杂佩声珊珊"。佩珊珊，古人衣带上常配玉器等装饰品，行动时发出珊珊的声音，非常悦耳动听。平仄上，"裾袅袅"是平仄仄，"佩珊珊"是仄平平。语法上，二者都是主谓结构，由叠音词充当谓语，陈述主语的状态或声音。

⑤守塞（sài）对当关：守塞，防守边塞，《汉书·晁错传》"然令远方

之卒守塞,一岁而更,不知胡人之能,不如选常居者,家室田作,且以备之"。当关,守关,唐李白《蜀道难》"剑阁峥嵘而崔嵬,一夫当关,万夫莫开"。平仄上,"守塞"是仄仄,"当关"是平平。语法上,两个词语都是动宾结构。

⑥密云千里合,新月一钩弯:上联出自元赵天锡《〔双调〕雁儿落过清江引碧玉箫》:"北镇沙陀,千里暮云合。南接黄河,一线衮金波。"新月一钩弯,《训蒙骈句》上卷"十五删"也有"明星千点灿,新月一钩弯",当化用了唐王周《无题二首》的"帘卷玉楼人寂寂,一钩新月未沉西"。新月,农历每月初出的弯形的月亮,其形如钩,故称"一钩"。平仄上,上联是仄平平仄仄,下联是平仄仄平平。一,《广韵》"於悉切",入声;合,《广韵》"侯閤切",入声。语法上,两句皆为主谓结构,谓语"千里合""一钩弯"是状中结构,状语是"千里"对"一钩"。

⑦叔宝君臣皆纵逸,重(chóng)华父母是嚚(yín)顽:上联说的是陈后主陈叔宝的典故,《南史·陈本纪》载:"后主讳叔宝,字元秀,小字黄奴,宣帝嫡长子也。梁承圣二年十一月戊寅,生于江陵。……后主愈骄,不虞外难,荒于酒色,不恤政事。左右嬖佞珥貂者五十人,妇人美貌丽服巧态以从者千余人。常使张贵妃、孔贵人等八人夹坐,江总、孔范等十人预宴,号曰'狎客'。先令八妇人襞采笺,制五言诗,十客一时继和,迟则罚酒。君臣酣饮,从夕达旦,以此为常。而盛修宫室,无时休止。税江税市,征取百端。刑罚酷滥,牢狱常满。"陈后主生活放纵腐朽,贪图安逸,最终导致国家灭亡。下联说的是虞舜的典故,重华就是指舜帝,姚姓,有虞氏,名重华。根据《史记·五帝本纪》的记载:"尧曰:'嗟!四岳:朕在位七十载,汝能庸命,践朕位?'岳应曰:'鄙德忝帝位。'尧曰:'悉举贵戚及疏远隐匿者。'众皆言于尧曰:'有矜在民间,曰虞舜。'尧曰:'然,朕闻之。其何如?'岳曰:'盲者子。父

顽，母嚚，弟傲，能和以孝，烝烝治，不至奸。'尧曰：'吾其试哉。'"尧选择贤人来继承自己，众人推荐了舜。舜的父亲顽固，母亲暴虐，弟弟傲慢，但他能够处理好和他们的关系。嚚，暴虐、愚顽，汉贾谊《新书·道术》"亲爱利子谓之慈，反慈为嚚"。平仄上，上联是仄仄平平平仄仄，下联是平平仄仄仄平平。叔，《广韵》"式竹切"，入声。语法上，上下联都是主谓结构："叔宝君臣""重华父母"是主语，都是定中结构；谓语部分"皆纵逸""是嚚顽"是状中结构，这里的"是"有加强判断的意味，相当于"实""诚"。

⑧名动帝畿(jī)，西蜀三苏来日下；壮游京洛，东吴二陆起云间：上联说的是三苏的典故，三苏指苏洵、苏轼、苏辙父子三人，三人皆名列唐宋八大古文家之中，宋王辟之《渑水燕谈录·才识》："嘉祐初，（苏洵）与二子轼、辙至京师……于是，父子名动京师，而苏氏文章擅天下，目其文曰三苏，盖洵为老苏，轼为大苏，辙为小苏也。"帝畿，又叫"京畿"，指京都及其附近地区。西蜀，今四川，古为蜀地，因在西方，故称"西蜀"。日下，本指太阳落下去；这里指京都，古代以帝王比日，因以皇帝所在地为"日下"。下联说的是二陆的典故，二陆指晋陆机、陆云兄弟，吴地人，《晋书·陆云传》："（陆云）少与兄机齐名，虽文章不及机，而持论过之，号曰'二陆。'"此联将"日下""云间"相对，出自《世说新语·排调》："荀鸣鹤、陆士龙二人未相识，俱会张茂先坐。张令共语……陆举手曰：'云间陆士龙。'荀答曰：'日下荀鸣鹤。'"徐震堮校笺："日下，指京都。荀，颍川人，与洛阳相近，故云。"壮游，指怀抱壮志而远游。京洛，洛阳的别称，因东周、东汉均建都于此，故名；也可泛指国都。东吴，指三国时吴国，因其地处江东，故名；也可泛指古吴地。云间，本指天上，古也指松江（今属上海）的古称，陆机、陆云并称"云间二陆"，陆云称"云间陆士龙"。平仄上，上联是平仄仄平，平仄平平平仄仄；下联是仄平平仄，平平仄仄仄

平平。语法上，"名动帝畿"与"壮游京洛"两句都是状中结构，其主语"三苏"与"二陆"蒙下省略，完整的表达是"三苏名动帝畿""二陆壮游京洛"；"西蜀三苏来日下""东吴二陆起云间"是主谓结构。

【译文】

树林和花坞相对，山岭和河湾相对。

白昼漫长和春日闲散相对。

计谋深和声望大相对，委以重任和托付大事相对。

裙裾袅袅摆动，环佩叮当作响。

守边塞和驻边关相对。

浓云千里飘来聚合，新月如钩弯弯斜挂。

陈后主君臣都很放纵淫逸，虞重华父母实在冥顽不灵。

西蜀三苏父子来到京城后，名声震动了整个帝畿；东吴二陆兄弟从松江出发，怀抱壮志在帝都游学。

其二

骄对傲，吝对悭[①]。

讨逆对平蛮[②]。

忠肝对义胆，雾鬓对云鬟[③]。

埋笔冢，烂柯山[④]。

月貌对天颜[⑤]。

龙潜终得跃，鸟倦亦知还[⑥]。

陇树飞来鹦鹉绿，湘筠密处鹧鸪斑[⑦]。

秋露横江，苏子月明游赤壁；冻云迷岭，韩公雪拥过蓝关[⑧]。

【注释】

①骄对傲，吝（lìn）对悭（qiān）："骄""傲"都是表自大傲慢的态度，"吝""悭"都是表对钱财非常舍不得的观念。平仄上，"骄""悭"是平声，"傲""吝"是仄声。语法上，四个词语都是形容词。

②讨逆对平蛮（mán）：讨逆，讨伐叛逆。平蛮，平定野蛮民族；蛮，古代称南方少数民族为"蛮"，也可泛指未开化的民族。平仄上，"讨逆"是仄仄，"平蛮"是平平。语法上，两个词语都是动宾短语。

③忠肝对义胆，雾鬓（bìn）对云鬟（huán）：忠肝、义胆，皆指忠义之心，二者经常并称，宋辛弃疾《水调歌头》"千古忠肝义胆，万里蛮烟瘴雨，往事莫惊猜"。雾鬓，浓密秀美的头发，宋苏轼《洞庭春色赋》"携佳人而往游，勒雾鬓与风鬟"。云鬟，高耸的环形发髻，也可泛指乌黑秀美的头发，唐杜甫《月夜》"香雾云鬟湿，清辉玉臂寒"。可以说，语义上，两组都属于同义或近义词语。平仄上，"忠肝"是平平，"义胆"是仄仄；"雾鬓"是仄仄，"云鬟"是平平。语法上，四个词语都是定中结构。

④埋笔冢（zhǒng），烂柯（kē）山："埋笔冢"用了怀素的典故，唐李肇《唐国史补》卷中载："长沙僧怀素好草书，自言得草圣三昧，弃笔堆积，埋于山下，号曰'笔冢'。"书法家怀素喜欢草书，他练字的笔后来埋在山下，就叫"笔冢"。冢，坟墓。烂柯山，南朝梁任昉《述异记》卷上载："信安郡石室山，晋时王质伐木至，见童子数人棋而歌，质因听之。童子以一物与质，如枣核，质含之，不觉饥。俄顷，童子谓曰：'何不去？'质起，视斧柯烂尽，既归，无复时人。"王质去石室山上砍柴，看见几个童子在下棋，他就在旁边听他们唱歌看他们下棋。童子给了他一个枣核一般的东西，含在嘴里，不怕饿。下完棋他再看时，斧头的柄都烂了，回到家里，也不再是当年和他同一个时代的人了。平仄上，"埋笔冢"是平仄仄，"烂柯山"是仄平平。语法上，两个短语都是定中结构。定

语是"埋笔""烂柯",皆为动宾结构。"烂"为使动用法。

⑤月貌对天颜:月貌,形容女子姣美的面容,古人常说"花容月貌"。天颜,一般指天子的容貌或面子,唐杜甫《紫宸殿退朝口号》"昼漏希闻高阁报,天颜有喜近臣知"。平仄上,"月貌"是仄仄,"天颜"是平平。语法上,两个词语都是定中结构。

⑥龙潜终得跃,鸟倦亦知还:龙潜终得跃,语出《周易·乾》:"初九,潜龙勿用。九二,见龙在田,利见大人。九三,君子终日乾乾,夕惕若,厉无咎。九四,或跃在渊,无咎。九五,飞龙在天,利见大人。上九,亢龙有悔。用九,见群龙无首,吉。"意思是人才终于得以有用武之地。鸟倦亦知还,语出晋陶渊明《归去来兮辞》"云无心以出岫,鸟倦飞而知还"。上联表达的是入世的雄心壮志,下联表现的是出世的隐逸情怀。平仄上,"龙潜终得跃"是平平平仄仄,"鸟倦亦知还"是仄仄仄平平。得,《广韵》"多则切",入声。语法上,"龙潜""鸟倦"是主谓结构;"终得跃""亦知还"由状中结构组成,承上省略了主语"龙""鸟"。

⑦陇(lǒng)树飞来鹦鹉(yīng wǔ)绿,湘筠(yún)密处鹧鸪(zhè gū)斑:鹦鹉又称"陇鸟""陇禽""陇客",多产于陇西,故称。唐李商隐《五言述德抒情诗一首四十韵献上杜七兄仆射相公》"陇鸟悲丹嘴,湘兰怨紫茎",汉祢衡有《鹦鹉赋》"惟西域之灵鸟兮,挺自然之奇姿""绿衣翠衿"。湘筠,指湘妃竹;筠,竹的青皮,也泛指竹子。鹧鸪,鸟名,胸前有白圆斑点,如珍珠,即鹧鸪斑,或叫"鹧斑";此处鹧鸪斑是比喻湘妃竹上的斑点。平仄上,上联是仄仄平平平仄仄,下联是平平仄仄仄平平。语法上,上下联当都为主谓结构。"飞来"与"密处"不对仗。因为"飞来"是动补短语,由行为动词"飞"和趋向动词"来"组合而成;"密处"是定中短语,表示密集之处。"鹦鹉绿""鹧鸪斑"两个词语在形式上是可以对仗的,不过,"鹦鹉绿"其实是绿鹦鹉的倒

装，"绿"并不是中心语；"鹧鸪斑"是定中结构，"斑"是中心语。故而，从语法上看，此联问题甚多。

⑧秋露横江，苏子月明游赤壁；冻云迷岭，韩公雪拥过蓝关：上联典出宋苏轼《前赤壁赋》："壬戌之秋，七月既望，苏子与客泛舟游于赤壁之下。清风徐来，水波不兴。举酒属客，诵明月之诗，歌窈窕之章。少焉，月出于东山之上，徘徊于斗牛之间。白露横江，水光接天。纵一苇之所如，凌万顷之茫然。"苏子，指苏轼，古人用"子"表示对男子的美称。下联典出唐韩愈《左迁至蓝关示侄孙湘》："一封朝奏九重天，夕贬潮州路八千。欲为圣明除弊事，肯将衰朽惜残年！云横秦岭家何在？雪拥蓝关马不前。知汝远来应有意，好收吾骨瘴江边。"韩公，指韩愈，古人也用"公"表示尊称；韩愈谥号"文"，人称"韩文公"。雪拥，指大雪围绕、围裹。蓝关，即蓝田关；蓝田，在陕西渭河平原南缘、秦岭北麓、渭河支流灞河上游。这两句都是描述被贬文人的遭遇与心境。平仄上，上联是平仄平平，平仄仄平平仄仄；下联是仄平平仄，平平仄仄仄平平。拥，《广韵》"於陇切"，上声。语法上，"秋露横江"与"冻云迷岭"，是整句的环境描写，为主谓结构。"苏子月明游赤壁"与"韩公雪拥过蓝关"都是主谓结构，"月明""雪拥"两个主谓结构充当状语。此联巧用典故，语义、语法、平仄对仗皆比较工稳。

【译文】

骄和傲相对，吝和悭相对。

讨伐逆贼和平定蛮夷相对。

忠肝和义胆相对，浓密的秀发和高耸的发髻相对。

埋下用过的毛笔的土堆，烂掉斧头木柄的石室山。

美丽的容貌和天子的容颜相对。

龙潜伏在水底终有一天会腾飞，鸟飞倦了也知道怎样返回鸟巢。

陇山树上飞来绿色的鹦鹉，竹林深处有许多鹧鸪之斑。

秋露横于江面，苏轼月夜中驾着船游玩于赤壁之下；冻云低垂山岭，韩愈被贬时骑着马被大雪困在蓝关。